古代歷史文化研究輯刊

二十編

王明蓀 主編

第 14 冊

膏腴之壤，江南好尚
——江蘇區域史散論

朱季康 著

國家圖書館出版品預行編目資料

膏腴之壤，江南好尚──江蘇區域史散論／朱季康 著 — 初版
— 新北市：花木蘭文化事業有限公司，2018〔民107〕
序2+ 目2+266 面；19×26 公分
（古代歷史文化研究輯刊 二十編：第14 冊）
ISBN 978-986-485-546-9（精裝）
1. 歷史 2. 區域研究 3. 江蘇省
618　　　　　　　　　　　　　　　　107011991

ISBN-978-986-485-546-9

9 789864 855469

古代歷史文化研究輯刊
二十編　第十四冊　　　　　　　ISBN：978-986-485-546-9

膏腴之壤，江南好尚──江蘇區域史散論

作　　者	朱季康
主　　編	王明蓀
總 編 輯	杜潔祥
副總編輯	楊嘉樂
編　　輯	許郁翎、王筑　美術編輯　陳逸婷
出　　版	花木蘭文化事業有限公司
發 行 人	高小娟
聯絡地址	235 新北市中和區中安街七二號十三樓
	電話：02-2923-1455 ／傳真：02-2923-1452
網　　址	http://www.huamulan.tw 信箱 hml810518@gmail.com
印　　刷	普羅文化出版廣告事業
初　　版	2018 年 9 月
全書字數	223061 字
定　　價	二十編 25 冊（精裝）台幣 66,000 元

膏腴之壤，江南好尚
——江蘇區域史散論

朱季康 著

作者簡介

朱季康：男，1979 年生，江蘇揚州人，民盟盟員，揚州大學社會發展學院教授、博士生導師，歷史學博士、教育學博士後，美國孟菲斯大學訪問學者。主要研究方向為中國史、教育學等。發表各類學術論文百餘篇，多篇為《人大複印資料》全文轉載，出版著作 6 部，參編 7 部。主持國家社會科學基金項目、江蘇省社會科學基金項目、江蘇省教育規劃重點項目等各類課題 10 餘項。主要社會兼職有揚州市政協委員、揚州市政協教科衛體工作委員會委員、民盟揚州市委委員、揚州青聯委員，揚州大學學術委員會委員、江蘇省口述歷史研究會副秘書長、江蘇省反邪教問題研究中心學術委員會副主任、揚州政協理論工作委員會理事、揚州市歷史文化名城研究院客座研究員等。

提　　要

　　江蘇區域史研究早已是一個大課題，本書主要從教育史、經濟史、社會文化史、傳媒史等四個領域，對相關內容進行了一些粗略的研究，期待在江蘇區域史研究的大題目中，能給讀者們一些新的啟發與視角。

　　在江蘇區域教育史領域，本書提供了 6 篇文章，分別是：《江淮風雅自此萌：論江蘇地區高等（高等級）教育的誕生》、《述論隋唐五代十國時期江蘇地區高等教育的發展》、《江淮雅韻：魏晉南北朝時江蘇地區的高等教育》、《清代：江蘇古代高等教育事業的發展高峰（1840 年前）》、《論北洋政府時期政府對南京公立學校撥款狀況》、《童伯章的教育管理思想與實踐研究》。

　　在區域經濟史領域，提供了 3 篇文章，分別是：《經濟危機下再論張謇成功的原因：近代企業家的精神與視野》、《和諧共進：再論江蘇「資本主義第一春」出現的原因》、《「史上僅見」——唐宋時期儀徵交通檢閱》。

　　在區域社會文化史領域，提供了 8 篇文章，分別是《傳說與真實：試述先秦揚州文明的脈絡》、《新文化史學視野下的「盛清揚州」》、《清季詩歌中的鴉片戰爭與江南社會》、《清末民初蘇中圖書館事業述評》、《外引外生：無奈與選擇——兼評近代蘇中地區戲劇、曲藝發展模式》、《揚州建設「世界名城」的新追求》、《新市民的聚融與歷史文化名城類城市的現代復興——以揚州市為例》、《近代地方性社團的興起與分析——以江蘇蘇中地區為例》。

　　在區域傳媒史領域，提供了 5 篇文章，分別是《論清末民初蘇中地區報刊事業的起步與發展》、《鴻爪芝蕙，不驕其德：建國前蘇中地區的人民報刊發展歷程簡論》、《述論建國前蘇中地區人民報刊的新聞宗旨》、《論蘇中地區近代報刊事業的「黃金期」（1919～1937）》、《敵後新聞事業的奇蹟——蘇中根據地報刊印刷事業述評》、《抗日戰爭中江蘇三種現代化道路的生命軌跡》。

自　序

　　江蘇，是我生於斯，長於斯，深切熱愛的家鄉，也是歷史研究的一個好對象。大抵江蘇的學人中，無論作文史哲何種研究的，乃至有點人文情趣的自然科學學者，都會對江蘇的歷史文化懷有探索的趣味。

　　作爲一個揚州老城土著，輾轉求學於蘇州、南京，工作覆返揚州，在這些名聲赫赫的歷史文化重鎮中從事歷史學、教育學的學習。十餘年來，耳濡目染，斷斷續續，不經意間，累積了數十篇有關於江蘇的小文。一度有學界同道建議我將這些小文結集出版，這是我一直所抗拒的事情。原因有二，一是作爲年輕學者，出版文集不免是一種自大的表現；二是習作都是興趣所致，浮華之中多有錯訛，難入方家之眼。但勸的人多了，我便開始愼重考慮起來，覺得結集出版也未免是一件壞事，無論是褒是貶，對於我的學習，都是有裨益的事情。乃至萌發衝動，決意去做這件事了。

　　將這本小冊子起名以「散論」，確屬發自內心對江蘇歷史文化深厚底蘊的敬畏之心。散者，非系統，無重點，天馬行空。散論者，是我在這些年的研究工作中，在攻關一些課題、項目時，對江蘇歷史文化的某一小局部內容所偶發之感。受蘇聯學界的影響，中國學科設置強調專業血統，學界便往往存有固守某種領域的潛意識，這種意識是不成文的，也大多是自我設限的。隸屬於某一學科的學人，就只應在此領域內耕耘，一旦越界，或是多領域涉獵，即難免被貼上不專業的標籤。人文學界尤其如此，各人拘守，不敢越雷池一步。歷史學界，甚至有極端者終身數十年僅困守於一人、一事，乃至一書一文的推敲。推崇如此做派者，以爲不如此不足以顯示專業性。不以爲然者，則以爲如此眼界，難有大果。十餘年來，我在教育、哲學、文化、傳媒、社

會學等若干學科中汲取營養，深切感受到社會科學工作者切不可以某學爲塹，固守學科一隅；更不可以某學爲壘，攻訐學科交融。這本小冊子收錄了近年來我所作 22 篇關於江蘇歷史的論文，所論涉及教育史、經濟史、社會文化史、傳媒史，所涉時間從先秦直至當代。稱以「散論」，也恰如其名吧。

雖是散論，但客觀而看，這本小冊子既然付梓，或多或少還是有一點價值的。首先，它的價值並不主要在於這些文章所談論的具體問題、具體觀點，而是能夠爲學界提供一些區域史研究的視角與路徑。這些小文所談論的問題中確實有些是值得深入剖析的，如果有興趣的學人，由此拓展，假以時日，未必不可以做成錦繡的大文章。其次，它可以爲熱愛江蘇、關心中國歷史文化的讀者們提供一個閱讀的藉口。多看書總是好的，我想，閱讀這本小冊子是健康的，或多或少能夠爲讀者接觸、認知江蘇歷史文化上有所增進。這兩點價值應該算是我的這些小文的最好歸宿吧。

這樣的小冊子出版，自己尚在誠惶誠恐，更不敢勞動名家作序，胡亂寫了幾句，作爲開篇，總希望讀者們不要介意爲好。

目

次

區域教育史論

江淮風雅自此萌：論江蘇地區高等（高等級）〔註1〕教育的誕生

先秦、秦漢時期是確立中國古代教育雛形的關鍵時期。江蘇地區的高等級教育也從無到有，經歷了先秦與秦朝時期的醞釀，終在兩漢時期而初萌。

一、先秦與秦朝時期江蘇地區高等級教育的醞釀

早在中更新世舊石器時代，江淮大地即有了人類活動的歷史。40萬年前，江蘇地區的人類生活進入原始社會階段，以馬家浜文化、崧澤文化、良渚文化、北陰陽營文化、湖熟文化等類型為代表的先人文化證明了江蘇地區人類文明的延續性。夏、商時期，江蘇地區不但與中原華夏文明同步前進，並且有著自己獨特的文化風格。西周時期，江蘇主要為徐夷、淮夷的活動區域。春秋戰國時期，主要為宋、齊、吳、越、楚等國的疆土。先秦時期的江蘇先民們創造了燦爛的人類文明，是華夏文明的重要組成部分。

先秦時期，教育作為人類生活所衍生的附帶活動，其內涵與形式與現代概念有很大差異。從現代高等教育的定義來看，先秦時期的江蘇地區並沒有嚴格意義上的高等教育活動或理論的出現，但有一些教育活動可以為視為江蘇地區高等級教育出現的前奏。

三皇五帝時，生產勞動知識、道德倫理規範、社會生活習慣以及軍事戰

〔註1〕 所謂高等級教育，是指高於啟蒙及一般知識性教育的教育層次之上的教育形態。在中國古代教育的概念範疇中，尤其是在先秦等時期，沒有嚴格意義上的高等教育，只有區別於啟蒙與一般知識性教育之上的高等級教育。

鬥技能、藝術等成爲先民教育的主要內容。至夏代，道德倫理規範、生產勞動知識、社會生活習慣已演變爲人類生活的基本內容，其教育性質逐漸被剝離，眞正意義上的文化教育即將產生。有人稱堯舜時期即有「成均」之教，是爲古代高等教育始祖。漢代人董仲舒曾考論五帝名大學曰「成均」。客觀分析，「成均」只能視爲一種原始的全民性社會教育萌芽，並非後代所理解的高等教育。「庠者，養也。校者，教也。序者，射也。夏曰校，殷曰序，周曰庠，學則三代共之。皆所以明人倫也。」〔註2〕自從商代學校出現後，天命秩序、祖先崇拜、藝術修養則成爲學校教育的主要內容。西周立國學，分大學、小學。《禮記‧王制》：「天子命之教，然後爲學。小學在公宮南之左，大學在郊。天子曰辟雍，諸侯曰泮宮。」〔註3〕「辟雍」與「泮宮」是中央與地方諸侯所設立的最高學府。其教育對象主要爲貴族子弟，亦有部分從平民中的上層群體子弟中選拔的「俊選」，但爲數極少。在民間設有承擔地方教育之責的鄉學。《周禮‧地官‧司徒》載有鄉師「各掌其所治鄉之教而聽其治」；有鄉大夫「各掌其鄉之政教禁令」；有州長「各掌其州之教治政令」；有族師「各掌其族之戒令政事。月吉則屬民而讀邦法，書其孝悌睦姻有學者。」〔註4〕其教學內容，多爲「六德」、「六行」、「六藝」之類。至春秋戰國時期，私學萌發，官學亦不斷提高。

東周以前，江蘇地區的教育活動已難確考。東周時期，江蘇地區立有若干諸侯國的國都，這些國都中應有泮宮之類的教育場所，雖是一諸侯國內的最高學府，但限於其時人類文化發展水平的整體性，其教學內容與宗旨仍然屬於初級教育層次，難以歸於高等教育的範疇。通過這些教育機構，這些諸侯國對於其貴族子弟的教育有一定成績，如春秋時期佔據江蘇最主要區域的吳、越等國的歷代國君，其文化修養相對較高。吳王闔閭當政之初，「口不貪嘉味，耳不樂逸聲，目不淫於色，身不懷於安，朝夕勤志，恤民之贏，聞一善若驚，得一士若賞，有過必悛，有不善必懼，是故得民以濟其志。」〔註5〕沒有接受過相當程度的教育，是難以有如此作爲的。顯然，這其中有「泮宮」這類教育機構的功勞。

〔註2〕 《孟子‧滕文公上》。
〔註3〕 《禮記‧王制》。
〔註4〕 《周禮‧地官‧司徒》。
〔註5〕 《國語‧楚語下》。

　　在中原文化的南傳中，教育是其中最重要的一環。作爲江蘇高等（高等級）教育的前奏，我們可以發現幾個有著重要作用的人物身影。春秋吳國公子季札可爲其中之首。季札（前 576 年～前 484 年），姬姓，名札，又稱公子札、延陵季子、延州來季子、季子，是吳王壽夢的第四子。史傳其爲春秋時期南方第一位儒學大師，與孔子齊名，時人稱「南季北孔」。季札曾出訪魯國，期間欣賞了魯國所保存的周樂與舞蹈，並對之進行了評析，其中涉及政治、文化領域的精闢分析，鞭闢入裏，語驚四座。這段歷史在《史記》、《國語》、《左傳》中都有記載。元代張鉉纂修的《至正金陵新志》卷九《學校志》稱：「有季子，聖門子游始北學焉。」〔註6〕從中，我們可以感受到季札的文化修養與學術水平，同時也可以將季札使魯視爲中國第一次南北方高層次的學術交流與考察活動。另一個人則是言偃，（前 506～前 443），字子游，又稱叔氏，今江蘇常熟人〔註7〕。傳說是孔子唯一的南方弟子，曾任魯國武城宰。言偃年輕時即拜入孔子門下，精通其學說，並恭身實踐，是孔子的得意門生。在以言偃爲代表的江蘇學子北上求學的同時，一些北方學者也南下江蘇，爲江蘇地區的文化傳播與教育事業做出了貢獻。如澹臺滅明是孔子賢弟子之一，學成南下後，長期在江蘇沿江蘇南、蘇中區域活動講學，弟子甚眾。還有子貢、司馬耕等人皆是其中傑出者。除了儒家學說，其時道家、墨家等學說也通過江蘇人庚桑楚及從北方至江蘇的道家楊朱、墨子弟子公孫過等人的引介而傳入江蘇。

　　有學者以爲：「今天的江蘇地區也是中國古代文明最早的發源地之一，也是我國古代教育最先萌發的地區之一。」〔註8〕崇文重教的風氣自先秦時期而紮根江蘇大地，爲江蘇地區高等教育的未來打下了堅實的人文基礎。

　　秦朝建立後，在加強中央集權制度的政治目標下，採取了系列文化教育措施，對高等（高等級）教育的出現有一定的促進作用。大一統國家體制下，先秦時期所存在的各地「言語異聲，文字異形」等現象被逐漸消除。「一法度衡石丈尺，車同軌，書同文字。」〔註9〕秦朝將諸國流行的古、籀、篆三種字體改爲小篆、隸書。雖然還存在著多種字體的並存現象，但文字由繁趨簡，

〔註6〕　〔元〕張鉉纂修《至正金陵新志》卷九《學校志》。
〔註7〕　一說是上海奉賢人。
〔註8〕　周新國等編：《江蘇教育史》，江蘇人民出版社 2007 年版，16 頁。
〔註9〕　《史記・始皇本紀》二十六年。

由難趨易，由雜亂而趨統一的趨勢已是主流。「小篆和隸書的出現和使用，於文化學術的推廣，教育的開展，是有重大意義的。」〔註 10〕文字改革爲教育的發展創造了新的契機，更爲中原地區與江淮地區的教育交流、共進提供了條件。

爲了控制教育的主導權，秦朝「設三老以掌教化」，在中央設有博士、太傅、少傅，在地方設有「三老」。建立了「三公在朝，三老在學」〔註 11〕的教育管理制度。始皇二十六年（前 221 年），「分天下爲三十六郡，郡置守、尉、監。」〔註 12〕「郡下有縣，縣下有里、亭、鄉。大率十里一亭，亭有長；十亭一鄉，鄉設三老，嗇夫，游徼。三老掌教化，嗇夫聽訟，收賦稅；游徼循禁盜賊。」〔註 13〕「三老」在地方基層充當著教師及教師管理者的雙重角色。同時，秦朝政府基於政權穩定的考量，「禁遊宦」，限制人們的流動、遷徙、集會、結社、講學等活動。鑒於「古者天下散亂，莫之能一，是以諸侯並作，語皆道古以害今，飾虛言而亂實，人善其所私學，以非上之所建立。」〔註 14〕秦朝奉行「以法爲效」，反對儒學及其他諸子百家思想的流傳。「聞今下，則各以其學議之，入則心非，出則巷議。」〔註 15〕作爲傳播思想的教育活動受到了統治者的高度關注。這種限制學術及教育自由的政策壓制了秦朝私學教育的生存空間。戰國時期所設立的各國學宮，如齊國的稷下學宮等，都被取締。先秦時興旺的私學活動在秦朝轉入了低谷。同時，秦朝所頒佈的「吏師制度」規定「以吏爲師」，只允許向法吏學法。教育內容被單調的限定爲法家思想與「書簡之文」。政府的法令條文成爲學習內容，教育成爲政府意志的絕對附庸。

在大環境的影響下，較之先秦，秦朝江蘇地區的教育之風雖存，但缺少了值得記錄的亮點。秦朝時期，江蘇地區原有諸侯國都的城邑皆受摧壞，失去了教育的地方自主權。而政府對私學的嚴厲限制，特別是「禁遊宦」的實行，壓制了先秦以來江蘇民間私人教育的良好勢頭。無論官辦、私立，江蘇地區的高等（高等級）教育失去了產生與存在的土壤。雖然醫藥、種樹之類

〔註 10〕 肖川著：《中國秦漢教育史》，人民出版社 1994 年版，7 頁。
〔註 11〕 《禮記・禮運》。
〔註 12〕 《史記．始皇本紀》二十六年。
〔註 13〕 《漢書・百官公卿表》。
〔註 14〕 《史記・秦始皇本紀》。
〔註 15〕 《史記・秦始皇本紀》。

的私學講授還在一定程度上存在，甚至兵法之類的學說也流行不輟。如項羽、張良、韓信等人都曾接受過此類教育，並且有所繼承發揚。但就高等傳統學術範疇的教育而言，缺少新的進步。

總體觀察先秦、秦朝的江蘇地區，儘管存在高等（高等級）教育的形式，但沒有出現真正意義上的高等教育。

二、兩漢時期江蘇高等教育的初萌

江蘇高等教育的出現是在兩漢時期，在制度與教學內容上有所提升，實現了由初等教育向高等教育的轉變。

西漢建立後，執政體系多承襲秦制，但亦有變通，尤其是執政思想開始出現重大轉折。秦朝苛政引發了人民的反抗，使西漢統治者認識到「教，政之本也；獄，政之末也。」〔註16〕「教化立而姦邪皆止。」〔註17〕在這種重教思想的指導下，漢初的教育指導宗旨實現了由法治教育向德治教育的轉型，其文化教育政策經歷了「雜霸」與「獨尊」兩個階段。從初期講究黃老之學的「無為」到漢武帝開始的寬鬆程度下的獨尊儒術，兩漢時期的教育思想經歷了一個全新的變革，也直接影響著這一時期江蘇地區高等教育的發展。西漢時期，官學與私學的發展都較前代有了超越，學校遍立，儒師輩出。「漢氏承秦燔書，大弘儒訓，太學生徒，動以萬數，郡國黌舍，悉皆充滿。學於山澤者，至或就為列肆，其盛也如是。」〔註18〕「漢武帝立《五經》博士，置弟子員，設科射策，勸以官祿，其傳業者甚眾焉。」〔註19〕

漢初，以道家思想為主幹、以法家思想為枝幹，混合儒、墨、名、陰陽等學說的黃老之學成為官方教育的主要內容。但其學說十分混雜，教育主旨並不十分明確。這個時期經學開始昌盛，並逐漸形成了今、古文經的爭論。與先秦時期的諸子百家的爭鳴不同，此時的經今文、古文的爭論是於儒學一家之說的內部爭鳴，不再是百家之說，是一種在漢朝統治者控制下的受限制的學說爭辯。漢武帝時期，董仲舒向漢武帝建議了三大文教政策，「罷黜百家，獨尊儒術」、「興太學，置明師」、「重選舉，廣取士」。這些對教育進行儒學化

〔註16〕《春秋繁露・精華》。
〔註17〕《漢書・董仲舒傳》。
〔註18〕《二十五史（第3冊）》，上海古籍出版社1995年版，第74頁。
〔註19〕《二十五史（第3冊）》，上海古籍出版社1995年版，第48頁。

改造的策略在西漢的實行，對西漢高等教育產生了深遠的影響。

在官學方面，西漢改變了秦朝廢學棄教的政策，大力興學設教。在都城立太學，在地方設各級郡國學校。西漢太學設立於漢武帝元朔五年（前 124 年），是漢朝官立的中央高等教育學府，標誌著我國封建官立大學制度的初步確立。地方官學則為郡國學校。漢平帝元始三年（公元 3 年），漢朝正式頒佈地方官學制度，明確規定：「學官：郡國曰學；縣，道，邑，侯國曰校。」〔註 20〕普遍設立了郡國學校，這種狀況一直延續至東漢末年。學術界一般以為，漢代的郡國學校是與行政區劃相匹配的，分級為學、校、庠、序。其中學、校等級較庠、序高。平帝時期，郡國學校中又設置了教育皇族子弟的「宗師」（宗卿師）。學、校內設有經師，以經師講學為主，學生自學為輔，有考試。此外，還有進行文學藝術研究的鴻都門學等教學機構的設立。

在私學方面，因為漢初社會初顯穩定局面，經濟平穩，民間求學欲望強烈，兼之官立教育體制還未健全，私學較為興盛。各私學家所秉持的學說也不囿於儒家一門，黃、老、道、法、卜筮、算學、曆數等各有流傳。很多沒有立為博士的名師大儒躬身於私學講學；一些具有較高文化素養的官員也從事私人講學活動。東漢時期，私學更形發達，其原因有二：一方面由於官場政治鬥爭激烈，傾軋嚴重，很多儒學大師在政治上受到挫折，寄情於教育，進入民間，講學授徒；另一方面是因為今文經在官學中的強勢地位，使得古文經學不得不轉移陣地，以私學為主要載體進行傳播，客觀上起到了促進私學發展的作用。私學粗略可分為以蒙學為主的書館、以經學為主的鄉塾及以專經為主的「精舍」教育。在私學中，還有一種特殊的教育形式，即家學，多見於貴族大儒之家，也為私學的重要組成部分。

從認字啟蒙到熟悉一般經書，再到專研經傳的教育遞進層次已然成型。基於這種教育層次的考察，我們可以將各個郡國的「宗師」、學、校，以及私學中的專經教育機構作為江蘇地區高等教育的首現〔註 21〕。

「宗師」教育是培養諸侯國貴族子弟的高等教育形式，在江蘇地區的各諸侯國中也應普遍存在。楚、吳、江都、廣陵、泗水、沛、彭城、下邳等諸侯國的王族弟子都應接受了「宗師」教育，這種教育採取了由中央派遣師、

〔註20〕《漢書·平帝紀》。
〔註21〕亦有學者以為只有中央的太學為高等教育，郡國中的學、校僅為中等教育，本文不認可此種觀點。

傅、相，對諸侯及其儲君進行儒家思想、政治教育的方式。漢代江蘇較為有名的諸侯王之師、傅、相，有任楚國之傅的經學大師韋賢的五世祖韋孟和江都相的董仲舒等人。漢朝江蘇地區諸侯國的宗師教育中不乏優良之例。培養出對朝廷忠誠、具有較高文化素養的諸侯國接班人。最典型的就是董仲舒對江都易王劉非的教導，相傳劉非「好氣力，治宮館，招四方豪傑，驕奢甚。」〔註22〕董仲舒相江都後，採用儒家「正誼明道」的思想來教導劉非，得到了劉非的尊重與敬服。「天子以仲舒為江都相，事易王。易王，帝兄，素驕，好勇。仲舒以禮誼匡正，王敬重焉。」〔註23〕成為當時諸侯國中宗師教師的楷模。《後漢書・光武十王列傳》稱光武帝子沛王劉輔「好經術，善說《京氏易》、《孝經》、《論語》傳及圖讖，作《五經論》。」〔註24〕也是其師、傅教導有方的結果。但亦有反面例證，如高祖少子淮南王劉長素不馴服，謀反後，袁盎上書漢文帝，稱「上素驕淮南王，不為置嚴相傅，以故至此。」〔註25〕將淮南王叛逆的責任推到了其師、傅的身上。西漢時期，代表中央政府權威、維護中央政府利益的師、傅、相與諸侯王之間常有意見衝突。如吳王劉濞素來驕橫，袁盎被任命為吳王相時，其侄就曾勸誡其不要過於與吳王衝突，以保全自己。有些師、傅、相因教導諸侯王而引來殺身之禍，楚王劉戊就曾對勸誡其放棄叛亂念頭的相、傅大加屠戮。「其相張尚、太傅趙夷吾諫，不聽，遂殺尚、夷吾，起兵會吳西攻梁。」〔註26〕就總體而言，兩漢時期的諸侯王及儲君教育還是成功的，大部分的諸侯王都有良好的文化素養與學識，對所封地區的穩定發展起到了正面作用。

其次是郡國學校、私學專經教育。兩漢是江蘇地區高等教育的首現，所以郡國學校雖多有設立，但並未有太大亮點，史書也少有記載。相對而言，比較興盛的是私學專經教育。

西漢時期，東海下邳人嚴彭祖曾向魯人睦孟學習《春秋》，後自己講學授徒。「孟死，彭祖、安樂各專門教授，由是《公羊》春秋有顏、嚴之學。」〔註27〕

〔註22〕　《漢書・江都易王劉非傳》。
〔註23〕　《漢書・董仲舒傳》。
〔註24〕　《後漢書・光武十王傳》。
〔註25〕　《漢書・淮南王傳》。
〔註26〕　《漢書・楚元王傳》。
〔註27〕　《漢書・嚴彭祖傳》。

時人稱爲「楚兩龔」的龔勝、龔舍兩兄弟，「少時好學明經」〔註28〕，結束仕途後，返回故里楚國，龔勝傳授《尚書》，龔舍「通五經，以《魯詩》教授。」〔註29〕其時還有沛人施讎、翟牧、鄧彭祖、高相等人教授《易經》；沛人褚少孫、楚太傅唐生等教授《詩經》；沛人慶善等人教授《禮經》；沛人蔡千秋等教授《穀梁春秋》等。東漢時期，私學專經之學在江蘇更加發達。彭城廣戚人姜肱「博通《五經》，兼明星緯，士之遠來就學者三千餘人。」〔註30〕足見其時江蘇私學專經之學的影響。

兩漢時期，也有大量的江蘇人北上求學，接受都城高等教育的薰陶。清代趙翼於《陔餘叢考》卷十六《兩漢時受學者皆赴京師》條中稱：「蓋其時郡國雖已立學，……然經義之專門名家，惟太學爲盛，故士無有不遊於太學者。」〔註31〕以東漢廣陵一國，即有張紘，「入太學，事博士韓綜，治京氏《易》、歐陽《尚書》。」〔註32〕臧洪，「年十五，以父功拜童子郎，知名太學。」〔註33〕徐淑「隨父愼在京師，鑽《孟氏易》、《春秋》、《公羊》、《禮記》、《周官》。」〔註34〕可見，江蘇籍學者一方面就學於太學，另一方面，其中一些學者以其學識任教於太學，爲中央高等教育作出了貢獻。也有江蘇籍學者遊學各地，如沛人褚少孫、慶善、廣陵人張紘等，推動了各地文化、教育的高層次交流。

三、江蘇地區高等（高等級）教育誕生時的職能與特點

現代高等教育事業具有三項基本職能，分別是培養專門人才、科學研究與服務社會，其中服務社會是現代高校的專屬職能。從先秦及秦漢時期高等教育事業的實際考察，其歷史內涵應具有超越一般蒙學及基礎文化教育的層次，具有較高程度的經學教育與研究，在某種範圍內爲政權輸送高級官僚的職能。從這三點考量，江蘇地區確實於先秦、秦漢時期誕生了高等（高等級）教育。

〔註28〕《漢書・兩龔傳》。
〔註29〕《漢書・兩龔傳》。
〔註30〕《後漢書・姜肱傳》。
〔註31〕《後漢書・文苑列傳》。
〔註32〕陳壽：《三國志》卷五十三《張紘傳》注引《吳書》，中華書局標點本，1243頁。
〔註33〕《後漢書・臧洪傳》。
〔註34〕《後漢書・左雄傳》注引《謝承書》，中華書局標點本，2020頁。

從辦學層次分析，先秦與秦朝時期的江蘇地區教育主要是人類生活及文化學習的初始階段。儘管中原及西北、山東等地區已經大量存在著諸子的私學講授活動，江蘇地區也有類似的學者痕跡。但從制度上來看，江蘇地區還未形成制度化的高等級教育體制與實體。兩漢時期，啟蒙及基礎教育則由蒙學承擔。超越其上的以宗師及地方官學中的學、校為官立高等教育機構，以專研經學的私學為私立高等教育機構的高等教育體制隱然成形。

從經學教育與研究職能分析，先秦與秦朝時期的江蘇地區經學教育主要為被動接受中原等文化教育發達地區的薰陶，未形成對經學教育與研究的規模化效應。而在兩漢時期，「校、學置《經》師一人，鄉曰庠，聚曰序。序、庠置《孝經》師一人。」〔註35〕經學已經成為教育的主導內容，其教學層次與內涵也顯著提升。尤其在私學專經教育中，貫徹的是一種具有意識形態傾向的人文教育，其教學內容主幹是經學教育。且因為地方學校、私學與中央太學沒有從屬關係，不受其約束，其課程設置較為自由，教學內容各有差異。通過這些教育，江蘇誕生出了大批經學人才，根據《漢書·儒林傳》、《後漢書·儒林傳》的記載，西漢江蘇具有較高學術水平者為治《易》的施讎、孟喜、高相、鄧彭祖；治《詩》的韋賢、褚少孫、翼奉；治《書》的龔勝、唐林、唐尊；治《禮》的后蒼、慶普；治《春秋》的嚴彭祖、蔡千秋。東漢則為治《易》的劉昆、窪丹；治《書》的丁鴻；治《禮》的董鈞；治《春秋》的丁恭、周澤。名家濟濟，異軍突起，文秀東南。

從某種範圍內為政權輸送高級官僚職能分析，先秦與秦朝時期，對於官員的選拔主要還是採取世官制、薦舉制、軍功制、客卿制，雖有部分通法、徵士而入仕者，但不為主流。高等（高等級）教育在這個過程中沒有太多的價值空間。兩漢時期，除察舉、孝廉外，還有茂才及察舉特科（有賢良文學、明經、明法等）等途徑獲取人才，具備高等教育成為敲門磚。也因此，兩漢的官方高等教育含有強烈的政治意味，除了「文吏之學」，即「好仕學宦，用吏為繩表」〔註36〕外，亦有「都試講武，設斧鉞旌旗，習射御之事。」〔註37〕兩漢時期，郡國還負有舉薦博士弟子的職責。通過考問經學，根據成績，授以官職。在這個過程中，經學造詣成為關鍵。如東漢毗陵人高彪舉孝廉，試

〔註35〕《二十五史（第1冊）》，上海古籍出版社1995年版，33頁。
〔註36〕袁華忠等譯注：《論衡全譯》，貴州人民出版社，1993年版，740頁。
〔註37〕《二十五史（第2冊）》，上海古籍出版社1995年版，270頁。

經第一。很多江蘇籍官員勤勉任職、具有較高的學術造詣，成爲一代名賢。如彭城人劉向，《江南通志》稱其「宣帝講論五經於石渠，拜郎中，元帝時官宗正給事中，……成帝時復進用，會王鳳兄弟秉政，向集《洪範》、《五行》，傳論奏之，……嘗序次《列女傳》，著《說苑》、《新序》，數上封事，帝每嘉歎之。」這也是江蘇地區高等教育的職能展示。

先秦、秦漢時期江蘇地區高等（高等級）教育具有官私立並萌性、區域不平衡性、家學奠基性等三個時代特點。

江蘇地區的高等（高等級）教育的誕生具有官私立共同起步，共同發展的時代特點。元始五年（公元 5 年），漢廷「徵天下通知逸經、古記、天文、曆算、鍾律、小學、史篇、方術、本草及以五《經》、《論語》、《孝經》、《爾雅》教授者，在所爲駕，一封軺傳，遣詣京師。至者數千人。」〔註 38〕如此體量，足見兩漢私學規模宏大、內容廣博、人才濟濟。江蘇地區其時亦是如此。在江蘇高等（高等級）教育誕生的過程中，先秦及秦朝時期，蘇中及蘇南地區的高等（高等級）教育首先崛起。但在兩漢時期，則以徐州爲中心的蘇北地區成爲發展重心。其原因受政權格局影響巨大。先秦時期，蘇中、蘇南因吳越等強國的發展而首先受益，文化教育得以先行一步。至秦朝，仍有慣性反應。而兩漢時期，大一統格局下，地近中原的蘇北地區更易受北方先進教育的影響，形成了以徐州爲中心的教育先發區。江蘇地處南北交界，這種教育發展的區域不平衡性在江蘇高等教育發展的歷史中雖變現形式不一，但一直存在。私學專經之學的出現，爲門第家學的演變流傳創造了條件。兩漢時期的私學專經教育直接成爲魏晉南北朝時期貴族家學的濫觴。一些名家大師被徵辟入仕後，門風代傳，形成了系統性、差異性的家學，直接影響到魏晉南北朝江蘇私立高等教育的發展。

江蘇高等（高等級）教育的初萌，既是中央政府制度化推動的結果，更是江蘇人民自我促動的結晶。江淮衣冠自此萌，江蘇地區的古代高等教育事業也自此走上了一條具有區域特色，成就斐然的道路。

（該文發表於《高教探索》2014 年第 6 期）

〔註38〕《二十五史（第 1 冊）》，上海古籍出版社 1995 年版，33 頁。

述論隋唐五代十國時期
江蘇地區高等教育的發展

隋唐五代十國時期，江蘇地區的教育事業經歷了從低谷到逐漸興盛的發展階段。隋唐時期，官辦學校發展不盡人意，高等級官辦教育也少有建樹。但高等私學教育延續了魏晉南北朝的發展勢頭，取得了很大成就。五代十國時期，因爲楊吳、南唐政權相繼定都江蘇，使得該時期成爲江蘇地區高等教育發展的新階段。

一、整體狀況

（一）江蘇地區官辦高等教育的狀況

1. 中央高等教育

隋唐五代十國時期的中央高等教育發展多有波折。

隋朝設立後，在中央設有太學、國子學、四門學及書學、算學、律學等高等學府。但因隋文帝後期信奉佛教，倡佛廢學。於仁壽元年（601年）詔令撤太學、四門學及州縣學校，僅餘國子學。隋煬帝時期，雖上爲興學，但社會動亂，中央高等教育幾無建樹。

唐朝時期，政府建立了中國有史以來最爲完備的官辦學校體系。史學家周予同認爲這一體系「較諸中古的任何一代，複雜而完備。」〔註1〕在這一體系中，政府將官辦教育明確分爲中央及地方兩級系統。在中央設立六學（國

〔註 1〕 轉引自夏風：《唐代學校教育述略》，《教育評論》1987 年第 6 期，36 頁。

子學、太學、四門學、律學、書學、算學）以及「弘文館」、「崇文館」、「廣學館」、醫學等其他專科學館，這就是唐朝中央官學，也是唐朝中央高等教育。唐朝中央高等教育雖在高宗及武則天執政時期，學風有所衰弱，發展受到影響。但至唐玄宗時期，得以復振。開元二十五年（737 年），唐政府在中央增置崇玄學，以道教理念為主要教育內容，是為道教有官學之始。天寶九年（750 年），又開廣文館。開元間，修成《唐六典》，系統規定了各類官辦學校的體制與規章，為唐代官辦教育的發展進行了制度規範。安史之亂後，「碩儒解散，國學毀廢。」〔註2〕中央高等教育一蹶不振，始終未能恢復至開元時期的高度。

五代十國期間，楊吳與南唐政權先後佔據江蘇地區，揚州與南京分別成為這兩個政權的統治中心。這兩個政權的統治者都較為重視教育，南唐更是沿襲了唐朝的中央高等教育制度，除了國子監之外，設有國子學、太學、四門學、算學等學。南唐中央高等教育的設立使得江蘇地區的官辦高等教育得到政治保障，有了相當程度的發展。早在楊吳時期，昇州就已經設有禮賢院。南唐開朝後，文教昌興。南唐烈祖李昇、元宗李璟、後主李煜都熱衷於建設教育事業。李煜曾告誡眾臣：「卿輩從公之暇，莫若為學為文。」〔註3〕南唐設兩處國學，一為江西廬山國學；一為國子監，位為秦淮河畔。「南唐跨有江淮，鳩集故典，特置學官，濱秦淮開國子監，復有廬山國學，其徒各不下數百。」〔註4〕作為一個地方割據政權，南唐中央高等教育為江蘇地區高等教育的發展起到了引領作用。

2. 地方官學高等教育

在地方教育上，江蘇各地官辦教育以州縣學為主，比照當時的教育客觀水準，可作為地方官辦高等教育的載體。

開皇三年（583 年），隋文帝下詔勸學。統一全國後，又下令各州縣學設置博士。仁壽元年（601 年），他又復令撤銷各地州縣學校。隋煬帝時期，各地州縣學校復興，「諸郡置學官，及流外給廩。」〔註5〕所謂「煬帝即位，復開庠序，國子、郡縣之學，盛於開皇之初。」〔註6〕在江蘇區域內，因為建康城在隋朝建立後被平毀，另於石頭城建蔣州。江都，即揚州則成為江蘇地區

〔註2〕 李絳：《請奏國學疏》，《全唐文》卷646。
〔註3〕 《全唐文》卷881 徐鉉《御製雜說序》。
〔註4〕 《南唐書》卷23《歸明傳下》。
〔註5〕 魏徵等：《隋書》卷75《劉炫傳》。
〔註6〕 《隋書》卷75《儒林傳》。

的政治經濟文化中心，隋煬帝此後也曾長期駐輿江都。史料可見揚州設有州學，立有博士。其他城市因史料不詳，未知州縣學設立情況。

唐朝武德七年（624年），李淵下令「州縣及鄉里，並令置學」〔註7〕。隨即於地方廣設州縣學校。雖然唐朝歷代統治者都有興學詔令，後人稱唐初時，有「諸館及州縣學六萬三千七十人」〔註8〕。但就全國範圍內觀察，實際效果十分勉強。尤其是地方官學，發展十分不平衡。直至高宗時期，很多地方的州縣學還未建立，地方教育發展十分蕭條。「諸州縣孔子廟堂及學館破壞，並向來未造，生徒無肆業之所，先師闕奠祭之儀，久致飄零。」〔註9〕即使貞觀年間，各地州縣學，也未得全面建立，僅在部分地區有所建樹，而邊疆地區則一直沒有官辦學校的蹤影。所謂「邊州素無學校。」〔註10〕至唐後期，「兵革已來，庠序多廢。縱能傳授，罕克精研。」〔註11〕甚至「雖設博士、弟子，或役於有司，名存實亡，失其所業。」〔註12〕在這樣的大背景下，觀察唐朝江蘇地區內的州縣學事業，較之全國，已屬先進。

江蘇各地在唐朝多設州縣學，揚州設有大都督府，其長史李襲、杜佑皆有興學所為。地方官員中，辦學最為有力者為常州刺史李棲筠。他在任期間，大力興學。「大起學校，堂上畫《孝友傳》示諸生，為鄉飲酒禮，登歌降飲，人人知勸。」〔註13〕後，李棲筠至昇州（今南京）任職後，也積極倡辦官學，「又增學廬。」〔註14〕在唐早中期，江蘇地區其他各州縣學也紛紛成立，如泰州州學等。各州縣學創立時間不一。其中海州州學，「儒學在州治西，唐貞觀四年創建。」〔註15〕溧水縣學，「唐武德六年建至聖文宣王廟，在縣東三十步。」〔註16〕六合縣學，「唐咸同中在東門街北，光化中徙河南牛市街。」〔註17〕安史之亂期間，江蘇一些州縣學受到影響而停辦，但大亂平息後，很快復

〔註7〕《全唐文》卷3《令諸州舉送明經詔》。
〔註8〕《新唐書》卷45《選舉制下》。
〔註9〕〔宋〕王欽若等編修：《冊府元龜》卷50《帝王部·崇儒術第二》。
〔註10〕〔宋〕《舊唐書》卷135《良吏傳上韋機傳》。
〔註11〕〔宋〕王欽若等編修：《冊府元龜》卷五十《帝王部·崇儒術第二》。
〔註12〕韓愈：《韓昌黎全集》卷31《處州孔子廟碑》，中國書店影印世界書局本，1991年版，398頁。
〔註13〕歐陽修、宋祁：《新唐書》卷146《李棲筠傳》，4736頁。
〔註14〕歐陽修、宋祁：《新唐書》卷146《李棲筠傳》，4736頁。
〔註15〕〔明〕張峰纂修、陳復亨補輯：《隆慶海州志》卷五《教典》。
〔註16〕《景定建康志》卷16《儒學志三·置縣學》。
〔註17〕光緒《六合縣志》卷3《建置志》。

學。如大曆九年（774 年），王綱任崑山縣令，「大啓室與廟垣之右，聚五經於其間。」〔註18〕重建崑山縣學。各州縣學也大致得以恢復。

楊吳政權定都於揚州，後南唐遷都金陵（南京），使江蘇地區中部及南部再度成爲京畿區域，官辦州縣學教育的發展也迎來良好契機。南唐「所統州縣，往往有學。」〔註19〕州縣學遂遍於江蘇地區。

（二）江蘇高等私學教育的狀況

因爲世族門閥制被破壞，隋唐五代時期江蘇地區的私學不再局限於大家貴族之間的家學傳授，而是多以庶民學者私學面貌出現，較之前代，更加普遍。

隋朝時期，江蘇高等私學教育名家眾多，立學範圍涵蓋整個江蘇南北。揚州人曹憲在隋時已經在家鄉聚徒講學，「諸生數百人」〔註20〕，當時公卿以下官員都曾向曹憲學習。唐朝，他繼續在揚州辦私學。唐太宗曾打算徵其爲弘文館學士，因其年紀太大，乃遣使就家拜爲大夫。一批江蘇籍學者還因其在家鄉所培養的學識，得到中央官學的看重與招徠。如連雲港的包愷，通明《五經》、《史記》、《漢書》等學問，而入京執教。「大業中，爲國學助教。……聚徒教授，著錄者數千人。」〔註21〕蘇州人褚輝善《三禮》學，隋煬帝時期，被「擢爲太學博士。」〔註22〕蘇州的朱子奢，跟從蘇州學者顧彪學習《春秋左氏傳》，「博觀子史，善屬文。隋大業中，直秘書學士。」〔註23〕也有去外地講學的江蘇籍學者。崑山人張中儒學素養深厚，被隋漢王邀請去并州講學。「隋漢王諒出牧并州，引爲博士。」其子張後胤「從父在并州，以學行見稱。」〔註24〕這些學者的際遇足以佐證當時江蘇高等私學教育的成績。

唐朝，政府曾一度對私學有所限制，但很快放開。「開元二十一年以前，政府對於私學的設立有所限制，此後不作任何限制了。」〔註25〕受科舉制的影響，庶民士子的從政之路豁然開朗，服務科舉內容的民間私人講學活動更

〔註18〕《文苑英華》卷 816《崑山縣學記》。
〔註19〕《南唐書》卷 23《歸明傳下》。
〔註20〕《舊唐書》卷 189 上《曹憲傳》。
〔註21〕《隋書》卷 75《包愷傳》。
〔註22〕《隋書》卷 75《褚輝傳》。
〔註23〕《舊唐書》卷 189 上《朱子奢傳》。
〔註24〕《舊唐書》卷 189 上《張後胤傳》。
〔註25〕張邦煒：《唐代學校的盛衰》，《四川師院學報》1985 年第 2 期，39 頁。

加蓬勃，甚至取代了官辦地方教育，成爲民眾接受高等教育的主導力量。接受江蘇私學教育而成才的江蘇籍學者眾多，其中多有以經學著名者。如泗州漣水人王義方，「博通五經」〔註26〕；蘇州人丁公著，「年二十一，《五經》及第」〔註27〕；蘇州人歸崇敬，「少勤學」〔註28〕；潤州無錫人李紳「六歲而孤，母盧氏教以經義」〔註29〕；潤州句容人許叔牙，「少精於《毛詩》、《禮記》」〔註30〕等，他們都因經學造詣而登第或入仕。其中一些學者在江蘇家鄉時就已經有私學教授的活動。海州人吳道瓘在家鄉就「善教誘童孺」，後入宮爲皇親國戚子弟授課。「大曆中召入宮，爲太子、諸王授經。」〔註31〕除經學外，其他學術領域中也人才輩出。如文學，蘇州人楊收一門；徐州人劉胤之、劉藏器、劉知幾、劉知柔等人「代傳儒學之業，時人以述作名其家」。〔註32〕啖助在丹陽講學，著《春秋三傳集解》，弟子中聞名者有陸質、趙匡、盧庇等。又如居住於揚州的王播，「出自單門，以文辭自立，踐昇華顯」，他和弟弟王炎、王起都先後中進士第。〔註33〕也有江蘇籍學者爲提升自我，而自發赴外地接受高等私學教育。揚州廣陵人朱晝就曾不遠千里向孟郊求學，一時傳爲佳話。「貞元間，（朱晝）慕孟郊之名，爲詩格範相似，曾不遠千里而訪之，不厭勤苦。」〔註34〕金壇人戴叔倫，北上山東，向蘭陵人蕭穎士求教，終成爲其傑出弟子。「師事蕭穎士，爲門人冠。」〔註35〕然而此時更多的是外地學者慕江蘇高等私學教育之名，而來蘇求學。如知名學者范陽人盧照鄰，就曾到揚州與漣水向曹憲、王義方求學。「年十餘歲，就曹憲、王義方授《蒼》（《蒼頡》）、《雅》（《博雅》）及經史，博學善屬文。」〔註36〕

楊吳南唐時期，在統治者崇文重教的指導思想下，江蘇高等私學教育得以繼續發展，成爲全國士子民間講學集聚的重點區域。

〔註26〕 《舊唐書》卷187上《王義方傳》。
〔註27〕 《舊唐書》卷188《丁公著傳》。
〔註28〕 《舊唐書》卷149《歸崇敬傳》。
〔註29〕 《舊唐書》卷173《李紳傳》。
〔註30〕 《舊唐書》卷189上《許叔牙傳》。
〔註31〕 《舊唐書》卷190下《吳通玄傳》。
〔註32〕 《舊唐書》卷102《劉子玄傳》。
〔註33〕 《舊唐書》卷163《王播傳》。
〔註34〕 《唐才子傳》卷5。
〔註35〕 《新唐書》卷143《戴叔倫傳》。
〔註36〕 《舊唐書》卷190上《盧照鄰傳》。

二、制度與管理

隋唐五代十國時期，對高等教育管理的需求已經逐漸浮出水面。隋朝將國子監從太常寺獨立出來，改造為獨立的教育管理機構，設祭酒一人，為最早的教育行政長官。唐朝，各州縣學的領導管理者為長史，由國子監管轄。南唐沿襲唐朝，設置國子監祭酒，管理中央高等官學。

但是對包括江蘇地區在內的唐朝州縣學，以地方官辦高等教育的標準來衡量，並不稱職，因其辦學旨意不以學術為先，注重的是人倫教化。各州縣地方官學還設有三獻官，負責管理祭孔。因此，祭祀、學禮成為學校頭等大事，學生要「習吉凶禮、公私禮。」而且要到「有事處」去「示禮儀」〔註37〕。官學經費也大多用於祭祀，如「夔（州）四縣歲釋奠費十六萬」，「於學無補也」〔註38〕。後人曾評價：「長史之有識者以興學立教，其事重而費鉅，故姑葺文廟，俾不廢夫子之祠。」〔註39〕甚至於柳宗元言及唐朝地方官學教育不如佛教信仰傳播的狀況，「堂庭庳陋，橡棟毀墜，曾不及浮圖外說！」〔註40〕這是唐代地方官學的一大特色。有人評價唐朝地方官學不景氣的「關鍵在於唐代正處於選士制度由薦舉向科舉轉化的過渡階段，半薦舉半科舉的不陰不陽局面正是造成唐代學校不生不死狀況的重要原因。」〔註41〕這種陣痛期是客觀存在的現實。

在師資設置方面，隋唐五代十國各政權皆大同小異，仿襲漢制。除了在中央國子監設置祭酒一職外，還設有國子司業、國子助教、國子博士等職。在地方州縣學中，則多以博士為主要教職。開元期間修成的《唐六典》，就明確規定了各州縣學的師資配置與生員名額：在大都督府設從八品經學博士 1 人，助教 2 人，學生 60 人，設從八品醫學博士 1 人，助教 1 人。中都督府設從八品經學博士 1 人，助教 2 人，設醫學博士 1 人。下都督府設以八品博士 1 人，助教 1 人，醫學博士 1 人，助教 2 人。在上州設從八品經學博士 1 人，助教 2 人，設正九品醫學博士 1 人，助教 1 人。在中州設正九品經學博士 1 人，助教 1 人，設正九品醫學博士 1 人。在下州設正九品經學博士 1 人，助教 1 人，設從九品醫學博士 1 人。在諸州上、中、中下、下縣，設博士、助

〔註37〕《唐會要》卷 35《學校》。
〔註38〕《新唐書》卷 168《劉禹錫傳》。
〔註39〕《文獻通考》卷 34《學校考四》。
〔註40〕《柳河東集》卷 5《道州文宣王廟碑》。
〔註41〕張邦煒：《唐代學校的盛衰》，《四川師院學報》1985 年第 2 期，40 頁。

教各 1 人。

　　教師的選拔沒有固定的考試與標準，大多以中央或地方官員的舉薦爲主。唐代，在常州辦學卓有成效的李棲筠至昇州任職期間，「表宿儒河南褚冲、吳何員等，超拜學官爲之師，身執經問義，遠邇趨慕。」〔註42〕大曆九年（774年），王剛復建崑山縣學後，「以邑人沈嗣宗射履經學，俾爲博士。」〔註43〕高等私學教育就更加開放，完全憑藉學者自身的學術造詣以招攬生源。

　　招生方面，除了國子監有嚴格的身份限制外，其餘中央官學與地方州縣學都沒有嚴格的限定。南唐在南京所設的國子監，所收學生不下數百人。但在某些階段，對於地方學生名額有所限制。如唐制規定：大都督府設學生 60 人，醫學生 50 人。中都督府設學生 60 人，醫學生 15 人。下都督府學生 50 人，醫學生 12 人。上州設學生 60 人，醫學生 15 人。中州設學生 50 人，醫學生 12 人。下州設學生 40 人，醫學生 10 人。在諸州上、中、中下、下縣，學生分別爲 40、25、25、28 人。州縣學學生來自於庶民子弟，爲所謂的「中智之人」，「上智之人，自無所染，但中智之人無恆，以教而變。」〔註44〕州縣學學徒學習優異者，經地方官員的薦舉，以「鄉貢」名至尚書省參加常舉考試，合格者，與中央六學生徒一樣，可獲做官的候補資格，也可升入四門學爲俊士。

三、教學與成就

　　該時期，江蘇地區高等教育的教學內容與魏晉南北朝時期有較大差異，玄學已經不再是江蘇高等教育的主流。有唐一代，沿襲隋朝科舉，取士以經術，抑或以文筆，朝野一直爭論不休，乃至牽扯政治層面，黨爭之鬥不止。明經科重經學，進士科重詩詞，因而私學也產生了兩種方向的學問流派，一爲經學；一爲文學。江蘇高等私學教育於兩者皆有豐碩成果。楊吳、南唐其學與唐朝相似。

　　江蘇地區的藏書，尤其是南唐時期的藏書，爲北宋中央官學的藏書做出了貢獻。南唐統治者曾在所統治區域進行過系統的圖書整理收集工作，收集大量珍貴書籍，並進行了精心的校對編輯。其中大部分爲後來北宋國子監所

〔註42〕《新唐書》卷 146《李棲筠傳》。
〔註43〕《文苑英華》卷八百一十六《崑山縣學記》。
〔註44〕《貞觀政要》卷 14。

繼承。「皇朝（北宋）初離五代之後，詔學官訓校《九經》，而祭酒孔維、檢討杜鎬，苦於訛舛。及得金陵藏書十餘萬卷，分佈三館及學士舍人院，其書多讎校精審，編秩完具，與諸國本不類。」〔註45〕從某個程度上而言，是這一時期江蘇地區的藏書努力爲北宋中央高等教育的快速發展奠定了文獻基礎。

　　楊吳、南唐的中央官學對江蘇地區的高等教育發展起到了延續與提升的價值。雖然迫於全國州縣官學大勢，江蘇地區州縣學的教學效果也有波動，但在某些特定的時期，這些州縣學對於傳揚文化，精緻學術，起到了一定的積極作用。如上元縣學興盛時，「至徒數百人」〔註46〕。崑山縣學，澤化鄉風，以致「遐邇學徒，或童或冠，不召而至，如歸市焉。」「父篤其子，兄勉其弟，有不被儒服而行，莫不恥焉。」〔註47〕在這個時期，江蘇高等教育在培養人才、發揚文化方面，成就斐然，其中最傑出者莫非《文選》學、史學教育的發展。

（一）《文選學》的橫空出世

　　《文選》學的誕生與發展於隋唐江蘇，尤其是揚州地區的高等私學教育息息相關。梁朝時，昭明太子蕭統編有《文選》。隋朝時，揚州人曹憲等注解《文選》，並教徒傳講，逐漸形成了《文選》學。曹憲一直在揚州講學，注《文選音義》。「初，江淮間爲《文選》學者，本之於憲，又有許淹、李善、公孫羅相繼以《文選》教授，由是其學大興於代。」〔註48〕許淹、李善、公孫羅、魏模、魏景倩等一批學者都曾在揚州受曹憲教誨，這些學者中多爲江蘇揚州人，如李善爲「揚州江都人，方雅清勁，有士君子之風，」〔註49〕「以教授爲業，諸生多自遠方而至。」〔註50〕公孫羅，「江都人也。歷沛王府參軍，無錫縣丞。撰《文選音義》十卷，行於代。」〔註51〕魏模、魏景倩父子也是揚州人。亦有江蘇其他區域的學者。如許淹爲句容人，「撰《文選音》十卷。」

〔註45〕《南唐書》卷23《歸明傳下》。

〔註46〕歐陽修、宋祁：《新唐書》卷146《李棲筠傳》，4736頁。

〔註47〕《文苑英華》卷八百一十六《崑山縣學記》。

〔註48〕《舊唐書·儒學傳》。

〔註49〕《舊唐書》卷189上《儒學上》。

〔註50〕《舊唐書》卷189上《儒學上》。

〔註51〕《舊唐書》卷189上《儒學上》。

〔註52〕李善的弟子馬懷素爲丹徒人,「潤州丹徒人也。寓居江都,少師事李善。」〔註53〕以江蘇學者爲主體所創造與發展的《文選》學,在中國教育史、中國文學史上有著重要的地位,是隋唐時期江蘇私學高等教育的貢獻。

(二)史學教育的進步

史學教育是隋唐五代時期江蘇高等教育發展的又一個豐富領域。隋唐時期,江蘇史學名家頻出。傑出者如宜興人蔣乂,「幼便記覽不倦,七歲時,誦庾信《哀江南賦》,數遍而成誦在口,以聰悟強力聞於親黨間。弱冠博通群籍,而史才尤長。」〔註54〕再如常州人秦景通,「與弟暐尤精《漢書》,當時習《漢書》者皆宗師之,常稱景通爲大秦君,暐爲小秦君。若不經其兄弟指授,則謂之『不經師匠,無足探也』。景通,貞觀中累遷太子洗馬,兼崇賢館學士。」〔註55〕而其中最著名的莫非徐州劉氏家族的劉知幾了,劉知幾「少與兄知柔俱以詞學知名,弱冠舉進士」,「鄉人以知幾兄弟六人進士及第,文學知名,改其鄉里爲高陽鄉居巢里」。史載其自小便偏愛史學,「年十二,父藏器爲授《古文尚書》,業不進,父怒,楚督之。及聞爲諸兄講《春秋左氏》,冒往聽,退輒辨析所疑,歎曰:『書如是,兒何怠?』父奇其意,許授《左氏》。逾年,遂通覽群史。」〔註56〕其子劉之弘亦爲史家,「則天時,累遷著作郎,兼修國史。」〔註57〕作爲一個學術領域,史學的發展是江蘇地區高等教育事業進步的一個縮影。

隋唐五代十國時期的江蘇地區高等教育存在著官學弱、私學強的不平衡現象。因爲士族家學而發達的私學高等教育,自魏晉南北朝以來,得以延續。而地方州縣官學受制於辦學目標定位的模糊而整體低迷,這種教育形勢在江蘇地區尤爲突出。但是正是這一時期的堅持,爲宋元明時期江蘇地區高等教育的繁盛作好了準備。

(該文發表於《江蘇大學學報》(社會科學版)2017年第2期)

〔註52〕《舊唐書》卷189上《儒學上》。
〔註53〕《舊唐書》卷102《馬懷素傳》。
〔註54〕《舊唐書》卷149《蔣乂傳》。
〔註55〕《舊唐書》卷189上《秦景通傳》。
〔註56〕《新唐書》卷132《劉子玄傳》。
〔註57〕《舊唐書》卷189上《劉伯莊傳》。

江淮雅韻：魏晉南北朝時
江蘇地區的高等教育

　　三國時期，江蘇地區北部屬魏，長江以南及沿江地區屬吳，中部部分地帶屬於雙方游擊及荒地之域。東晉時期，江蘇地區北部曾短暫的屬於北朝，但爲時很短。梁、陳朝，江蘇地區北部曾屬於北魏與北齊。魏晉南北朝時期是江蘇地區教育發展的第一次高峰階段，高等教育事業發展上實現了突破，官學、私學高等教育在規模與質量上都有迅猛的發展，並出現了眞正意義上的高等學府。

一、整體狀況

　　統治者對於教育的重視成爲該時期江蘇高等教育發展的背景。

　　魏晉南北朝時期，儘管戰爭不斷，政權更迭頻繁，但江蘇地區重教之風卻得以保存。歷朝統治者上層群體都有崇教之舉。史冊對於江蘇地區的官辦、私學高等教育常有記載褒獎與資助的內容。

　　建安八年（203 年）七月，曹操頒佈了《修學令》，號令恢復學業。東吳景帝孫休也詔稱：「古者建國，教學爲先，所以導世治性，爲時器也。」[註1]南朝時期，齊高帝蕭道成、南齊竟陵王蕭子良、蕭梁昭明太子蕭統、梁武帝蕭衍等人都是熱心高等教育的君王貴族。

　　這個時期，一些私人講學者得到了官員或貴族的資助，得以改善講學環境。尤以南朝時期最爲突出。南齊時，劉瓛初於南京講學，所居之處，「瓦屋數間，

〔註1〕　《三國志・孫休傳》。

上皆穿漏。」〔註2〕不久，「竟陵王子良親往修謁。七年，表世祖爲瓛立館，以揚烈橋故主第給之。」〔註3〕吳苞曾與劉瓛共一宅講學，「始安王（蕭）遙光及江柘、徐孝嗣共爲立館於鍾山下教授。」〔註4〕更有一些學者得到了帝王、官員的青睞，爲其立館。如劉裕稱帝後，將在廬山講學的周繼之請出，「上爲開館東郊外，招集生徒。」〔註5〕宋文帝爲得雷次宗留於京師講學，「爲築室於鍾山西岩下，謂之招隱館。」〔註6〕諸葛璩在鎮江，「太守張友爲起講舍。」〔註7〕

　　南朝時期，常有帝王、太子親臨官辦高等學府，聽講教學，策試諸生。劉宋梁武帝就曾親臨周繼之的「招隱館」，「乘輿降幸，並見諸生。」〔註8〕劉宋文帝於元嘉二十三年（446 年）九月，「幸國子學，策試諸生，答問凡五十九人。」同年十月戊子，又詔曰：「庠序興立累載，胄子隸業有成。近親策試，睹濟濟之美，緬想洙、泗，永懷在并。諸生答問，多可採覽。教授之官，並宜沾賚。」〔註9〕南齊文惠太子曾至國子學檢查，受問者謝幾卿「隨事辨對，辭無滯者，文惠大稱賞焉。」〔註10〕天嘉九年（568 年），梁武帝兩赴國子學，「三月己丑，幸國子學，親臨講肆，賜祭酒以下各有差」；「冬十二月癸未，輿駕幸國子學，策試胄子，賜訓授之司各有差。」〔註11〕對於私學高等教育，亦有帝王給予私學各種「贈遺」和「資給」，以資鞭策。〔註12〕

　　雖然魏晉南北朝時期，並不安定。但正是在一些統治者相對重視教育的背景下，江蘇地區的高等教育有了突破。

（一）首先是官學高等教育的發展

　　在魏晉南北朝時期，因爲吳國、東晉、宋、齊、梁、陳皆定都於江蘇地區〔註13〕，使得江蘇的官學高等教育有了長足的進步，一躍爲全國先進水平。

〔註 2〕《南齊書・劉瓛傳》。
〔註 3〕《南齊書・劉瓛傳》。
〔註 4〕《南齊書・吳苞傳》。
〔註 5〕《南史・周繼之傳》。
〔註 6〕《南史・雷次宗傳》。
〔註 7〕《南史・諸葛璩傳》。
〔註 8〕《南史・周繼之傳》。
〔註 9〕《宋書・文帝本紀》。
〔註10〕《梁書・謝幾卿傳》。
〔註11〕《梁書・武帝本紀中》。
〔註12〕毛禮銳、沈灌群：《中國教育通史（第二卷）》，山東教育出版社 1986 年版，342～343 頁。
〔註13〕南朝中梁元帝曾暫居江陵。

1. 國學、太學

東吳時期，雖然沒有名義上的官辦高等學府，但黃龍二年（230 年）春，孫權詔立都講祭酒[註14]，主要爲其子嗣服務，已具有此種教育性質。以故後人所謂「南朝有國學，肇自孫吳。」[註15]

東晉在都城建康開設了太學與國學。這是江蘇地區歷史上第一個眞正意義上的官辦中央高等學府。晉元帝建武元年（317 年），「置史官，立太學。」[註16] 但因爲政治環境的影響，學校的發展屢受挫折，多次遭受滅學之災。如蘇峻、祖約之亂中就曾將太學毀壞。晉成帝咸康三年（337 年），重建太學。「立太學在秦淮水南，今東升橋地。」[註17] 後又建立國子學，即貴族子弟的學校。穆帝永和八年（352 年），因殷浩北伐，國子學廢。淝水戰後，孝武帝太元十年（385 年）春，尚書令謝石上書，懇請「興復國學，以訓冑子。」[註18]「興復國學於太廟之南。」[註19] 梁朝顧野王在《建康實錄》中曾對東晉國學有過如此描述：

> 在江寧縣東南二里一百步御街東，東逼淮水，當時人呼爲國子學。西有夫子堂，畫夫子及十弟子像。西又有皇太子堂，南有諸生中省，門外有祭酒省，二博士省，舊置博士二人。……初，顯宗（即晉成帝）咸康三年（357 年），立太學在秦淮水南，今東升橋地，對東府城南小航道西，在今縣城東七里，廢丹陽郡城東，至德觀西，其地猶名故學。江左無兩學，孝武帝置國學，併入於今地也。

南朝宋時，宋武帝劉裕曾籌建國學，「詔有司立學。」[註20] 旋之病逝，事未成。宋文帝元嘉十九年（442 年）詔建國子學，次年開學。至元嘉二十七年（450 年），因戰爭而輟。宋武帝大明五年（461 年）詔令復國學。南齊時期，齊高帝於建元四年（482 年）「詔立國學」[註21]，但旋即「以國衰故，罷國子學」[註22]。齊武帝永明三年（485 年）正月，復建國學，「創

[註14]《三國志·吳主傳》。
[註15] 柳詒徵：《中國文化史》（上冊），中國大百科全書出版社 1988 年，第 345 頁。
[註16]《晉書·元帝紀》。
[註17]《輿地志》。
[註18]《宋書·禮志一》。
[註19]《建康實錄》卷九。
[註20]《南齊書·禮志上》。
[註21]《南齊書·禮志上》。
[註22]《南齊書·宋明帝紀》。

立堂宇」〔註23〕。齊武帝死後，國學復廢。齊明帝建武四年（497年）重新設立。東昏煬侯蕭寶卷即位後，停止了國學的活動。梁朝於天監四年（505年），由梁武帝下詔「修飾國學，增廣生員。」〔註24〕直至侯景之亂起，其學而衰。陳朝天嘉元年（560年），嘉德殿學士沈不害上書興學，稱「立人建國，莫尚於尊儒，成俗化民，必崇於教學。」〔註25〕陳文帝詔令「付外詳議，依事施行。」〔註26〕遂立國學。

該時期，江蘇地方官學也有所發展。建安八年（203年），曹操曾發布命令：「其令郡國齊修文學。縣滿五百戶，置校官，選其鄉之俊造而教學之。」〔註27〕魏國成立後，江蘇北部地區的郡國學校得到了積極的恢復。吳國也同樣有所成就。西晉時期，也普設地方官學。從嚴格意義上來說，該時期的江蘇地方官學不屬於高等教育範疇，且因為看中門族出身的官吏選拔制度對地方官學的學生出路的限制，使得該時期地方官學的辦學層次始終沒有提高，沒有達到高等教育的水平。

2. 其他的中央高等教育機構

在國子學之外，南朝各代還設立了一些其他類型的高等教育及研究機構，如劉宋的四學館、總明觀；蕭梁的「五館」、集雅館、士林館等。這些機構都位於江蘇境內，成為南朝時期江蘇高等教育的重要內容。

這些學館大多依學術門類所設，有專門的管理者，亦對受學者提供一定的待遇。學生也不僅對士族子弟開放，使得這些學館成為庶族子弟接受官方高等教育的重要途徑。如梁朝「五館生皆引寒門俊才，不限人數。」〔註28〕較之國子學，其教學內容更加廣泛。劉宋四學館則分設儒學館、玄學館、史學館與文學館。設於宋明帝太始六年（470年）的總明觀（亦稱東觀），也設「玄、儒、文、史四科。」〔註29〕梁朝於天監四年（505年）開辦五館，置五經博士各一人。蕭梁大同七年（541年）所設的士林館、陳朝永定三年（559年）所設的西省學士，其活動內容皆類似。

〔註23〕《南齊書·武帝紀》。
〔註24〕《梁書·武帝本紀下》。
〔註25〕《陳書·沈不害傳》。
〔註26〕《陳書·沈不害傳》。
〔註27〕《三國志·魏武帝紀》。
〔註28〕《隋書·百官志上》。
〔註29〕《南齊書·百官志》。

這些機構大多主要以學術研究爲主要職能，兼有講學教育職能，如總明觀就常組織講學活動。「從祖弟（裴），字彥齊。少有異操。太始中，於總明觀聽講。」〔註30〕蕭梁五館講學時，「聽者常數百人」〔註31〕。天監五年（506年）所設立的集雅館，「以招遠學」〔註32〕，吸引全國學者於此講學聽課。士林館的講學活動也十分頻繁。「時城西開士林館，聚學者，（張）綰與右衛朱異、太府卿賀琛遞述《制旨禮記中庸》義。」〔註33〕陳朝周弘正也「時於城西立士林館，弘正居以講授，聽者傾朝野焉。」〔註34〕這些機構的設立，一方面爲培養人才，也有一方面是爲了樹立學風，整頓社會風氣，扭轉學術潮流。如梁武帝天監四年（505年）詔設「五館」時，就曾明確其宗旨：「二漢登賢，莫非經術，服膺雅道，名立行成。魏、晉淫蕩，儒教淪歇，風節罔樹，抑此之由。」〔註35〕這類機構的講學與研究活動有力的提升了官辦高等學府的學術層次。

除了中央所辦的這些高等研究機構之外，還有一些特殊的專科性質的高等教育機構，也在該時期出現了。公元227年，曹魏設立「廷尉律博士」〔註36〕。魏明帝時，衛覬以「刑法者，國家之所貴重」、「百里長吏，皆宜知律。」〔註37〕奏曰：「請置律博士，轉相教授。」〔註38〕爲各級官吏們教授法律制度知識。東晉及南朝皆設有律博士，隸屬廷尉。劉宋還設有醫學教育，「劉宋元嘉二十年，太醫令秦承祖奏置醫學，以廣生徒。」〔註39〕南北朝時期也有高等教育的對外交流活動，如梁武帝曾經派遣博士、祭酒去各地講學，甚至派遣《毛詩》博士去百濟國講學。這些機構與活動客觀上爲江蘇地區高等教育事業開拓了新的領域。

（二）高等私學教育的發展

魏晉南北朝時期，江蘇各地的私學高等（專經）教育也得到了很快的發展。

〔註30〕 《南齊書·良政·裴昭明傳》。
〔註31〕 《梁書·沈峻傳》。
〔註32〕 《南史梁·本紀上》。
〔註33〕 《梁書·張綰傳》。
〔註34〕 《陳書·周弘正傳》。
〔註35〕 《梁書·儒林列傳序》。
〔註36〕 《宋書·百官志上》。
〔註37〕 《晉書·刑法志》。
〔註38〕 《三國志·魏書·衛覬傳》。
〔註39〕 《大唐六典》卷十四《太常寺》。

　　士族豪門對於家族門風的追求產生了對江蘇高等私學教育發展的身份訴求。魏晉南北朝時期，正是士族門閥崛起並主導政府權柄的時期，而士族的連綿維繫除了需要外在政治地位的保障外，更需要內在家族文化教育的修養支撐。陳寅恪曾說：「所謂士族者，其初並不專用其先代之高官厚祿爲其唯一之表徵，而實以家學及禮法等標異於其他諸姓。」〔註40〕士族家庭教育的施教者一般是家庭中的長輩親屬，「其中主要是父母，也有叔父、伯父、舅父、姑父、祖父、外祖父等其他長輩，有時還有本族中的叔伯兄弟參與教育。」〔註41〕有學者直接以爲士族的形成本身就是家庭教育的結果。「所謂『士族化』便是一般原有的強宗大族使子弟讀書，因而轉變爲『士族』，這從兩漢公私學校之發達的情形，以及當時鄒魯所流行的『遺子黃金滿籯，不如一經』（《漢書·韋賢傳》）的諺語，可以推想得之。」〔註42〕在士族內部所展開的家庭教育，除了蒙學之外，亦有高層次的學術教育，屬於私學範疇內的高等教育。如東吳吳郡人沈珩「少綜經藝，尤善《春秋》內外傳。」〔註43〕就是典型。一些士族門風相傳，各專一學，「可以說每一個世家大族就是一個學術文化的重鎮或堡壘。」〔註44〕陳寅恪先生說：「論學術，只有家學之可言，而學術文化與大族盛門常不可分離也。」〔註45〕在這樣的背景下，江蘇地區湧現了一批具有高超家學造詣的士族，如東吳時期的吳郡陸氏家族，其子弟陸行、陸駿、陸遜、陸瑁、陸喜、陸凱、陸績、陸景、陸機等皆有才學。吳郡顧氏家族中的顧徽、顧邵、顧譚等代有相傳。

　　官辦高等教育對於庶族子弟入學的限制產生了江蘇高等私學教育發展的制度訴求。南朝時期，官辦高等教育對於入學者的身份有門第限制，使得廣大庶族子弟難以獲得接受官辦高等教育的機會。一些不入官辦高等教育的士族子弟還可以享受家族學術教育的薰陶，而庶族子弟又不具備這一條件，他們接受高等教育的訴求成爲高等私學教育發展的一個重要原因。通過文獻考察可以發現，在江蘇地區所辦的各類高等私學教育中，沒有任何一個對學生

〔註40〕 參看陳寅恪：《唐代政治史述論稿》，上海古籍出版社，1980 年版，72 頁。
〔註41〕 張連生：《東晉南朝時期家庭教育述論》，《南京曉莊學院學報》2005 年第 1 期，30 頁。
〔註42〕 余英時：《士與中國文化》，上海人民出版社 1987 年版，222 頁。
〔註43〕 《三國志·吳主傳》。
〔註44〕 王永平：《論中古時期世族家風、家學之特質》，《河南科技大學學報》（社科版），2003 年第 3 期，11 頁。
〔註45〕 陳寅恪：《金明館叢稿初編》，上海古籍出版社 1982 年版，131 頁。

的門第出身有要求。同時，雖然九品中正制的選拔人才觀念與體系逐漸確立，但是兩漢以來的察舉、徵辟制依舊在人才的發現與晉升中保持一定的作用，大量的庶族人才通過這種渠道而入仕。這也成為高等私學吸引庶族士子而蓬勃發展的原因之一。

魏晉南北朝是我國歷史上又一次學術爭鳴的時代，學者的學術爭鳴氛圍產生了江蘇高等私學教育發展的學術訴求。在這個時期，由於統治者在學術思想上實行相對開放的政策，使得董仲舒獨尊儒術以來刻板的學術風氣轉而活躍起來。除了儒家之外，玄學、佛學也成為當時士子們競相研琢的學問，其餘諸子百學也各有傳承與發展，不但創造了自由的學術氛圍，而且誕生了一大批術有專攻的名家大師。這些學者在研學之餘，亦有傳學立宗的作為，高等私學遂據此而興。一些學者型的官員也常從事私學講學活動，從另一方面促進了高等私學的發展。

南朝時的江蘇，作為都城所在，首善京畿，文人薈萃，私學廣布。根據史料，東晉南朝時期，江蘇籍或講學於江蘇地區的私學者有名者有數十人之眾，這些學者主要設學於蘇中、蘇南一帶，以南京、揚州、鎮江、無錫、蘇州、常州為主要活動區域。東晉廣陵郡太守孔衍，「雖郡鄰接西賊，猶教誘後進，不以戎務廢業。」〔註46〕東吳的唐固、虞翻、步騭、征崇；劉宋時期的關康之、徐湛之；南齊的劉瓛、顧歡、臧榮緒、杜京產、吳苞；蕭梁的皇侃、伏曼容、伏挺、崔靈恩、孫詳、蔣顯、諸葛璩、馬樞、張崖；陳朝的沈德威、賀德基、張譏等皆是此類中人。其中有江蘇人士，也有外域人士，外域人士中以北人為多。他們中的一些人是自己主動前來江蘇講學，也有人是受召而來，如劉宋周繼之，就為宋武帝劉裕專門延請至京師講學。宋文帝也曾請雷次宗至京師講學。北方學者的南下成為江蘇地區私學高等教育發展的重要源泉。

二、制度與管理

魏晉南北朝時期，中央沒有專門的教育管理機構，但有實際的教育管理者，如國子祭酒。

在魏晉南北朝的教職中，祭酒一職內涵最為豐富。它是所有教職的最尊顯者。如梁朝王氏王儉、王暕、王承，皆為國子祭酒，「三世為國師，前代未

〔註46〕《晉書‧孔衍傳》。

之有也，當世以爲榮。」〔註 47〕它也是所有教職中的最有實權者，是中央高等教育的實際管理者。「祭酒博士當爲訓範，總統學中眾事。」〔註 48〕祭酒一般還有選拔學生、推薦畢業生、維持教學秩序以及編撰國家禮儀文本的責任。如劉宋時期的國子祭酒何胤就曾受命修撰《禮儀》。兩漢時期太常所主管的教育管理業務在魏晉南北朝時期逐漸被淡化。祭酒的教育管理權限不斷增強，成爲中央高等教育管理的實際決策者。

魏晉南北朝時期，高等學府的教職主要爲祭酒、博士、助教等。東吳時期就已經設立都講祭酒，設博士等學職。此後南朝諸代皆設有祭酒、博士、助教職。博士是中央官學的中堅力量，其職責「一則應對殿堂，奉酬顧問。二則參訓門子，以弘儒學。三則祠、儀二曹及太常之職，以得藉用質疑。」〔註 49〕甚至亦有「宜憲章令軌，祖述前典」〔註 50〕的史家之責。國子助教是爲輔助博士而設，其主要職能是教學，也有一定的議禮之責，但其地位與權限遠較博士爲低。

東晉太學、國子學也爲博士教學，博士下有助教，太學博士由開始時的 5 名增加至後期的 16 名。劉宋國學設國子祭酒 1 人，國子博士 2 人，國子助教 10 人。其中，「自宋世若不置學，則助教唯置一人，而祭酒博士常置也」。〔註 51〕南齊國子學設「國子祭酒一人，博士二人，助教十人太學博士八人，又有限外博士員。」。〔註 52〕梁、陳等朝也大致類此。

魏晉南北朝時期，祭酒與博士的任命有共同的條件，亦有不一樣的要求。相同者在於都要求他們具有高尚的道德風範，能夠師表天下。而不同者在於選拔博士需要有淵博精深的學識根基，特別是能夠術有專攻。「昔咸寧、太康、元康、永嘉之中，侍中、常侍、黃門之深博道奧，通恰古今，行爲世表者，領國子博士。」〔註 53〕其出身並不限於士族，庶族亦可。祭酒者則需要除了學識外，還具有相應的行政管理能力與德高望重者，並且大多爲門閥士族之人。如東晉選擇祭酒者，爲「聰明有威重者」〔註 54〕。

〔註 47〕《梁書·王承傳》。
〔註 48〕《唐六典》卷二一《國子監》。
〔註 49〕《宋書·禮志上》。
〔註 50〕《宋書·禮志上》。
〔註 51〕《宋書·百官志》。
〔註 52〕《南齊書·禮志》。
〔註 53〕《宋書·禮志上》。
〔註 54〕《宋書·百官志》。

各代國子學生數大約在數十人至數百人之間。如南齊建元四年（482年），國子學「置學生百五十人」。〔註55〕齊武帝時期，國子學有生200人。

西晉國子學採取的是以門第爲入學標準的招生制，士族子弟可直接入學。但太學的存在使得庶民子弟還有機會進入中央高等教育機構進行學習。東晉時期，太學被取消後，中央國學僅剩國子學，中央高等教育趨於士族化，庶民子弟入學之路完全阻塞。南朝宋、齊均仿傚東晉，不立太學，僅設國子學，以父祖輩的官品爲學生的入學條件。如劉宋「選公卿二千石子弟爲生。」〔註56〕南齊，「取王公以下至三將、著作郎、廷尉正、太子舍人、領護諸府司馬諮議經除敕者、諸州別駕治中等、見居官及罷散者子孫。悉取家去都二千里爲限。」〔註57〕其中多有江蘇一地名門，如南齊大族蘭陵蕭氏子弟愷、洽、暎、乾、文琰、敏孫、大臨、大連等先後入國子學。又如陸氏、顧氏、張氏等望族子弟皆前後相綴而入學。梁朝放開了這一限制，允許庶族子弟入學。天監八年（509年），梁武帝下詔，稱「其有能通一經，始未無倦者，策實之後，選可量加敘錄。雖復牛監、羊肆、寒品、後門，並隨才試吏，勿有遺隔。」〔註58〕

魏晉南北朝時期的中央國學學生畢業後，大多入仕爲官，其選拔標準經歷了由門第評判至門第兼策試取人的漸進過程。兩晉國子學的設立初衷即爲了士族大家的利益，故以門第作爲授官的唯一標準。南朝時期，隨著教育在定國安邦中的價值逐漸體現，統治者更加重視教育，迫切需要具有眞正學術功底的人才，從而採取了策試方式對國子學的學生進行考評。劉宋時，最先開始策試。元嘉二十三年（446年），宋文帝「車駕幸國子學，策試諸生，答問凡五十九人。」〔註59〕此後，齊梁陳各沿襲此制，梁武帝曾下詔曰：「今九流常選，年未三十，不通一經，不得解褐。若有才同甘、顏，勿限年次。」〔註60〕天監九年（510年），「輿駕幸國子學，策試冑子。」〔註61〕梁朝國學生，一般需要經歷「明經」、「射策」等考試。陳朝則「依梁制，年未滿三十

〔註55〕《南齊書·禮志上》。
〔註56〕《宋書·禮志》。
〔註57〕《南齊書·禮志上》。
〔註58〕《梁書·武帝紀中》。
〔註59〕《宋書·文帝紀》。
〔註60〕《梁書·武帝紀下》。
〔註61〕《宋書·文帝紀》。

者，不得入仕，唯經學生策試得第」〔註62〕，方能入仕。自南齊開始，策試開始分科進行，其成績有甲科、高第、明經等高下等級。但南朝時期選士的標準仍舊沒有脫離門第的窠臼，策試成績僅僅是參考的一個方面。

士族家庭教育一般以本家族子弟為範圍，而江蘇高等私學教育對於學生沒有門第劃分，凡是願意受學者皆可受教。南齊劉瓛傳學期間，「京師士子貴遊莫不下席受業。」〔註63〕私學中教授學生數量也沒有一定之規，有多至千人之眾，如徐湛之有「門生千餘人」〔註64〕。馬樞講學，「道俗聽者二千人。」〔註65〕授學時，數十至百人聽講者為常數。唐固「講授常數十人。」〔註66〕顧歡「受業者常近百人」〔註67〕。伏曼容「生徒常數十百人」〔註68〕。崔靈恩「聽者常數百人」〔註69〕。沈德威「道俗受業者數十百人，率常如此。」〔註70〕此外，在南朝時期的南京，因為朝廷所在，聚集著大量的官僚，一些官員也成為這些私學大家的學生，如吳苞講學時，「朝士多到門焉。」學生的年齡也沒有一定之規，蕭梁到洽，「弱年聽伏曼容講，未嘗傍膝，伏深歎之。」

從史料來看，江蘇私學高等教育的規模遠大於中央高等教育，成為該時期江蘇地區高等教育的主體。

三、教學

從教學內容上看，兩漢沿襲的儒家至尊地位在魏晉南北朝受到了一定程度的衝擊，尤其是南朝時期，玄學、佛學開始在中央國學中佔據相當的地位，但儒學的主流地位至魏晉南北朝時期仍十分穩固。正如南齊國學博士陸澄所說：「若不大弘儒風，則無所立學。」〔註71〕這種風氣對於該時期江蘇地區高等教育的教學有直接的影響。

〔註62〕《隋書·百官志上》。
〔註63〕《南齊書·劉瓛傳》。
〔註64〕《宋書·徐湛之傳》。
〔註65〕《陳書·馬樞傳》。
〔註66〕《三國志·闞澤傳》。
〔註67〕《南齊·書顧歡傳》。
〔註68〕《梁書·伏曼容傳》。
〔註69〕《梁書·崔靈恩傳》。
〔註70〕《陳書·沈德威傳》。
〔註71〕《南史·王儉傳》。

　　東吳時期官方教育主要以《五經》爲主，以鄭玄之注爲輔。東晉開始後，其國子學以教授《周易》、《尙書》、《春秋左傳》、《論語》、《孝經》、《易》、《儀禮》、《春秋公羊》等內容爲主。劉宋則大致爲《周易》、《尙書》、《毛詩》、《禮記》、《周官》、《禮儀》、《春秋左氏傳》、《公羊》、《穀梁》各爲一經，兼及《論語》、《孝經》等。齊、梁、陳等朝各自有所調整，但大多不離其宗。梁朝的國子學課程，增加了經義的內容。而佛學、玄學的一些內容也在同時期被博士們所涉及。陳朝國子學博士張譏就曾「講《周易》、《老》、《莊》而教授焉。」〔註72〕

　　魏晉南北朝時期江蘇高等私學教育的內容十分繁雜，在以儒家爲主的主流學術外，亦有旁門雜術。士族講學多以儒家宗旨爲皈依。「魏晉南北朝則尤以家族爲本位之儒學之光大時代，蓋應門第社會之實際需要而然耳！」〔註73〕雖然魏晉南北朝玄學、佛學勃興，但儒家始終佔據主導學術地位。士族家庭所學的主要內容是以儒家禮學爲核心，同時還有以玄學、佛學爲補充的學術文化、文史知識及其他方面的實用知識。在一些家族教育中，軍事教育也佔據了重要的地位。如宋、齊時期的垣氏、蕭梁的陳氏等。還有一些家族獨傳的特殊學問，如王淮之家族的「青箱學」是一門有關政務禮儀的學問，「自是家世相傳，並諳江左舊事，緘之青箱，世人謂之王氏青箱學。」〔註74〕又如賈氏譜學，「家傳譜學」〔註75〕。再如祖氏家族的科技知識。劉宋時，祖昌曾爲大匠卿，祖沖之更是我國古代傑出的科學家，其子祖暅之「少傳家業，究極精微，亦有巧思。」其孫祖皓「少傳家業，善算曆。」〔註76〕東海人徐氏家族，以醫學爲專，徐熙、徐文伯、徐雄、徐之才、徐秋夫、徐道度、徐叔響等一脈相傳。

　　其時江蘇高等私學教育的教育內容也與士族家庭高等教育類似，以儒學爲主，雜以百家。如東吳的唐固「修身積學，稱爲儒者，注《國語》、《公羊》、《穀梁傳》注。」〔註77〕南齊的劉瓛，「儒學冠於當時」〔註78〕。蕭梁的皇侃，

〔註72〕　《陳書‧張譏傳》。

〔註73〕　余英時：《漢晉之際士之新自覺與新思潮》，《士與中國文化》，上海人民出版社1987年版，398～399頁。

〔註74〕　《宋書‧王淮之傳》。

〔註75〕　《南史‧賈希鏡傳》。

〔註76〕　《南史‧祖沖之傳》。

〔註77〕　《三國志‧闞澤傳》。

〔註78〕　《南齊書‧劉瓛傳》。

「鄭灼幼而聰敏，勵志儒學，少受業於皇侃。」〔註79〕伏挺「於宅講《論語》」〔註80〕。張崖「傳三《禮》於同郡劉文紹」〔註81〕其他如崔靈恩、孫詳、蔣顯、諸葛璩等皆以儒學揚名。陳朝的沈德威「侍太子講《禮》、《傳》。」〔註82〕賀德基「於《禮記》稱爲精明。」〔註83〕亦有學者宗儒之外兼通玄、佛、老莊之學，如南齊的吳苞通「儒學，善三禮及老、莊。」〔註84〕杜京產「頗涉文義，專修黃老。」〔註85〕蕭梁的馬樞「講《維摩》、《老子》、《周易》。」〔註86〕陳朝的張譏「通《孝經》、《論語》，篤好玄言。……講《周易》、《老》、《莊》，而教授焉。」〔註87〕也有專講玄學的，如何尚之的「南學」。兼通雜家者有東吳的陸績「博學多識，星曆算數無不該覽。」〔註88〕蕭梁的伏曼容諸家兼通，「多伎術，善音律，射馭、風角、醫算，莫不閒了，爲《周易》、《毛詩》、《喪服》集解，《老》、《莊》、《論語》義。」〔註89〕還有其他學術的大家，如劉宋的徐湛之「善於尺牘，音辭流暢。」〔註90〕戴安道教授琴藝。南齊的臧榮緒精於史學，「純篤好學，括東西晉爲一書，紀、錄、志、傳百一十卷。」〔註91〕體現了江蘇高等私學教育內容的豐富多彩。

四、成就

後人對魏晉南北朝時期官辦高等教育的評價褒貶不一。

更迭頻繁的政治環境導致魏晉南北朝時期的中央官辦高等教育時斷時續，屢遭破壞。劉宋國學僅維持不到十年，甚至有人懷疑是否眞有此學。而其總明觀也僅十數年而輟。南齊國子學初辦不滿一年，即因太祖崩，乃止。後齊武帝復學，亦僅維持八年，又因武帝崩而廢。齊明帝再復學後，也未及

〔註79〕 《陳書·鄭灼傳》。
〔註80〕 《南史·儒林·伏挺傳》。
〔註81〕 《陳書·鄭灼傳》。
〔註82〕 《陳書·沈德威傳》。
〔註83〕 《陳書·賀德基傳》。
〔註84〕 《南齊書·吳苞傳》。
〔註85〕 《南齊書·杜京產傳》。
〔註86〕 《陳書·馬樞傳》。
〔註87〕 《陳書·張譏傳》。
〔註88〕 《三國志·陸績傳》。
〔註89〕 《南史·伏曼容傳》。
〔註90〕 《宋書·徐湛之傳》。
〔註91〕 《南齊書·臧榮緒傳》。

一年，遂止。梁朝中央高等教育也難以擺脫此厄律，五館教學也僅數年而已。陳朝國微祚短，更不值一提。

東吳時期，由於官辦高等教育的史料闕失，無法評價。但東晉時期，則多有負面之論。由於學生出自門第之選，文化素質良莠不齊，向學之心更是迥異。「國學生皆冠族華胄，比列皇儲。而中者混雜蘭艾，遂令人情恥之。」〔註92〕甚至於有玩火學堂者，「學生多頑囂，因風放火，焚房百餘間。」〔註93〕加上門第入仕的官吏選拔制度，使得中央官辦高等教育即在當時，就被人所詬病。如時人范甯所稱：「國學開建，彌歷年載，講誦之音靡聞，考課之績不著，良由達道之訓未弘，鑽仰之心弗至。」〔註94〕。後人更評價東晉官辦國學「考課不屬，賞黜無章，有育才之名，無收賢之實。」〔註95〕這其中也有玄、佛之說傳播的影響，使得以儒爲尊的國學教育效果大打折扣。如東晉成帝時期，「設立國學，徵集生徒，而世尚莊、老，莫肯用心儒訓。」以至於「有晉始自中朝，迄於江左，莫不崇飾華競，祖述虛玄，擯闕里之典經，習正始之餘論，指禮法爲流俗，目縱誕以清高，遂使憲章弛廢，名教頹毀。」〔註96〕南齊中央高等教育三度興廢，總建學時間不足十年。「國學時或開置，而勸課未博，建之不能十年，蓋取文具而已。」〔註97〕梁朝中央高等教育雖有所建樹，但因侯景之亂而毀於一旦。陳朝建國後，「世祖以降，稍置學官，雖博延生徒，成業蓋寡。」〔註98〕

而江蘇地區高等私學教育則與中央高等教育相反，其教育內容之廣博、培養人才之豐富，皆爲當時之盛。在教育的形式與方法上也較中央高等教育更加靈活，教育活動持續的時間也更加連貫。家庭高等教育更是魏晉南北朝時期高等教育的重要支柱，不但維繫了士族制度在南朝的延續，更是爲後代進行了人才儲備。有力的彌補了中央高等教育的不足。

總體上來看，魏晉南北朝時期的江蘇地區高等教育有以下成就。

〔註92〕《宋書・禮志一》。

〔註93〕《宋書・五行志》。

〔註94〕《太平御覽》卷634《治道部》，中華書局縮陰商務影宋本，1960年版，2844頁。

〔註95〕《宋書・五行志》。

〔註96〕《晉書・儒林傳序》。

〔註97〕《南史・儒林傳序》。

〔註98〕《南史・儒林傳序》。

（一）一個高教集聚區的出現

魏晉南北朝時期，因北方遭受異族蹂躪，雖各代亦有重教措施，但中原文化南移趨勢十分明顯。這一時期，江蘇境內出現了以南京為中心，包含鎮江、揚州、蘇州、無錫、常州等地的高等教育集聚區。相對於全國來看，這個區域擁有高等學府以及各種家族、私學高等教育的受教載體，有強烈而自由的學術氛圍，吸引了大量士子來蘇問師求教，尤其是南京，成為當時的學問重鎮。如來自於浙江的鹽官人顧越「弱冠遊學都下，通儒碩學，必造門質疑，討論無倦。至於微言玄旨，《九章》七曜，音律圖緯，咸盡其精微。」同為鹽官人的戚袞遊學南京，「受《三禮》於國學助教劉文紹。一二年中，大義略備。」武康人沈麟士「嘗苦無書」，輾轉至南京求學。陳郡人周興嗣，「年十三，遊學京師，積十餘載，遂博通記傳，善屬文。」梁武帝時的南京城，「十數年間，懷經負笈者雲會京師。」〔註99〕在南京之外，鎮江、揚州、蘇州、無錫、常州等地有學者長期講學，文風得以不墜，皆是魏晉南北朝時期江蘇高等教育的重鎮。如鎮江即有臧榮緒、關康之隱居教學，時人稱為「二隱」〔註100〕，而諸葛璩、馬樞等輩皆是當時名士。

（二）大量人才的培養

東晉開始，衣冠士族紛紛南下，集中於江蘇一帶。特別是因為東晉南朝皆定都南京，江蘇，尤其是江蘇中南部地區成為全國人才的集中地，也成為人才的培養地。所謂「江南地方數千里，士子風流皆出此中。」〔註101〕而其時江南的重心，即在江蘇。才子輩出，除了以上所講述的士人之外，還有徐廣、王規、阮孝緒、司馬筠、司馬壽、杜之偉、明山賓、張率、張融、裴松、陸倕、沈演之、任孝恭、柳世隆、韋愛、任昉等百餘名史冊有名的學者。他們，不但是當時期江蘇高等教育的成果，也是其時整個華夏民族的文化傳衍人。

（三）教育內容的自由、廣博，影響後代深遠

魏晉南北朝時期，玄學、佛學的興盛，影響了董仲舒以來儒家獨尊的地位，這種變化在該時期的江蘇地區高等教育中體現的十分明顯。劉宋以後，

〔註99〕《梁書·儒林傳序》。
〔註100〕《南史·臧榮緒傳》。
〔註101〕《南齊書·丘靈鞠傳》。

玄學與佛學就開始在高等教育中佔據一定的地位。高等教育中的儒家也不再拘泥於漢代的章句訓詁與讖緯之學，義理研究爲人所重視。簡約詞義，重視大義。而且研究者較少固步於門戶之別，思想自由。通過玄、佛，以闡揚儒家學說，抑或通過儒門性命之學以貫通儒佛，皆可爲人所接受。這是中國歷史上第一次「三教合一」的學術之風，正端倪於江蘇地區。江蘇地區學者們大多儒釋老兼通，如蕭梁王褒：「吾始乎幼學，及於知命，既崇周、孔之教，兼循老、釋之談，江左以來，斯業不墜。」〔註102〕乃至成爲學問大勢。「東晉南朝時青少年兼習玄儒，甚至兼學佛理，已成爲一種時尚。」〔註103〕而文學、史學、醫學、書法音樂藝術等學問也在魏晉南北朝的江蘇地區得到了新的傳承與發揚，爲一代之盛。這些都爲隋唐之風的形成奠定了基礎。此外，高等教育選拔人才的改革，尤其是國學的策試等，儼然成爲隋唐科舉的先聲。後人評價：「晉都江左，歷宋齊梁陳，日尋干戈，而其衣冠禮樂盛於諸國，本之學校之益爲多。」〔註104〕

魏晉南北朝時期的江蘇地區高等教育，在兩漢江蘇地區高等教育首現的基礎上，實現了質與量的突破，爲隋唐江蘇地區高等教育的提升進行了鋪墊。

（該文發表於《天津師範大學學報》（社會科學版）2016年第4期，略有修改）

〔註102〕《梁書・王褒傳》。
〔註103〕徐傳德主編：《南京教育史》，商務印書館2005年版，43頁。
〔註104〕〔元〕張鉉纂修《至正金陵新志》卷九《學校志》。

清代：江蘇古代高等教育事業的發展高峰（1840年前）

清代，以府州學、書院爲主體的江蘇高等教育事業在前代基礎上，迎來了高峰時期，成爲全國高等教育事業的中心地區之一。其規模得到了擴張，經費保證充足，並在內部管理及運行機制等方面有新的提升。也因而培養了大量的學術名家，並成爲全國科舉強省。清代的江蘇高等教育事業成爲古代階段的歷史高峰。

一、整體狀況

（一）江蘇府州學狀況

順治九年（1607年），禮部頒佈臥碑於天下學宮，「朝廷建立學校……朝廷之用諸生，皆當上報國恩，下立人品。」〔註1〕康熙二十二年（1683年），頒佈《御製學校論》：「治天下者莫亟於正人心，厚風俗。其道在尙教化，以先之學校者，教化所從出，將以納民於軌物者也，是以古者家有塾，黨有庠，術有序，國有學。」〔註2〕四十一年（1702年），頒《御製訓飭士子》：「國家建立學校原以興行教化，作育人材，典至渥也。朕御以來，隆重師儒，加意庠序，近復愼簡學使，釐剔弊端，務令風教修明，賢才蔚起，庶幾棫樸作人之意。」清朝江蘇地區官學興旺，地方官學高等教育事業得到了長足的進步。

〔註1〕〔清〕趙宏恩等：《江南通志·學校》。
〔註2〕〔清〕趙宏恩等：《江南通志·學校》。

　　清朝初期，保留了南京國子監，並且沿襲了明代的官學制度，逐漸在各府州縣設立官學。「有清學校，向沿明制。……直省曰府、州、縣學。」〔註3〕順治九年（1652年），根據江南江西總督馬國柱的奏請，將南京國子監改爲江寧府學，而將原應天府學改爲上元、江寧兩縣學，保留北京國子監，爲國學，亦稱大學。至康熙時期，江蘇各地府（州）學基本恢復戰前水平。具體爲江寧府學、蘇州府學、揚州府學、鎮江府學、常州府學、淮安府學、徐州府學等7個府學；太倉州學、海州州學、通州州學等3州學及海門廳學〔註4〕等1廳學。各級學校沒有隸屬關係，直接與中央官學對接。

　　在政府及地方士紳的關心下，江蘇各地府州學在清朝皆有長期不斷的增修過程。如僅在順治、康熙兩朝，江蘇各地府州學即大修、增建數十次。

　　順治、康熙間，江蘇各府州學修建情況如下表〔註5〕：

年　　代	修建府州學及主持者名單
順治初	鎮江府學（知府涂廓）
順治二年（1645年）	通州州學（知州唐虞泰）
順治七年（1650年）	徐州府學（兵道胡廷佐、知州余志明等）
順治九年（1652年）	江寧府學（總督馬國柱）、淮安府學（漕運總督沈文奎）
順治十二年（1655年）	蘇州府學（巡撫張中元）
康熙元年（1662年）	常州府學（教授郭士璟）
康熙二年（1663年）	蘇州府學（巡撫余國柱、布政司丁思等）、通州州學（知州畢際有）
康熙五年（1666年）	江寧府學（總督郎廷佐、布政司金鉉等）
康熙七年（1668年）	蘇州府學（巡撫馬祜）
康熙九年（1670年）	通州州學（知州王廷機）
康熙十一年（1672年）	鎮江府學（知府高得貴）
康熙十四年（1675年）	海州州學（學正武威遠）
康熙十六年（1677年）	蘇州府學（巡撫慕天顏）
康熙十八年（1679年）	淮安府學（河道總督靳輔）、海州州學（訓導倪田玉）
康熙十九年（1680年）	江寧府學（知府陳龍岩）、揚州府學（巡鹽御史郝浴、知府崔華、教授秦巨倫等）

〔註3〕〔清〕趙爾巽等：《清史稿》卷106《選舉制一》。
〔註4〕乾隆三十三年（1768年）設海門直隸廳，嘉慶十七年（1812年）設海門廳學。
〔註5〕主要參考《江南通志》卷88《學校志‧學宮二》。

康熙二十一年（1682 年）	江寧府學（總督于成龍等）、蘇州府學、徐州府學（淮徐道劉元勳，知州臧興祖遷建）、海州州學（學正吳植）
康熙二十二年（1683 年）	江寧府學（知府于成龍、教授謝允掄等）、揚州府學（巡鹽御史裒充美）
康熙二十四年（1685 年）	蘇州府學（巡撫湯斌）、常州府學（知府祖進朝）、淮安府學（淮揚道高成美）
康熙二十七年（1688 年）	鎮江府學（知府王燕）
康熙四十一年（1702 年）	徐州府學（知州佟國弼）
康熙四十五年（1706 年）	江寧府學（織造使曹寅）
康熙五十五年（1707 年）	江寧府學（布政使張聖佐）
康熙五十六年（1708 年）	徐州府學（知州姜焯）

這些工程的主持者大部分爲地方主要官員，亦有官學教授，皆爲政府行爲。有的府州學增修頻繁，如 60 餘年間，江寧府學增修 7 次；蘇州府學增修 6 次。可見地方政府對於官學高等教育的重視。在建築規模上，有些府州學也堪爲煌煌學宮，蔚爲壯觀。如江寧府學，經不斷修建，主要建築有大殿、欞星門、兩廡七十二楹、明倫堂、志道齋、據德齋、依仁齋、遊藝齋、啓聖堂、學坊、泮池等。時人稱讚：「故數十年之廢，一旦修舉，煥然改觀，師模士氣亦皆鼓動興起，與廟學一新。」〔註6〕順治十五年（1658 年）的蘇州府學佔地達 125 畝，「宏麗改觀」〔註7〕。辦學條件的改善爲江蘇府州學的發展進步創造了可能。

（二）江蘇書院狀況

清初，清政府出於思想控制目的，對於書院採取了抑制的政策，禁止民間開設新的書院。順治九年（1652 年），詔禁書院：「不許別創書院，群聚徒黨。」〔註8〕隨著清政府統治的逐漸鞏固，其書院政策由抑制轉爲有效控制下的適度倡導。康熙六十一年（1713 年），清政府對幾所著名書院頒賜御書，實行開放。雍正時期，全國開禁書院。雍正十一年（1733 年），又詔令全國督撫在各省省會設立書院。而同時，官學科舉化目標的僵化限制了學術的發展，客觀上推動了書院的發展。「故自雍乾以後，書院遍於天下，幾欲恢復宋元舊

〔註6〕〔清〕黃之雋等撰：《江南通志》卷 88《學校》。
〔註7〕〔清〕黃之雋等撰：《江南通志》卷 88《學校》。
〔註8〕《古今圖書集成‧選舉典》卷 17。

觀。」〔註9〕後人評價：「尤以康熙、雍正、乾隆三朝，國事太平，民心向學，此三君主……對於學術中心之書院制度，但致意焉。」〔註10〕「致意」之下，江蘇各地原有書院得到了發展，並創辦了一些新書院。新建者名錄見下表〔註11〕：

區域	地點	新建書院
蘇南	南京	鍾山、虹橋、長干、鳳池、尊經、惜陰、鵝鳴、奎光；江浦東山、珠江；六合六峰、養正；浦口大新
	蘇州	紫陽、正誼、平江、澹臺、正心、樂圃、學古堂、五湖、清和、湯公、道南、張公、錦峰；崑山玉山、崇文、梅岩、安道；常熟亭林、思文、養賢、清風、南華、遊文（虞山）、琴川、正修、智林、梅李、海東、清水、學愛精廬；吳江松陵、新安、震澤、同川、黎舍川（禊湖）；太倉婁東、陳安道、震川；張家港梁豐
	無錫	共學山居；江陰陽城、暨陽（禮延）；宜興陽羨（蜀山）、鵝山
	常州	延陵、溪南、舜山；溧陽平陵、高平、青山
	鎮江	杏壇、寶晉、去思；丹陽濂溪、鶴林、鳴鳳
蘇中	揚州	孝廉堂、安定、竹西（廣陵）、敬亭、梅花、邗陽；儀徵樂儀；寶應畫川
	泰州	明道；靖江驥騰、正誼（新馬洲）、東川、崇文；興化誠意、昭陽、正心、文正；泰興延令
	南通	紫琅；如皋崇正、雉水；海安明道；如東南沙
蘇北	淮安	臨川、淮陰、麗正、崇實
	徐州	睢寧桂林（昭義）、觀瀾、醴泉、姜公、雲龍山；豐縣鳳鳴；碭山安陽
	鹽城	表海
	宿遷	沭陽厚邱（懷文）、鍾吾
	連雲港	朐山、衛公；贛榆懷仁

據《江蘇教育史》統計，清朝江蘇創建與修復的書院共有 150 餘所，〔註12〕一說 229 所〔註13〕。這些書院不盡皆為提供高等教育者，有些是進行啟蒙教

〔註 9〕周書舲：《書院制度之研究》，《師大月刊》1932 年第 1 期，12 頁。

〔註10〕周書舲：《書院制度之研究》，《師大月刊》，1932 年第 1 期，12 頁。

〔註11〕至 1840 年前。

〔註12〕陳乃林、周新國編：《江蘇教育史》，江蘇人民出版社 2007 年版，第 239 頁。

〔註13〕趙秉忠、王申：《清朝江蘇書院述論》，《社會科學輯刊》，1993 年第 4 期，86 頁。

育的場所，如蘇州府立平江書院，「則以課童生」〔註14〕。柳詒徵說：「凡吳、長、元三縣童生邑選十人入院，肄業諸生亦與焉。其後諸生盡入紫陽、正誼兩書院。而平江書院專課童生。」〔註15〕一些鄉、鎮、場的書院甚至只及於社學層次。而提供高等教育者中知名者為南京鍾山、惜陰書院；揚州安定、梅花、廣陵書院；蘇州紫陽、正誼書院；常州龍城、延陵書院；江陰暨陽、南菁書院等。

清代官辦書院為主流，江蘇地區書院官辦者約占60%左右。清朝自大興書院之風後，各級地方首要長官皆有倡導之責。除了省城、府城，各縣鄉都有官辦書院存在。其中由封疆大吏級官員負責的有鍾山書院（總督查弼納、布政使賀長齡）、虹橋書院（總督于成龍）、鵝鳴書院（布政使康基田）、紫陽書院（巡撫張伯行、布政使鄂爾泰等、巡撫張之萬等）、正誼書院（總督鐵保、巡撫汪志伊等）等；道臺級官員負責的有安定書院（鹽政高斌、鹽運使尹會一、鹽運使曾燠）等；知府級官員負責的有去思書院（高龍光）、廣陵書院（趙宏煜、勞宗發）、延陵書院（駱鍾麟）等；知縣級官員負責的有杏壇書院（張晉）、養賢書院（李璞）、東山書院（徐龍光）等。民辦書院較明代亦有增加，大多為地方鄉紳所興。如揚州梅花書院為鹽商馬曰琯創；澹臺書院為紳士彭定求創；驥騰書院為紳士蕭松齡創；醴泉、養正等書院也皆如此。亦有士人所辦，如東川書院為諸生楊坦等創。也有官學學官所立，如博士朱謨建文昌書院。

清朝書院建築規模參差不齊。有些書院建築簡單，為齋舍與講堂兩部分，更簡者甚至不設齋舍。如靖江驥騰書院，僅有「門三楹，廳三楹，堂三楹，左右繚以垣牆。」〔註16〕南京尊經書院則是由縣學尊經閣改建而設。惜陰書院與尊經書院也一樣，兩者初皆無齋舍。有些書院則規模宏制，建築眾多。如南京鍾山書院於雍正二年（1724 年）即有門二層、堂二進、樓二層，兩旁齋舍百餘間。道光九年（1829 年），布政司賀長齡籌款建齋舍，再擴規模。再如揚州梅花書院最盛時有大堂五重、講堂五重、雙忠祠、蕭孝子祠、儀門、花園、號舍64 間。後設大門甬道達 20 餘丈，雕牆 5 丈，長十餘丈，增廳閣。

〔註14〕 柳詒徵：《江蘇書院志初稿（續）》，《江蘇文獻》1942 年第 3～4 期，第 124 頁。
〔註15〕 柳詒徵：《江蘇書院志初稿（續）》，《江蘇文獻》1942 年第 3～4 期，第 124 頁。
〔註16〕 柳詒徵：《江蘇書院志初稿》，《江蘇文獻》1942 年第 1～2 期，第 141 頁。

揚州安定書院則「自講學之堂，棲士之舍，門廳庖湢器用之需必具。」〔註17〕書院在院生規模也有差異，有多至數百人者如揚州安定書院。但大多在百人左右。

二、內部管理及運行機制

（一）管理機構

清朝，禮部爲全國教育行政管理最高機構，但其主要負責政策的制定，一般不直接參與官學的管理。在地方上，設有提督學政爲一省具體官學負責者。提督學政爲江蘇府（州）學最高管理者，由中央政府派出，三年爲一任，一般以進士出身的侍郎、各寺堂官、翰林、科道乃至部屬官員簡任。「初，各省設督學道，以各部郎中進士出身者充之。惟順天、江南、浙江爲提督學政，用翰林官。宣大、蘇松、江安、淮揚、肇高先皆分設，既乃裁併。」〔註 18〕清初，江蘇的提督學政高於其他地區，不但進士出身，還須具備翰林資格。

江蘇學政駐地爲江陰，級別低於督撫，但位於布政使、按察使之前，不受督撫節制，遇事會商解決。其主要職責爲直接管理所屬官學，指導書院及私塾的教學活動；主持歲試與院試等，學政還有向中央政府推薦賢能及建議罷免不稱職教官的權利。各府學設有教授 1 名、訓導 1 名；州學設學正 1 名、訓導 1 名。訓導爲教授、學正的助手。所謂「設學道以掌黜陟，設教官以司訓迪。學道一官，最爲士習綱紀。」〔註 19〕作爲一省之學政，對全省學風、士風所向具有引領之責。清朝江蘇教官編制爲教授 8 名、學正 9 名、訓導 59 名。書院人員設置則於前朝相同。而對於一些官辦學院，其管理人員則由府縣學教官兼任。如揚州梅花、安定書院其監院則由揚州府縣學學官輪替管理，照料董事由府屬生員選派。

除了人事安排，中央政府還通過賜予御書以強化書院對朝廷的向心感、引領學風，以加強對於書院的控制。江蘇書院得皇帝墨寶者不在少數。如雍正曾賜予南京鍾山書院「敦崇實學」字匾；康熙則御書「濟時良相」予蘇州文正書院、「學道還淳」予蘇州紫陽書院、「經術造士」予揚州安定書院；乾隆御書「白鹿遺規」予紫陽書院、「學醇業廣」予蘇州文正書院。各書院也以之爲至高榮耀，奉以明堂，標榜生徒。

〔註17〕 嘉慶《重修揚州府志·高斌重建書院碑記》。
〔註18〕 《清史稿》卷 107《學校一》。
〔註19〕 《徐旭齡題學臣選擇之法事本》，載《清朝檔案史料叢編》第十輯。

（二）師資

清朝對於府州學及官辦書院師資方面，有嚴格的選拔標準與考核制度，其選拔與考核權掌控於地方官員手中。

根據規定，清朝「各學教官，府設教授，州設學正，縣設教諭，各一，皆設訓導佐之。員額時有裁併。」〔註 20〕清朝府州學教官雖然社會地位較爲崇高，但與前朝不同，清初時的府州學教官並無品秩。直至乾隆即位後，方給予教官品秩，但亦僅七、八品而已，官級低微。教授一職，必須出身進士或舉人。學正、訓導也要求爲舉人或五貢出身。但這一要求並未得到嚴格貫徹。雍正時，首創將不稱職縣令轉爲教職，此後遂成慣例。導致一些庸劣官員充斥官學，成爲清朝中後期一景。歲貢則是府州學教職主流。

官辦書院的師資選拔與官學一致，但府州學教官不得兼任書院教職。任教者首先須具有較高的學術地位與道德聲望。書院師長由督撫學臣不分本省鄰省、已仕未仕，擇學高望重者，以禮聘請。乾隆元年（1736 年），朝廷曾再次申明此一標準。要求「居講習者，固宜老成宿望。」「諭凡書院之長，必擇經明行修，足爲多士模範者。」〔註 21〕省城書院主要教職由督撫及學政會商延聘，各府州書院則由地方官延聘。如蘇州紫陽書院院長必經巡撫、學政舉薦，上報中央政府，由皇帝批准而定。其首任院長馮曧至末任院長鄒福保共 27 人，皆爲進士出身，且間有狀元、榜眼、探花者。大部分的院長有著很高的學術素養與道德水準。其次是要經歷嚴格的考核。《清史稿》稱：「學政考核教官，按其文行及訓士勤惰，隨時薦黜。康熙中，令撫臣考試。嗣教職部選後，赴撫院試。四等以上，給憑赴任；五等學習三年再試，六等褫職。雍正初，定四、五等俱解任學習。六年考成俸滿，盡心訓導，士無過犯者，督、撫、學政保題，擢用知縣。」〔註 22〕乾隆元年（1736 年）規定學臣三年任滿，需要經過咨訪考核，如果確實教學水平較高，有所成效，可以得到獎勵。再三年，再次考核，如果依舊有所成就，就可以得到升遷。周子瓚主講揚州安定書院，因一次「誤抹某生佳藝」，「後經責問，遂引咎去。」〔註 23〕

〔註 20〕《清史稿》卷 107《學校一》。
〔註 21〕周書舲：《書院制度之研究》，《師大月刊》，1932 年第 1 期，第 12 頁。
〔註 22〕《清史稿》卷 107《學校一》。
〔註 23〕董玉書：《蕪城懷舊錄》，江蘇古籍出版社 2002 年版，48 頁。

（三）入學資格與考試

江蘇各府州學入學額例有嚴格規定。順治五年（1648 年）定額府學 60 名。順治十五年（1658 年）定額府學 20 名。康熙二十八年（1689 年）定額府學 25 名。雍正元年（1723 年）定額武童歲科並試額取府學 20 名。雍正四年（1726 年）蘇、松、常、淮、揚、太六府州分縣文武入學額數與原縣兩分。十一年（1733 年）升徐州爲府，以州治爲銅山縣，府縣入學名數與各府同。〔註 24〕

清朝官學對於入學生員的要求較之前代更加寬鬆，但也有基本標準。「不通文義，娼優隸卒子弟」者不能入學。身家清白者需經過由本縣長官、府或州長官主持、學政主持的三次考試。考取後才有入學資格。入學考試內容初爲四書文及孝經論，又附以性理、太極圖說、西銘、正蒙等理學內容。不久改爲四書文及小學論。雍正時期，加試經文。後又增策論題，仍用孝經。乾隆初，復試兼用小學論。中期後，書藝、經藝外，增試五言六韻詩。〔註 25〕

府州學生員分爲三等，有廩生、增生、附生之分。初次考進去的爲附學生員；進學之後，由附生補爲增廣生員；再由增廣生員補爲廩膳生員。士子未曾進學前，稱爲童生。此外，各府、州、縣另有武學生員，附屬於官學之內，仍由學政監管，名額不定。如清初蘇州府學有廩膳生員 40 名，增廣生員 40 名，附學生員不限額。

書院的學生也由官方進行選拔和考核。乾隆元年（1736 年），規定負笈生徒，必擇鄉里秀異，沉潛學問者肄業其中，其恃才放誕，佻達不羈之士，不得濫入。其入學考察也有數道程序。書院生徒，由駐省道員專司稽查，各州縣秉公選擇，布政使會同該道再加考驗，果係材堪造就者，方准留院肄業。如江陰南菁書院，每年正月由學政分經、古兩場甄別錄取。經學則性理附焉，古學則天文算學輿地史論附焉。乾隆九年（1744 年），詔令將全國各省書院生徒，細加甄別。此後，不斷有整頓書院生員的詔令頒出。

與前朝不同，清朝官學與書院的學生考核基本一致，僅在主持者等方面不同。在府州學日常的學習中，有學政主持的歲考（每年）與科考（每兩年）兩種。其考試內容爲四書文及經文。按照成績，以次遞陞。附生升增生，增生升廩生，而廩生中成績優異者以「拔貢」、「優貢」名義升入國子監。因爲科舉的存在，學子們更加希望通過「應鄉試」，以獲得功名，對於官學考試並

〔註 24〕〔清〕黃之雋等撰：《江南通志》卷 88《學校》。
〔註 25〕《清史稿》卷 107《學校一》。

非十分在意。書院的考課分為官課與私課兩種，一般每月官課一次，私課兩次。官課由地方主要官員主持，私課由各書院山長主持。考試內容主要為詩、文。「普通書院，每月皆有兩課，定在初二十六，或初五、二十五舉行。又往往以一次為官課，由撫藩縣郡輪流出題閱卷給獎。一次為師課，由掌教出題閱卷，院中給獎。閱卷評定名詞，獎銀一兩或二兩，各院不等，視其經濟能力決定。」〔註26〕如鍾山書院月二試，科舉年，場前月三試，逢二為期。官課一，師課二，每試辰入酉出。揚州安定、梅花書院每月初二為官課，十六日為山長課，二十日山長試詩賦策論。每年二月甄別，未經錄取者，准下屆投考，以三個月為限。蘇州紫陽書院每月兩課，官課一次，掌教一次。揚州梅花書院除了每月由地方官員進行月試外，還三年一甄別。優等者升，劣等者降。書院學生出路與府州學生員相類。

政府還對官學生、書院生徒有種種道德品德及行為規範的要求，政府不斷進行警示，如順治九年（1652年），禮部頒臥碑於天下學宮。康熙一朝，即有康熙二十三年（1684年）所頒佈的《御製學校論》，康熙四十一（1702年）年所頒佈的《御製訓飭士子》文。

（四）財務

清朝府州學經費皆由政府承擔。書院創建經費由政府全部支出，或政府民間合力，或民間單獨承擔。官學、書院日常教官束脩、膏火等由政府撥付、學田房屋租息及民間贊助維持。如康熙年間，重修揚州府學，鹽商汪應庚一次性捐銀就達 5 萬兩之巨。乾隆四年（1739年），士紳王涵光私人出資捐建松陵書院。

乾隆十一年（1746年），詔立書院，曾規定督撫駐紮之所，為省會之地，各賜帑金一千兩，以備書院使用。如江蘇省內鍾山書院為奉旨賜帑。又如揚州梅花書院原為鹽商馬曰琯一力承建。乾隆四年（1739年），巡鹽御史三保以運使徐大枚所請，重定諸生膏火，於運庫公支項下動給。南京邑人伍光瑜等請於制府孫玉廷籌撥公項款兩千兩建奎光書院。除經費外，各府州學、書院還有多寡不等的學田。有數百乃至上千畝之眾的，亦有幾十畝的。如蘇州府學於康熙五十二年（1713年），經布政使楊朝麟核定學田 6 頃 89 畝多。康熙五十二年至乾隆四十七年，蘇州府陸續撥出學田 900 餘畝，將其每年所得作

〔註26〕陳東原：《清朝書院風氣之變遷》，《學風》1933 年第 5 期，15 頁。

爲教育經費，其中相當部分爲紫陽書院所用。〔註27〕而道光三年（1823年），查實蘇州府立平江書院有學田89畝。道光十八年（1838年），常州延陵書院有田1600餘畝。存典錢五千千，歲收租息錢並布捐錢給用。

清朝江蘇府州學生員享受優厚的待遇。順治九年（1652年），在各地學官所立的臥碑文中規定：「朝廷建立學校，選取生員，免其丁糧，厚以廩糧，設學員、學道、學官以教之，各衙門官以禮相待，全要養成賢才，以供朝廷之用。」府州學生員還享有一定的政治特權。生員如犯事情重，地方官先報學政，俟黜革後治以應得之罪。若詞訟小事，發學責懲。不因視同齊民，一律撲責。「凡優恤諸生，例免差徭。廩生貧生給學租養贍。違犯禁令，小者府、州、縣行教官責懲，大者申學政，黜革後治罪，地方官不得擅責。學政校文外，賞黜優劣，以爲勸懲。如教官徇庇劣生不揭報，或經揭報，學政不嚴加懲處，分別罰俸、鐫級、褫職。其大較也。」〔註28〕江蘇書院生徒膏火也較爲豐裕。見下表：

書院名	每年學生膏火待遇
無錫東林書院	正額內課生銀12兩、外課生3兩；（乾隆五十年）增生12000文錢、外課生3000文；（嘉慶二年）附生1600文。
揚州安定書院	正課生36兩、附課生12兩。住院肄業者於常額外日增三分。
蘇州紫陽書院	正課生28兩8錢，米36斗，附課生12兩（只附1課者6兩）。
揚州梅花書院	正課生36兩、附課生12兩。上舍生（正課優者）54兩。
南京鍾山書院	內課生28兩8錢、外課生14兩4錢。
南京尊經書院	如鍾山書院。
南京鳳池書院	內課生9兩六錢，外課生4兩8錢。
常州延陵書院	計1016千文，花紅錢220千文。

也有一些書院還通過獎勵，對生徒進行補貼。如惜陰書院並無膏火設置，但對學生成績考評有優獎。道光十八年（1838年），「月一試之」，總督陶澍「自捐廉一萬兩，發典生息焉。」〔註29〕第1名4兩，2、3名各3兩，4～10名2兩，10名外1兩，特等者皆5錢。揚州梅花書院則第1名1兩，第2、3名8

〔註27〕戈春源：《清朝蘇州的紫陽書院》，《鐵道師院學報》（社會科學版）1993年第2期，52頁。
〔註28〕《清史稿》卷107《學校一》。
〔註29〕陳東原：《清朝書院風氣之變遷》，《學風》1933年第5期，15頁。

錢，以下 6 錢。揚州安定書院其尤者，仿古上舍之例，增正課膏火一兩五錢，無定額。蘇州紫陽書院一等首名 1 兩 5 錢，餘者 1 兩，二等者 6 錢。獎勵還是較為豐厚的。

因為江蘇民間財力富足，加之書院學田充裕，所以江蘇書院膏火在全國也屬前列。如揚州安定、梅花書院及儀徵樂儀書院，「皆隸於鹽官，藉其財富之餘，以為養育人才之地，故餼稟之給，視他郡為優。」〔註 30〕膏火之餘，亦有額外補貼。如嘉慶五年（1800 年），揚州安定書院「為復公車資費，士有舉於鄉者，具旗匾榮之。每歲科兩試及秋闈，各資路費。」〔註 31〕類比同時期的他省書院，如湖南嶽麓書院，其膏火僅為揚州安定書院的三分之一。

書院教官束脩方面，也十分優厚。如南京鍾山書院山長束脩達到了每年 800 兩，伙食銀 160 兩。揚州安定、梅花書院山長束脩銀各 400 兩，伙食銀各 300 兩。揚州廣陵書院山長束脩銀 268 兩，伙食銀 80 兩。安定、梅花書院監院 2 名，每月薪水銀各 12 兩。照料董事 2 名，每月薪水 6 兩。常州延陵書院主講每年束脩 240 千文。

但在清朝，也有因為種種原因，導致書院經費發生困難，以致影響辦學之例。如嘉慶中，江陰某書院就因主辦者「藉事移用，而生徒幾虛席。」〔註 32〕但這些狀況僅是個例，為時也不長久。對此，後人曾有評價。「書院之經費既需賴個人之捐助，長官不過盡倡導之責，政府雖以作育人材為號召，實際仍在社會人士之自動。故各院因困費困難，偶亦有停頓圯廢情形，在所難免，但索薪罷課之事，則絕對無有。當時之教者學者，皆瞭然於自動讀書之義，而決不存為政府讀書之想的。」〔註 33〕實為精辟之論。

三、教學與成就

清代江蘇高等教育在教學方面目標明確，取得了優異的成就，促成了江蘇高等教育事業高峰的形成。

（一）教學

1. 府州學教育的科舉目標

〔註 30〕 柳詒徵：《江蘇書院志初稿（續）》，《江蘇文獻》1942 年第 3～4 期，117 頁。
〔註 31〕 柳詒徵：《江蘇書院志初稿（續）》，《江蘇文獻》1942 年第 3～4 期，116 頁。
〔註 32〕 陳東原：《清朝書院風氣之變遷》，《學風》1933 年第 5 期，16 頁。
〔註 33〕 陳東原：《清朝書院風氣之變遷》，《學風》1933 年第 5 期，16 頁。

　　清朝，府州學教育是爲政府提供後備官僚人才的主要來源，其終極目標爲科舉考試。一切的教學都圍繞科舉這個目標而進行。以致「官學教育與科舉考試逐漸合二爲一，形成了學校儲才以應科舉、而科舉必由學校這種科舉與官學完全合流的做法。」〔註34〕學生們也以科舉爲唯一學務。「考其學業，科舉之外無他業也；窺其志慮，求取功名之外無他志也。」〔註35〕

　　爲了控制教育內容，政府還頒佈各類官辦教科書以爲指導。如康熙二十四年（1685 年）頒佈的《上諭十六條》、乾隆四十九年（1784 年）頒佈的《周易折中》、《朱子全書》、雍正二年（1724 年）頒佈的《朋黨訓》、三年（1725年）頒佈的《御製萬言廣訓》、五年（1727 年）頒佈的《瑞穀圖》、九年（1731年）頒佈的《聖祖御纂詩經傳說彙纂》、《書經傳說彙纂》、《春秋傳說彙纂》、《性理精義》等。歸納起來，主要爲經史子集及八股文、時文以及聖諭等內容。清朝歷朝「欽定」教科書約有 150 餘種，經部有《易經通疏》、《日講書經通義》、《御纂詩義析中》、《欽定禮記義疏》、《日講春秋解義》、《御注孝經》、《日講四書解義》等 26 種；史部有《欽定明史》、《御定通鑒綱目》、《開國方略》、《臺灣紀略》等 60 種；子部有《御纂資政要覽》、《聖諭廣訓》、《御纂朱子全書》等 33 種；集部有《聖祖仁皇帝》初集、《御製文》、《御製詩》、《御定全唐詩》等 25 種。〔註36〕

2. 三重任務的書院教育

　　清朝江蘇書院雖然爲官方控制，但去掉蒙學書院外，其類型可按教學內容分爲三類，一爲以講究理學爲主的經義書院，如南京惜陰書院、學古堂等；一爲博習經詩詞章爲主的文學書院；一類則爲科舉爲目的的考課書院，如揚州廣陵書院、靖江驥騰書院等。有學者以爲清朝基層的鄉鎮書院起到的是一種將儒家學術思想社會化的作用，省級書院承擔指導學術理念政治化的官方責任，府縣級書院居中過渡。而事實上，清朝江蘇書院的教學內容並非可以如此嚴格劃分，除了一些蒙學書院外，大部分的書院是三種教學內容皆存，只是各個時期的側重點不同而已。錢穆就以爲清朝書院無法完全脫離考課而存在，稱：「夫書院講學，其事本近於私人之結社，苟

〔註34〕王炳照、徐勇主編：《中國科舉制度研究》，河北人民出版社 2002 年版，245頁。

〔註35〕湯成烈：《學校篇》，載《經世文續編》卷65《禮政五·學校下》。

〔註36〕陳乃林、周新國編：《江蘇教育史》，江蘇人民出版社 2007 年版，232 頁。

非有朝廷之護持，名公卿之提獎，又不能與應舉科第相妥洽，則其事終不可以久持。」〔註37〕

清初，明代沿襲的江蘇書院講學之風仍有遺韻。所謂「清順康間講學之風猶近明季。」〔註38〕一些書院重視古文研究，「重古文之風，倡始於鄂爾泰之在蘇州紫陽書院，極盛於姚姬傳之主講南京鍾山書院。」〔註39〕因爲康熙崇尚理學，經義之風一度風行書院。至乾嘉時期，提倡漢學，風氣又爲之一變。「乾嘉以來，崇尚樸學，轉於古學法有合。」〔註40〕但隨著科舉目標的確立，考課教育成爲書院教育的主流。雍正時期，雖大倡書院，但其教學，仍以科舉爲主。陳東原評價：「不過在有名無實的郡縣官學之外，尚有此較含學術意味的教學機關，故頗見重於社會。但一般書院的重要工作，仍在課試。」〔註41〕科舉是大部分江蘇書院的核心教學任務。時人盧文弨稱：「志聖賢之學者，曰士；習制舉之學者，亦曰士。兩者趨向雖殊，而實可同歸一致者也。……書院之設，其初皆以講學，其後遂專以課文。」〔註42〕

書院的教學內容除了與府州學重合相似的部分外，還有一些山長或教官因學術所長而增加的內容。很多人的著作就是書院講義和教材。如錢大昕在鍾山書院「居鍾山，凡四年。其教士，以通經讀史爲先。」〔註43〕李兆洛在暨陽書院，「教讀《通鑒》、《通考》，以充其學；選定《史記》、《漢書》、《春秋繁露》、《管子》、《呂氏春秋》、《商子》、《韓非子》、《賈子新書》、《逸周書》、《淮南子》目錄，以博其義。」〔註44〕書院的教學內容也不完全固定，雖有自己所守，但也隨學術大勢而變化。如康熙以後，紫陽書院由原本理學爲宗，改爲漢學爲主。「書院之由講求心性，變爲稽古考文。」〔註45〕在具體的講學方法上，出於教學內容的差異，書院與府州學有很大的不同，書院的講學一般屬於點撥式精英教學法，除了集中上課外，最主要的是自學與論辯式學術演講等活動。老師們的教學態度十分耐心，盧文弨在鍾山書院，「每課必卷卷

〔註37〕 錢穆：《中國近三百年學術史》，北京中華書局 1986 年版，20～21 頁。
〔註38〕 柳詒徵：《江蘇書院志初稿》，《江蘇文獻》1942 年第 1～2 期，138 頁。
〔註39〕 陳東原：《清朝書院風氣之變遷》，《學風》1933 年第 5 期，16 頁。
〔註40〕 柳詒徵：《江蘇書院志初稿》，《江蘇文獻》1942 年第 1～2 期，142 頁。
〔註41〕 陳東原：《清朝書院風氣之變遷》，《學風》1933 年第 5 期，15 頁。
〔註42〕 盧文弨：《常郡八邑藝文志》卷 6 下，清光緒十六年刻本。
〔註43〕 柳詒徵：《江蘇書院志初稿》，《江蘇文獻》1942 年第 1～2 期，148 頁。
〔註44〕 蔣彤：《養一子述》，載繆荃孫：《續碑傳集》。
〔註45〕 詒徵：《江蘇書院志初稿（續）》，《江蘇文獻》1942 年第 3～4 期，125 頁。

而評校焉。」〔註46〕暨陽書院李兆洛「期某日歸，某日來院，未嘗爽漏刻。」
「雖嚴冬或丙夜寢，未嘗晏起。」〔註 47〕在教學方法上大多循循善誘，分別
指導。如在暨陽書院教學時，盧文弨「音和而亮，容舒而肅，教弟子不強以
所不習，而誘掖如不及。學務實踐，未嘗甲乙流輩，惟津津道其所長。」〔註
48〕而李兆洛則「各就性情所近，分途講授。」陳祖範主講紫陽書院時，客觀
嚴謹。後人曾評價其談《易》不取先天之學，談《書》不取梅賾，談《詩》
不廢小序，談《春秋》不取義例，談《禮》不以古制違人情。踏實與客觀成
爲他們教學的特色，也引領了江蘇學風。錢大昕在紫陽書院「諭諸生無以慕
虛名，勤修實學，由是吳中士習爲之一變。」〔註49〕

（二）成就

在代表學術層次的講學方面與代表考課質量的科舉方面，清代江蘇高等
教育皆取得了傑出的成就。

1. 講學成就

清朝江蘇書院的教師群體中，名師輩出，彪炳一時。如鍾山書院的楊繩
武、夏之蓉、錢大昕、盧文弨、姚鼐、朱琦、程恩澤、胡培翬、任泰等；揚
州安定等書院掌院講學的王峻、杭世駿、趙翼、姚鼐、蔣士銓、陳祖範、查
祥、邵泰、焦循；江陰暨陽書院的盧文弨、李兆洛；蘇州紫陽書院的陳祖範、
王峻、沈德潛、廖鴻章、彭啓豐、蔣元益、錢大昕、石韞玉、朱琦、董國華、
俞樾、吳鼐、夏同善、潘遵祁；正誼書院的朱琦、馮桂芬等；太倉婁東書院
的沈起元、蔣元益、盧文弨、錢大昕、王昶、段玉裁、葉裕仁、王祖佘等；
山陽麗正書院的夏之蓉、江藩等；儀徵樂儀書院的沈廷芳、吳鼐等（其中有
多處任教者）。這些教師皆爲某方面專家。雍乾年間，揚州安定書院、梅花、
廣陵書院的掌院中，皆有所長，如王步青（理學、詩文）、儲大文（詩文）、
王峻（經史）、查祥（詩文）、陳祖範（經學、詩文、文獻學）、王喬林（樸學）、
邵泰（經學）、蔣恭（經學、詩文）、沈起元（理學）、劉星煒（詩文）、王延
年（經史、詩文）、杭世駿（史學、詩文、文獻學）、儲麟趾（經學、詩文）、
蔣士銓（詩文）、吉夢熊（詩文）、趙翼（經史、詩文）、周升桓（書畫）、王

〔註46〕詁徵：《江蘇書院志初稿（續）》，《江蘇文獻》1942 年第 3～4 期，112 頁。
〔註47〕蔣彤：《養一子述》，載繆荃孫：《續碑傳集》。
〔註48〕李兆洛：《抱經堂詩鈔序》，載李兆洛：《養一齋文集》，四部備要本。
〔註49〕陳文和：《錢辛楣先生年譜》，《嘉定錢大昕全集》，江蘇古籍出版社 1995 年版，
　　　　35 頁。

嵩高（詩文）、姚鼐（詩文）、蔣宗海（詩文、文獻學、書畫）。〔註50〕有些教師還博識廣聞，多有建樹。又如鍾山書院的「程春海大司成恩澤，安徽歙縣人，博通群籍經史而外，醫卜星相之學，靡不淹貫，篆隸行草，各臻其妙。」〔註51〕他們的講學活動具有相當的學術高度，其產生的學術與社會影響也十分深遠。「暨陽書院餘姚盧學士召弓、武進李大令申耆，先後主講席，流風餘韻上下百年。」〔註52〕李兆洛主講龍城書院，「從遊者，極一時之俊。」〔註53〕一些名師受聘於多個書院中，如曾任翰林院侍讀學士、湖南學政等職的盧文弨，前後掌鍾山、紫陽書院，及崇文、龍城、婁東、暨陽、晉陽，迭主講席。這種情況也促進了江蘇地區整體學術的傳承與交流。除講學外，學者們還著書立說，如錢大昕正是在主講鍾山書院期間，完成了史學巨著《廿二史考異》百卷。蔣世銓在乾隆詩壇上與袁枚、趙翼齊名，人稱「江左三大家」，其所編的十六種戲劇，其中有四種就是在安定書院主講時所寫的。

在這樣的氛圍下，有清一代，江蘇書院於學術研究方面蔚為大觀，奠定了全國文化重鎮的地位。除作為中心城市的南京文化昌明外，揚州、蘇州、常州、江陰等地也成為學術名家聚集的文化名城。南京書院之盛甲於天下。「江寧書院，特盛於他省。」〔註54〕而揚州作為江蘇江北地區文化首府，其書院文化不相讓於南京。「江寧布政使所屬各府之文化，以揚州稱首。……揚州之書院，與江寧相頡頏。」〔註55〕揚州安定、梅花兩書院學術尤為鼎盛。「安定、梅花兩書院，地方來肄業者甚多，故能文通藝之士萃於兩院者極盛。」〔註56〕「延師授業，遠近來學者雍雍濟濟。」〔註57〕蘇州、常州等地，因為紫陽、正誼、龍城等書院的存在，也學術昌盛。「其風氣不下於江寧、揚州也。舊有書院之外，清朝剏建者，曰紫陽、曰正誼，為最大。」〔註58〕「常州之書院，曰龍城、曰延陵，而龍城為最著。」〔註59〕

〔註50〕陳文和：《試論清朝揚州書院在揚州學派形成中的作用》，《南京曉莊學院學報》，2005 年第 4 期，120 頁。
〔註51〕柳詒徵：《江蘇書院志初稿》，《江蘇文獻》1942 年第 1～2 期，148 頁。
〔註52〕張文虎：《南菁書院記》。
〔註53〕柳詒徵：《江蘇書院志初稿（再續）》，《江蘇文獻》1942 年第 7～8 期，116 頁。
〔註54〕柳詒徵：《江蘇書院志初稿》，《江蘇文獻》1942 年第 1～2 期，147 頁。
〔註55〕柳詒徵：《江蘇書院志初稿（續）》，《江蘇文獻》1942 年第 3～4 期，116 頁。
〔註56〕李斗：《揚州畫舫錄》卷 3。
〔註57〕嘉慶《重修揚州府志·高斌重建書院碑記》。
〔註58〕柳詒徵：《江蘇書院志初稿（續）》，《江蘇文獻》1942 年第 3～4 期，123 頁。
〔註59〕柳詒徵：《江蘇書院志初稿（再續）》，《江蘇文獻》1942 年第 7～8 期，115 頁。

　　清朝江蘇書院培養了大批專業學術人才，如李兆洛的地理學及其弟子承培元對《說文解字》的研究；弟子宋景昌的天文曆算之學；弟子六承如、六嚴的地理學皆爲名家。錢大昕執教紫陽書院期間，「一時賢士授業於門下者，不下二千餘人，悉皆精研古學，實事求是。」〔註60〕揚州安定、梅花書院學生中成爲知名學者的有：任大椿、段玉裁、李惇、王念孫、宋綿初、汪中、劉台拱、洪亮吉、孫星衍、焦循等。「段王汪劉洪孫任顧諸賢，皆出於邗之書院，可謂盛矣。」〔註61〕蘇州紫陽書院學生中的王鳴盛、錢大昕、王昶、瞿中溶、朱駿聲等；鍾山書院的鄧廷楨；常州龍城書院的孫星衍、李兆洛；高郵珠湖書院的王引之等皆爲傑出人才。

　　清朝江蘇書院並爲揚州學派、吳中學派、桐城派、常州駢文派等學術門派的崛起奠定了人才基礎。清朝大儒阮元曾評價：「蓋今時天下學術以江南爲最。江南凡分三處：一安徽，二揚鎭，三蘇常。鎭江、揚州爲極盛。」〔註62〕揚州、吳中學派、桐城派的中堅力量幾乎都爲江蘇書院所培養。如姚鼐「主講鍾山最久，以古文義法教門弟子。門弟子管同、梅曾亮等，傳其文筆，天下號爲桐城派。」〔註63〕而常州至於詞與駢體，更沒有一個地區可以與它競爭。漢學家戴震在揚州講學時間最長，「其小學則高郵王念孫、金壇段玉裁傳之；典章制度之學則爲興化任大椿傳之。」〔註64〕皆爲所學翹楚。

2. 科舉成就

　　清朝江蘇高等教育的科舉更極輝煌。清朝江蘇進士總人數達到2920人（含松江府）〔註65〕，爲全國第一。見下表：

	順治	康熙	雍正	乾隆	嘉慶	道光	咸豐	同治	光緒	總計
江蘇人數	436	666	167	644	233	263	69	124	318	2920
全國人數	3064	4088	1499	5385	2821	3269	1046	1588	4088	26848
江蘇在全國排名	1	1	2	2	2	4	7	2	1	1
江蘇占全國比例	14.23	16.29	11.14	11.96	8.26	8.05	6.6	7.81	7.78	10.88

〔註60〕陳文和：《錢辛楣先生年譜》，《嘉定錢大昕全集》，江蘇古籍出版社1995年版，39頁。
〔註61〕柳詒徵：《江蘇書院志初稿（續）》，《江蘇文獻》1942年第3～4期，121頁。
〔註62〕劉師培：《劉申叔遺書·左庵題跋》。
〔註63〕柳詒徵：《江蘇書院志初稿（續）》，《江蘇文獻》1942年第3～4期，113頁。
〔註64〕《清史列傳》，《儒林下》卷68。
〔註65〕毛曉陽、金甦：《清朝文進士總數考訂》，《清史研究》2005年第4期，63頁。

清朝江蘇進士人數於順治、康熙、光緒朝爲全國第一。雍正、乾隆、嘉慶等朝，僅次於浙江。道光朝，次於直隸（313 名）、浙江（300 名）、江西（265 名）；咸豐朝，次於河南（95 名）、陝甘（94 名）、直隸（92 名）、浙江（87 名）、山東（79 名）、江西（74 名）；同治朝，次於直隸（135 名）。〔註66〕其中咸豐年間，江蘇名次大跌是因爲太平天國運動波及江蘇。分府來看，進士數量前五名的府爲蘇州府（657 名），常州府（645 名），揚州府（348 名），江寧府（311 名），鎮江府（211 名）。形成了沿長江兩岸展開的科舉重鎮城市群。在代表全國科舉考試最高水平的狀元數量上，江蘇也獨佔全國鼇頭〔註67〕，見表 5。

表5.

	順治	康熙	雍正	乾隆	嘉慶	道光	咸豐	同治	光緒	總計
江蘇狀元數	5	16	3	12	3	3	1	4	2	49
全國狀元數	10	21	5	27	12	15	5	6	13	114
江蘇占全國比例	50%	76.2%	60%	44.4%	25%	20%	20%	66.67%	15.38%	42.98%

江蘇狀元占全國總比超過 40%，有些朝代超過 60%。清朝江蘇科舉的成就是江蘇地區高等教育所創造的，也可以側面印證江蘇高等教育在清朝的高峰水平。清朝江蘇是當時中國高等教育的中心地區之一。

（該文與章琳合作，發表於《江蘇師範大學學報》（哲學社會科學版）2013 年第 4 期）

〔註66〕柳詒徵：《江蘇書院志初稿（續）》，《江蘇文獻》1942 年第 3～4 期，第 113 頁。

〔註67〕李潤強：《清朝進士的時空分佈研究》，《西北師大學報》（社會科學版）2005 年第 1 期，第 67 頁。

論北洋政府時期政府對南京公立學校撥款狀況

北洋政府時期，南京公立教育有了較大的發展，據中國二檔館史料〔註1〕、《南京教育志》〔註2〕、《第一次中國教育年鑒（丙編）》〔註3〕等資料，統計南京市 1916 和 1927 年度公立學校數見表 1：

表 1　南京 1916、1927 年度公立學校統計表

年度	初等學校〔註4〕	中學	中等實業學校	中等師範學校	高等學校
1916 年	17	2	2	2	3
1917 年	43	4	1	3	4

一

北洋政府時期，政府對南京公立學校的撥款主要由地方財政支付，且長年不足計劃數額。

南京公立學校分國立、省立及縣市區鄉立三類。按規定，國立學校一般爲高等學校，由中央及省財政撥款；省立學校一般爲中等學校，由省財政撥款；縣市區鄉立學校主要爲初等學校，由縣市區鄉撥款。實際操作中，因中央與地方的財政關係混亂，南京國立學校的經費未由中央直接撥付，而由所

〔註1〕 根據《民國五年度六合縣學務統計表》、《江寧縣學務統計表》、《溧水縣教育統計簡明表》、《高淳縣第五次統計表》、《江浦縣五年度教育統計表》等統計，見中國第二歷史檔案館藏，卷宗號：1057（44）。
〔註2〕 南京市地方志編纂委員會：《南京教育志》，方志出版社 1998 年版，180～366 頁。
〔註3〕 《第一次中國教育年鑒（丙編）》，296 頁。
〔註4〕 未含國民學校。

謂省國款撥給。如東南大學「所需經費……由教育部諮行財政部提出國務會議通過」〔註5〕爲中央開銷，但「東南大學、南京高等師範學校……其經費並不由中央撥發，而以本省國款支給之。又河海工程專門學校，雖由全國水利局直轄；而以直魯蘇浙四省合設，本省（按：江蘇）應攤其四分之一經費。」〔註6〕可見，無論是國立高校，還是省市縣區鄉立中小學，地方財政是其經費的主要來源。

北洋政府時期，南京公立學校每年所需教育經費約是多少呢？筆者根據二檔館檔案〔註7〕及相關史料〔註8〕，對 1913、1916、1927 年的數據，進行了估算〔註9〕。在估算前，先對「估計教職員數」、「估計所需經費數」、「估計學費數」等進行說明。

估計教職員數：初等學校教職員較少，一般每校 2～10 人，以平均值每校 5 人計算（校長 1，教師 3，教工 1）。1927 年因學校規模擴大，以每校 8 人（校長 1、教師 6，校工 1）計算。中等學校教職員數難以統計，以學校經費直接計算。

估計所需經費數：該時期，「南京市小學教師之俸給，至爲微薄。校長薪水以二十四元至三十二元爲度。教員薪水至多二十二元，少則有九元者。」〔註10〕如江寧區立第一國民學校：校長 28 元，教員 18 元，副教員 14 元，專科教員 10 元至 12 元，職教員伙食費 13 元 5 角，校役工食 10 元，雜費 105 元，共計 188 元。〔註11〕江寧縣立第一女子高等小學校：男女教員 5 人，月支領 90 元。以平均值每校 5 人（1 名校長、3 名教員、1 名校工）統計，平均每校月支出約在百元以上。1927 年，以每校 8 名教職員計算，則月支出約在 160 元以上。中等學校以南高師附中爲例，該校月經常費 1300 元。〔註12〕鄉村師

〔註 5〕《紀東南大學同學會》，《申報》1912 年 10 月 24 日。

〔註 6〕蔣維喬：《江蘇教育行政概況》，上海商務印書館 1924 年版，24～25 頁。

〔註 7〕根據《民國五年度六合縣學務統計表》、《江寧縣學務統計表》、《溧水縣教育統計簡明表》、《高淳縣第五次統計表》、《江浦縣五年度教育統計表》等統計，見中國第二歷史檔案館藏，卷宗號：1057（44）。

〔註 8〕蔣維喬：《江蘇教育行政概況》，上海商務印書館 1924 年版，180 頁。

〔註 9〕各高等學校附屬中等學校未統計入。

〔註10〕《第一次中國教育年鑑（丙編）》，480 頁。

〔註11〕檔案原件似有錯誤，合計相加超過 188 元。

〔註12〕南大百年實錄編輯組編：《南大百年實錄（上冊）》，南京大學出版社 2002 年版，62 頁。

範學校經費較低，如江寧縣立師範學校，「每月只有 200 元的經費。」〔註 13〕綜合平均，故 1913、1916 年公立中學以每校每月 1300 元，1927 年鄉村師範學校數據以每校每月 200 元經費計算。估計學費數：據《國民學校令》，國民學校學生不交納學費。高等小學學費一般每月 2 角～3 角左右，一學年在 2 元～3 元左右。如江寧城立第四高等小學每生月納費二角；江寧第一區區立第一高等小學每生月交學費二角，每年以十月計；江寧縣立第一女子高等小學每生月納費三角。〔註 14〕筆者以 2 元／生／年估算，中等學校以南高師附中為例，1918 年該校有學生 75 人，學膳費 52 元／生／年。〔註 15〕1912 年 2 所師範學校有學生 275 人，但師範類學生不交納學費，故僅統計中學及實業學校數據。1912 年，兩所省立實業學校已有學生 141 人。〔註 16〕

估算數據分別見表 2〔註 17〕、表 3〔註 18〕：

表 2　1916、1927 年 6 月南京公立初等學校經費情況估計表

年代	學校數（所）	學生數（名）	估計教職員數（名）	估計所需經費數（元）	估計學費數（元）	經費缺額（元）
1916 年（高等小學）	17	1205	1090	＞15400	2410	＞12990
1916 年（國民學校）	201	9683	1005	＞241200	—	＞241200
1927 年 6 月	43	＜6814〔註 19〕	＞297④	＞82560	＜13628	＞68932

〔註 13〕江蘇省陶行知教育思想研究會、南京曉莊師範陶行知研究室編：《陶行知文集》，江蘇人民出版社 1981 年版，117 頁。

〔註 14〕根據《民國五年度六合縣學務統計表》、《江寧縣學務統計表》、《溧水縣教育統計簡明表》、《高淳縣第五次統計表》、《江浦縣五年度教育統計表》等統計，見中國第二歷史檔案館藏，卷宗號：1057（44）。

〔註 15〕南大百年實錄編輯組編：《南大百年實錄（上冊）》，南京大學出版社 2002 年版，63 頁。

〔註 16〕舒新城：《中國近代教育史資料（上冊）》，人民教育出版社 1981 年版，319 頁。

〔註 17〕高等學校附屬小學因其經費與所屬高校掛鉤，該表未統計入。

〔註 18〕各高等學校附屬中等學校未統計入。

〔註 19〕該數字中含有 5 所私立小學學生數，故公立初等學校學生數當少於 6814 人。

表 3　1913、1916、1927 年初南京公立中等學校經費情況估計表〔註20〕

年代	中學（所）	中等實業學校（所）	中等師範學校⑤（所）	估計所需經費數（元）	估計學費數（元）	經費缺額（元）
1913 年	2	3	2	109200	19500	＞89700
1916 年	2	2	2	83600	15400	＞86200
1927 年初	4	1	3	85200	19500	＞65700

　　由表 2、3 可見，僅南京初、中等學校所需經費，1916 年應不少於 323390 元，1927 年則應不少於 136632 元。上述教育經費，「僅指用於學校教育者而言；其社會教育經費，當別論之。」〔註21〕

　　民初，江寧一縣近在省城，縣教費尚未與省行政費劃清，「由省教育費中每年暫行補助一萬四千元，此外雜捐約二萬四千元，合得三萬八千餘元。」〔註22〕與當時同屬一省的上海縣相比，不到其 1／3，即與吳縣、無錫縣相比，亦不多。南京其餘各縣較江寧更少，綜計南京各縣教費撥款總計約在每年 10 萬元左右。綜合表 2、3，若將全部教費投入公立學校經費，則每年度南京公立初、中等學校經費仍有十餘萬元的經費缺口。故時人歎曰：「以此有限學款欲謀（教育）普及，相差甚遠。」〔註23〕

　　公立高學以南高師爲例。該校部分年度預算臨時費及實領數目見表 4〔註24〕：

表 4　南高師部分年度預算臨時費及實領數目表

年度	預算數（元）	實領數（元）	差數（元）
民國 4 年度	28370	－	28370
民國 5 年度	38480	22000	16480
民國 5 年度下半年	69654	30000	39654
民國 6 年度	73016	20000	53016
以上總計	201520	72000	129500
七年度 7 月～12 月補領	－	35000	94520
民國 7 年度	59854	20000	39850

〔註20〕　南京市地方志編纂委員會：《南京教育志》，方志出版社 1998 年版，366 頁。
〔註21〕　蔣維喬：《江蘇教育行政概況》，上海商務印書館 1924 年版，24 頁。
〔註22〕　舒新城：《中國近代教育史資料（上冊）》，人民教育出版社 1981 年版，319 頁。
〔註23〕　舒新城：《中國近代教育史資料（上冊）》，人民教育出版社 1981 年版，319 頁。
〔註24〕　南大百年實錄編輯組：《南大百年實錄（上冊）》，南京大學出版社 2002 年版，90 頁。

南高師僅 3 個年度的經費差額即達到 134370 元，占應撥之款的 2／3。若計算其他幾所公立高校經費缺額總和，每年當不在 10 萬以下。面對學校的責難，省財政廳以「省儲奇絀，派員四處商挪，迄未就緒……在敝廳固十分愧對，然亦事實上迫於萬不得已」〔註25〕而搪塞。

綜上，北洋政府時期，南京公立學校教費缺額當在每年 20 萬以上。

二

北洋政府時期，經費來源緊張與挪用嚴重是困擾南京公立學校的兩大頑痼。

（一）來源緊張

由於政局動盪，軍政開支大，以量入為出原則制定的中央教育經費預算也難得到保證，下見部分年代中央教育經費預算及實支情況表〔註26〕：

表 5　部分年代中央教育經費預算及實支情況表（單位：萬元）

年代	教費歲出預算	教費實支
1919 年	651	305
1924 年	531	404
1925 年	770	453

僅 3 個年度，中央教育經費即積欠達 790 萬元。為了增加教費的來源，在《教育經費獨立案》（1920 年）、《促進教育經費獨立案》（1922 年）等議案推動下，教育部出臺了《教育基金宜指定專款建設案》（1923 年），提出「劃學田」、「徵收多得稅」、「庚款興學」三項舉措。然根據 1918～1919 年的財政預算，28 個省區的官產收入僅為 21 萬餘元〔註27〕；1923 年全國所得稅僅徵收到 8000 元〔註28〕；庚款興學則直到 1925 年才開始運作，對北洋政府時期教費的增支作用很微弱。

〔註25〕南大百年實錄編輯組：《南大百年實錄（上冊）》，南京大學出版社 2002 年版，91 頁。

〔註26〕商麗浩：《政府與社會：近代公共教育經費配置研究》，河北教育出版社 2001 年版，110 頁。

〔註27〕商麗浩：《政府與社會：近代公共教育經費配置研究》，河北教育出版社 2001 年版，112 頁。

〔註28〕商麗浩：《政府與社會：近代公共教育經費配置研究》，河北教育出版社 2001 年版，112 頁。

民初，江蘇省教費預算除教育行政收入以外，無其他固定收入來源。1919年，江蘇開始試辦義務教育，教費更加緊張。爲增加教費來源，1921年、1923年，省議會先後批准增加畝捐與教育田畝特捐充入教費。1924年江蘇省以捲煙、漕糧附稅補充省教費。同年，「又有徵收畝捐之議」，方法是「或隨糧帶徵，或按畝抽收；捐數既有多寡，辦法亦不一律」。〔註29〕1925年3月，江蘇省長令由省教費管理處辦理屠宰、牙稅。次年，實行煙酒稅帶徵義務教育費一成。

這些稅費的徵收並不理想，未實現預期目標，民間抵制強烈。1920年，全省商人反對開徵所得稅，迫使政府延期推行。徵收畝捐一案周折最多，贊成者以爲：「即至少以每畝二分計，就目前糧食價格，所收較鉅，所納甚微，」他們樂觀地認爲：「以之推廣義教，培植各縣多數之學齡兒童，誰無子孫，寧不樂此。」〔註30〕然事與願違，民間反對開徵畝捐的呼聲一直很高。1923年5月22日，江陰田業公會致省議會的電報具相當代表性：「江陰公民僉以爲本邑漕糧素重，民國以來，加增教育附稅，民間負擔，更屬不貲。前年本邑因地方經費支絀，議加畝捐，群情反對，今若加增教育特捐，與前年所議畝捐何異。不特重徵累民，竊恐轉妨正供，爲迫電求諸公，俯順輿情，顧念納稅人負擔，一致否決，無任感禱。」〔註31〕即使已經徵收畝捐的各縣也「尚未能一致實行是也。」〔註32〕1924年全省商人罷市抗議政府開徵附加賑捐。到1925年，「江蘇財政，紊亂已極，」統計「積虧至三千萬元之巨，」時人評價：「吾蘇財政，以歷年不能如額之故，致成積虧，現以兩遇兵災，積虧尤巨，由紊亂而恐慌，勢將由恐慌而益加紊亂。」〔註33〕恐慌的財政狀況直接影響到了教費的保障。

具體到南京，江寧一縣近在省城，一切教育行政經費多與省教育撥款相混合。1915年，江寧教育款產經理處成立。1918年江寧等地勸學所恢復設置，管理縣屬教費。1921年，江寧教育局成立。這些機構對教費的徵收與保障有一定作用。省議會規定：縣教育經費來源主要「爲附稅（忙漕、屯灘、牙契、附稅）、屠宰稅、中貲稅、各項雜捐、特捐、滯納罰金、徵收費盈餘、款產租

〔註29〕蔣維喬：《江蘇教育行政概況》，上海商務印書館1924年版，20～21頁。
〔註30〕《義務期成會消息》，《申報》1925年10月12日。
〔註31〕《地方通信南京》，《申報》1923年5月27日。
〔註32〕蔣維喬：《江蘇教育行政概況》，上海商務印書館1924年版，21頁。
〔註33〕《國內要聞》，《申報》1925年5月29日。

息、學費收入等項。」〔註34〕實際徵收情況十分不理想，各年份有差異，但從未足額徵收過。1915年，南京屠商因屠稅太重而歇業。1921年底，南京六合縣畝捐、高淳縣契稅留支一分和中貨捐等稅收還未辦理。〔註35〕1927年，「句容縣教育局長嚴大奎，爲力爭捲煙特稅帶徵二成教育費事，公函江蘇義務教育期成會云……查是項附稅之徵收，於國省兩稅成例，既相吻合，而各縣小學經費之支絀，並屬實在情形，況於消耗物品，徵收少數附稅，辦理地方根本教育。」〔註36〕教育廳則以「因教費管理處承包者，有契約關係，在契約未滿期以前，無可設法，將來或有希望云。」〔註37〕以搪塞。

（二）挪用嚴重

從省到縣，教費常成爲軍政費用的補充，被大量挪用。

1923年前，南京公立學校教費雖然拖欠，但尚能勉強維持。南京所在的江蘇省「教育經費，向頗寬裕，惟經幾次戰爭後，國立省立學校經費，均減成發給，積欠數目，亦未清理完竣。」〔註38〕教費問題開始浮出水面。時人評價：「江蘇教育經費向無問題，但自十三年來亦漸有積欠，十四年教育經費以漕糧附稅、屠稅、牙稅爲本，已漸獨立，但因戰事影響收入不旺，積欠亦達三個月，」〔註39〕1924年的江浙大戰給江蘇帶來的直接經濟損失高62324820元〔註40〕，直接影響了教費的徵收。

1923年，江蘇議會醞釀大規模削減教費預算，引發社會各界極大震動與恐慌，「迭經各教育機關起而反對」〔註41〕，時稱「議（會）教（育）風潮」。社會輿論群起嘩之，「今日報紙發表之公電，關於蘇省議會削減教育費之事爲多」，有人妙對一聯：「其警告議會云，君子惡居下流。其警告議員云，國人皆曰可殺」〔註42〕。學界也行動起來，「自議教風潮發生之後，寧垣學子，以議會對於教育經費，任意削減，深恐教育前途，受其影響，於是奔走呼號，

〔註34〕 蔣維喬：《江蘇教育行政概況》，上海商務印書館1924年版，21頁。
〔註35〕 蔣維喬：《江蘇教育行政概況》，上海商務印書館1924年版，38頁。
〔註36〕 《句容教育局長力爭捲煙帶徵教費》，《申報》1927年1月16日。
〔註37〕 《蘇捲煙帶徵附稅暫難行》，《申報》1927年2月10日。
〔註38〕 舒新城：《民國十五年：中國教育指南》，上海商務印書館1926年版，7頁。
〔註39〕 舒新城：《民國十四年：中國教育指南》，上海商務印書館1926年版，12頁。
〔註40〕 劉正偉：《督撫與士紳：江蘇教育近代化研究》，河北教育出版社2001年版，202頁。
〔註41〕 《節減教育費之反響》，《申報》1923年1月9日。
〔註42〕 《常評》，《申報》1923年1月9日。

亟謀教育基金獨立。」莘莘學生結隊赴省政府請願，「韓（國鈞）省長接見學生代表時，慨然以（教育）基金獨立為己任，」但是提及「前次開十二年度預算會議，即教育一項，已達二百六十萬元以上，而省款全數，收入不過二百七十餘萬元」，韓再四籌思，遂於財政廳商定，「指拔省附稅一百五十萬元，教育行政收入八十二萬元，田畝特捐七十萬元，貨物附稅三十萬元，均為教育基金，其內務財政實業不足之數，則另籌籌備之法」〔註43〕。教育基金獨立雖然名義上成立，但實際仍被大部挪用，韓國鈞的承諾並沒有達到預期數目與效果。

　　教費減少首當其衝反映在公立學校的經費上，如 1923 年，省議會取消檢定小學教員經費〔註44〕。同年 5 月 26 日，省署令教育廳：「以後各校旅行及參觀費用，概歸本人負責」〔註45〕等等。該年，東大和南高師、河海專門學校等 3 校的臨時、經常費合計為 643571 元，而省整理財政委員會議直接就扣除了 6 萬元，〔註46〕剩餘的錢也不能全部到位。同時還發生了省立學校校長因經費致電省署請辭的事件，電稱：「五月中實專門各校常費，多日未發，六月雖撥，各縣尚無眉目，七月亦已過期，臨時費供假中應用，需要尤急。」〔註47〕頻繁的天災人禍也增加了教費被挪用的風險，如南京江浦縣，兩經奉軍潰敗騷擾，「至敝縣經費，全恃地方附稅為大宗，本年旱災奇重，收入銳減，加以軍事興起，所有教育帶徵各款，已被縣署挪罄盡，各校經費，自九月份至今，已三月未發矣」〔註48〕。

三

　　教費來源緊張與挪用嚴重影響了民初南京各公立學校的正常教學與發展。

　　各公立中小學經費缺少之苦自不必言，即以當時南京最為顯赫之高等學府東南大學也難逃此運。東大成立後，經費狀況持續惡化。「本校開辦經費 5 萬餘元，以修建校舍，購置器具為大宗之支出，於關係教科設備，未及十分之二

〔註43〕《國內要聞》，《申報》1923 年 4 月 4 日。
〔註44〕《省會取消檢定小學教員經費》，《申報》1923 年 6 月 19 日。
〔註45〕《南京快信》，《申報》1923 年 5 月 27 日。
〔註46〕蔣維喬：《江蘇教育行政概況》，上海商務印書館 1924 年版，25 頁。
〔註47〕《省立中學校長會議記》，《申報》1932 年 8 月 14 日。
〔註48〕《蘇江浦縣兵事後之教育現狀》，《申報》1925 年 12 月 6 日。

三，……總計開校三年以來，臨時預算共有 211520 元，實僅領到 87000 餘元，不過總數十分之四。至未經領足之數，共有 114000 餘元，因是教科上之需設備，校舍上之需建築，歷年進行未能悉照原定計劃。至 7 年度經常費預算，共計師範、中、小學三部 212700 餘元，尚未經財部核准，自本年 7 月起仍據六年度預算，每月核發 12419 元，此於事實上最爲困難者也。」〔註49〕校長郭秉文屢次坦承：「所需經費竭蹶，尤目前朝夕計劃最大一事也。」〔註50〕然呼號無用，如民國 11 年（1922 年），本應該分擔東大經費 1／9 的浙江省，就以「迭遭風水爲災，賦稅收入，驟短數百萬元」爲由，明確聲稱：「所有前項東南大學經費，實難加列預算，分籌撥發。」〔註51〕1925 年 1 月，東南大學已欠發教職員薪水 33218 元。1927 年，該校所欠債務高達 153378 元。以致「工科雖有良好之教授，因公家經濟困難之故，尚未能臻於工科大學應有之標準，欲期完善，自非大加擴充不可，然而公家財力如此難商，斷難辦到」〔註52〕，該校不得不於 1924 年停辦工科，這只是民初南京公立教育的遺憾和損失的縮影之一。

一面呼籲政府足額撥款，另一面，南京各公立校也積極自救。各公立中小學都募有或多或少的社會捐款，以爲經費不足的補充，高等學校對社會資金的依賴性則更強。東大創辦之初，郭秉文借鑒歐美大學常設董事會以爭取社會贊助的經驗，召開全體職員大會推舉並由教育部正式函聘江蘇兩任巡按使齊耀琳、韓國鈞爲名譽校董，張謇、蔡元培、王正廷、袁希濤、聶雲臺、穆湘玥、陳光甫、余日章、榮宗錦、江謙、嚴家熾、錢新之、沈恩孚、黃炎培等爲校董。〔註53〕這些校董或爲政界要員，或爲商界精英，他們的存在爲東大創造了豐富的人脈資源，帶來了可觀的社會資金贊助。該校在爭取國外基金援助方面也成果斐然。如科學館建築與設備費爲 25 萬元，由美國洛氏基金會承擔半數。〔註54〕該校還發動校內外師生群眾捐款助教，如體育館與圖

〔註49〕 南大百年實錄編輯組編：《南大百年實錄（上冊）》，南京大學出版社 2002 年版，59 頁。

〔註50〕 南大百年實錄編輯組編：《南大百年實錄（上冊）》，南京大學出版社 2002 年版，63 頁。

〔註51〕 《東南大學經費之浙訊》，《申報》1932 年 2 月 3 日。

〔註52〕 南大百年實錄編輯組編：《南大百年實錄（上冊）》，南京大學出版社 2002 年版，176 頁。

〔註53〕 國立東南大學編印：《國立東南大學一覽》，國立東南大學 1923 年版，1～2 頁。

〔註54〕 王德滋：《南京大學百年史》，南京大學出版社 2002 年版，73 頁。

書館兩者建築費約 23 萬，大多來自募捐。1923 年 12 月，爲修復被焚毀的口字房，師生捐款達 16 萬元。〔註 55〕

應該承認，社會資金對於民初南京教育的投入是巨大的，但是相對政府職能失位帶來的教費巨額缺口，只是杯水車薪。南京公立各校普遍依靠借貸而生存，因經費引發的索薪事件屢有發生。

1925 年 3 月 9 日，南京城各公立小學教員「爲薪俸積欠生計逼迫」，一致罷課。「齊集全城小學職員一百十餘人，假夫子廟江寧縣教育會開會，」提出「目的在索以前舊欠，及以後經費，須有明確辦法。……又去年八個月加薪，連今年兩個月，合計十個月加薪費，分文無著，均須澈底清理。」集體通過了《江寧公市立各小學校教員宣言書》，闡述「竊惟寒士生涯，苦莫苦於教授，積年汗血，微莫微於薪金」，斥責教育當局「人似麻木，跡近貪婪，遇事則透迤不前，牟利則鑽營恐後。牟髦法令，僅知一己之私，敝屣生徒，不惜全體之破。無復變本加利，放棄職權，於教員薪金於不顧，以致積欠有數月之多」，《宣言》還關注到「查吾寧教育基金，原約五千元，其按月經常薪費，則爲各項雜捐及縣署附稅。第縣署附稅，係有輔助性質，故全體薪金則仍恃各項雜捐。乃自指定，迄今所謂雜捐者，究共幾項，每項月額幾何，由何人經受徵收，而當局諱莫如深，教員等以各有專責，未便過問。詎交十三年度，而每月薪費，已不能如月照發，並五千元基金，亦化爲烏有。……洎客歲江浙軍興，渠何想入非非，竟誣稱受戰事影響，而薪費遂從此莫名一文。」〔註 56〕其實這所謂的「教育基金」，早已被軍政費用所挪用一空。同年 2 月 17 日，各省校校長告見省長，「於各校請求發半個月經費，俾補足十二月分五成。至一月分費。（省長）云有某項公款不久可以收入，一俟款到即發放。校長等以爲省長既有辦法，遂打消辭意。」〔註 57〕次年，各省立校長再次聯合爲經費呼籲：「積欠經費已逾半年，校長等點金乏術，羅口俱窮，早已無力支持，想在洞鑒之中，……職校等債務累累，力竭計窮，無米之炊，巧婦難爲，按之情勢，有萬難開學者，惟念事關國家命脈，不忍蘇省教育一旦破產，開罪地方，躊躇至再，僉以欲期開學，須於二月十五日以前，由省庫先行撥發一月份全數現金，並補足十二月份全費，各校確實領到後，方能從三月一日起陸

〔註 55〕王德滋：《南京大學百年史》，南京大學出版社 2002 年版，73 頁。

〔註 56〕《蘇江寧縣城市小學全體罷課記》，《申報》1925 年 3 月 11 日。

〔註 57〕《要聞》，《申報》1925 年 2 月 21 日。

續開學,此為至少限度」。同時,校長們對政府無視人民教育的極端做法進行鞭笞:「本省兩遭兵災,所糜軍費,何止千萬,竭蘇民之膏血,供軍閥之揮霍。聚斂羅掘,不遺餘力,獨於教育經費,則一籌莫展」〔註58〕。北洋政府於此類訴求,皆敷衍了之。

該時期,南京公立學校經費政府撥款不足有制度與社會生態兩方面的因素。

制度上:北洋政府時期,西方列強控制主要稅收與地方割據的現實,使中央政府未形成統一的財稅體系。1913 年,財政部開始執行中央和地方經費收入劃分各自稅源的草案。由中央負責教育部直轄機關及國立專門以上學校的經費;其餘由省、縣兩級財政負責。袁世凱上臺後,恢復中央統收統支的舊財政體系。1916 年,又恢復國地稅法案,採取「專款制度」:專門教育經費(高等學校、派遣留學、含有專門教育性質的社會教育等)取給國家稅,或以國有財產為基本金;普通教育經費取給地方稅,或以地方公有財產為基本金。這種制度上的規定看似財責分明,但操作中流弊甚多:一是省財政自主權過人,在地方割據的情況下,省統兼國地兩稅的管理及或大或小的國稅使用權,不向中央財政負責,截留國稅成為常例,使中央教費預算無充分保障。二是無權力單位的制約與協調,教費責任成為具文。如河海專門學校、南高師、東大等國立高校,無法對不履行其經費責任的浙江等省施加壓力,郭秉文曾為經費問題致信浙省,對方置若罔聞,中央也無可奈何。縣教育局無法對省級立法機構施加影響,也無法對縣署的挪用進行絲毫反抗。而美好願望下的「教育基金獨立運動」,其客觀效果與希冀相差甚遠。

社會生態上:民初草安,軍政問題是主要矛盾,教育等社會經濟文化事業依舊是從屬地位。從中央到地方,教育都沒被作為戰略問題而加以考慮。從財力上看,關稅受條約所限不能提高,且作為外債抵押不能自由支配,釐金和內地稅便成為中央的重要財源,地方所能支配的稅源則更加緊張,從根本上決定了公立學校教費的缺乏。教費來源緊張與挪用,也存在客觀因素,財政枯竭是主因,官僚瀆職是次因。從民初南京的教育長官素質來看,大部分是具有較高文化素養的中青年人,他們有志於教育事業,主觀上不願意拖欠公立學校的教費,然即使是郭秉文主東大,也苦於無米之炊,呼號無門,我們又豈能過多苛責他們呢?教費有稅難收,不僅是有法難依的問題,更是

〔註58〕 《省校校長呈請校長撥款開學》,《申報》1925 年 2 月 6 日。

經濟凋敝、民窮國弱的社會生態造成的。在總盤子無法滿足需求的情況下，即使是部分中下層官吏尚被拖欠薪金，更何況當時被視為無利可圖的教育事業呢？民初南京公立學校，尤其是公立高校的發展適度超前，於教育本身是可喜的，但也超出了當時財政所能承受的極限。我們在肯定南京公立學校成績的同時，也要看到部分公立學校，尤其是公立高等學校中存在著一定的浪費現象。這些也加劇了南京公立學校經費的緊張狀況。

歷北洋政府時期，南京公立學校經費嚴重短絀，經濟領域的教費問題逐漸演化為一個複雜的政治社會問題，教育界所爭取的國家長久未來保障和執政者急功近利撈取最大利益的行為背道而馳，這不僅是南京公立學校的悲哀，更是那個時代的悲哀。

（該文發表於《南京曉莊學院學報》2009 年第 1 期）

童伯章的教育管理思想與實踐研究

　　童伯章先生，名斐，字伯章。同治四年（1865 年）生於江蘇宜興芳橋鎮，民國 21 年（1932 年）辭世。年少時，家貧，乃奮志向學，曾入江陰南菁書院接受傳統經學教育。光緒二十九年（1903 年），中舉。後爲宜興周鐵橋竺西學堂校長。光緒三十三年（1907 年），常州府學堂籌建，屠元博奉鄉梓所請，任常州府學堂監督（校長），43 歲的童伯章被其聘爲教員，兼學監。辛亥革命期間，童伯章積極參與革命運動，曾任光復後的常州軍政分府秘書長。民國 2 年（1913 年）屠元博北上任職議員，童伯章受江蘇省公署令爲江蘇省立第五中學（原常州府學堂）校長。民國 14 年（1925 年）離職，後被上海光華大學聘爲國史系主任、教授。逝世後，歸葬宜興。從晚清舉人、府學教員，到成爲民國新學堂校長、大學教授，童伯章先生一生躬耕於教育事業，存誠能賤，努力探索與實踐，爲江蘇省立第五中學等學校的發展做出了卓越的貢獻。

　　童伯章先生在長期的教育管理工作中，對教育管理有獨特的思想認知，這些思想認知豐富了其教育實踐，締造了「蘇南五中（今常州中學），蘇北八中（今揚州中學）」的佳話。作爲一名接受傳統教育成長起來並從事近代新式教育事業的教育家，他的這些教育管理思想與成功實踐具體體現在其樹人宗旨、師資培養方式、學生管理、課程設計、教育導向等方面，對於我們研究近代轉型期教育者的思想與活動具有典型的意義。

一、存誠、能賤、淡泊金錢的樹人宗旨

　　童伯章上任省立第五中學校伊始，就確立了「存誠」、「能賤」的校訓，將其製成匾額，懸於學校大禮堂。「存誠」出於《易·乾》：「庸言之信，庸

行之謹，閒邪：存其誠。」本意心懷坦蕩。童伯章解釋爲做任何事情，都應心懷坦蕩。能賤，並非心胸行爲齷齪低下之意，而是心態平和，不高自矜許，能夠做平凡人，做平凡事。將此兩詞作爲校訓，可見童伯章的樹人宗旨。

存誠者不爲外物喜好所惑，堅持內心的根本。童伯章曾談及做人於境遇不同之時的態度。「達而在朝，命也。窮而在躬，亦命也。」〔註1〕在任何時候，只要能做好自己，「於天無怨，於地無尤。」〔註2〕他教誨學生於學習要發自內心，不受外界干擾。「居易以俟命焉耳。其治一藝、攻一學，視爲終身之事，非爲一時標榜之計。雖艱苦卓絕，而偶有所得，則曠然自怡，與窮通得喪，初不相蒙也。」〔註3〕

能賤者才能於平凡之中有不平凡之心胸，有不平凡之志向。童伯章曾記其前任屠元博每日堅持著述《蒙兀兒史》一事，稱爲「然天下之事，皆癡鬼所爲。」〔註4〕認爲正是在這種每日的平凡堅持中，堅持信念，能做出大的成就。童伯章自身也躬行能賤觀。如其晚年生病，休養於滸墅關其四子童致騫家中，命其子將大有蠶種製造廠總部全班練習生的作文拿來批改。「練習生聽到大學教授爲他們批改作文，感激涕零。」〔註5〕以大學教授之貴來批改練習生作業，足稱能賤。

存誠、能賤的校訓感染和影響了省立五中的師生，從呂叔湘、張太雷等畢業生的人生表現來看，童伯章的樹人宗旨對他們成人、成材影響巨大。在童伯章的《車聲》詩中，我們更可以看到其存誠、能賤的心胸：「利藪紛紛逐鹿來，多應捷足見高才。空山何處輕名士，安步康莊自往回。」〔註6〕

於存誠、能賤外，童伯章還強調淡泊金錢的人生觀，他出身貧賤，但卻不爲金錢所蒙蔽，一生堅持教育之上，不以財利爲人生奮鬥目標。曾以《金錢無裨於生命》爲題，講述了太平軍攻陷宜興期間，有一富豪某甲及一赤貧者某乙皆出城逃難的故事。富豪攜帶兩個銀寶，而赤貧者攜帶兩個西瓜。「中途，某甲汗如雨注，口渴異常，苦不得水。某乙則剖瓜而食之。某甲垂涎甚，

〔註1〕 童伯章：《四十年前之社會情狀》，《光華季刊》，1927年第2期，70頁。
〔註2〕 童伯章：《四十年前之社會情狀》，《光華季刊》，1927年第2期，70頁。
〔註3〕 童伯章：《四十年前之社會情狀》，《光華季刊》，1927年第2期，70頁。
〔註4〕 童伯章：《四十年前之社會情狀》，《光華季刊》，1927年第2期，71頁。
〔註5〕 黃兆裳：《童伯章先生生平概述》，《宜興文史資料》（第8輯），1985年版，89頁。
〔註6〕 童伯章：《車聲》，《光華季刊》，1926年第1期，40頁。

欲以一寶易之，不許。二寶皆易予之，亦不許。待乙盡其肉而餘其皮，始許以二寶易之。某家欣然食其皮而予以二寶，遂免於死。」告誡學生「世之貪夫財奴，聞此當亦悚然而懼矣。」〔註7〕

二、教學與專業並進的師資培養

在童伯章擔任校長期間，省立第五中學校名師輩出。他聘任了陸殿揚、呂思勉、史國幹、吳山秀、楊孟懽等一大批優秀的學者型教師。其中陸殿揚後任南京第一中學校長，也是一名傑出的教育家。呂思勉為我國近現代著名歷史學家。史國幹善詩文、書法、篆刻，尤精文字學。吳山秀古文功底深厚，楊孟懽英文水平極高。民國 37 年（1948 年），省立常州中學為紀念吳、楊兩人 69、59 歲壽誕，籌建「長懽堂」，為其祝壽，並得到海內外常中學子熱烈響應。由此盛況可見童伯章選拔與培養教師之慧眼。這些教師中有的在任職前就學有所成、享有名聲，但大部分是在省立第五中學教師這個崗位上得到提高，術業精進的。

童伯章本身為優秀的學者型教師，他兼任國文教師，於訓詁、古文、音律等學造詣突出。他在教授古文時，不但「因材施教」，而且「親自下水作文」。〔註8〕他在教學與專業水平方面的鑽研在學校起到了示範、引領的作用。在他的帶動下，很多教師在各自的專業領域孜孜精進，而專業水平的提高又直接帶動了他們教學水平的提升。除了引領示範外，童伯章還積極創造條件，為青年教師的業務水平的提高創造可能，劉天華就是一個典型的例子。

劉天華是我國近代著名的作曲家、演奏家、音樂教育家。正是在童伯章主持省立第五中學期間實現了其從一個普通的音樂教師成長為全國聞名音樂家的涅槃過程。童伯章曾說：「吾校軍樂指導員劉生天華，究心西洋音樂者有年矣。暇日輒共談中西樂之長短。……吾國學校，亦宜傚之。取先聖經訓名言，譜為詩歌。令學生日常歌詠。於心性當有裨益也。予深然其言，謂有當於古代教育之原理。」〔註9〕童伯章不但贊同這位年僅 20 歲的青年才俊的理論，而且盡其所能，為劉天華的音樂素養的提升與教學發展提供可能。在他

〔註 7〕 童伯章（口述），張廣曜（譯）：《金錢無裨於生命》，《江蘇省立第五中學校雜誌》，1918 年第 7 期，46 頁。
〔註 8〕 瞿秋白紀念館編：《瞿秋白研究（9）》，1998 年版，378 頁。
〔註 9〕 童斐：《音樂教材之商榷》，《東方雜誌》，1917 年第 8 期，80 頁。

的支持下，劉天華恢復了學校的軍樂隊與絲竹合樂團，並使軍樂團全省聞名。不但使本校音樂教育提升到一個新的層次，而且隨著自身業務水平的提升而受到其他學校的青睞，如揚州省立第八中學、武進師範學校、無錫蕩口工商中學、河南師範學校等校都聘其爲兼職教師。他還培養出了吳幹斌、儲師竹、劉北茂、吳伯超等近現代音樂家。

讓教師在教學的同時得到自身業務水平的提高，從而帶動教學水平的進步，這是童伯章培養師資的一大特色。

三、嚴格與開明並存的學生管理

從光緒三十三年（1907 年）任常州府學堂學監、省立第五中學校校長至上海光華大學國文系主任，童伯章執教生涯中一直承擔著學生管理任務。他堅持嚴格與開明的學生管理理念與實踐，培養出具有自律與開創能力的人才。

童伯章在談及學生對文言文、白話文教育的難易比較時，曾形容道：「學者研求之道，以不脫功爲要訣。」〔註 10〕這爲其一方面嚴格管理，另一個方面不失開明的學生管理方式作了注腳。嚴格管理是爲了學生更好的接受教育，但嚴格管理並不是以束縛、限制學生的自我發展爲目的。尊重學生自治權利，引導學生處理好學習與社會生活的關係，是童伯章嚴格與開明並存的學生管理方式的目標。也因此，當制定學生管理制度時，他「每變一法，事前必審度再三，以爲盡善盡美。」〔註 11〕當有人提出「中學校似不宜有雜誌」〔註 12〕時，他能夠以社會需要而予以辯駁：「中學校受社會青年，而爲之教育。社會之期望學生。」〔註 13〕從這個出發點出發，我們就能更好的理解童伯章的學生管理理念與實踐。

在常州府學堂、省立第五中學任職期間，童伯章制定了嚴格的學生管理規範，其主導思想爲「校章定制從嚴。」〔註 14〕如「凡學生一律寄宿校中，

〔註10〕 童伯章：《弗脫功》，《光華期刊》，1929 年第 4 期，3 頁。
〔註11〕 童斐：《增刊：本校十年中之大事述略》，《江蘇省立第五中學校雜誌》，1917 年第 6 期，1 頁。
〔註12〕 童斐：《發刊詞》，《江蘇省立第五中學校雜誌》，1915 年第 1 期，1 頁。
〔註13〕 童斐：《發刊詞》，《江蘇省立第五中學校雜誌》，1915 年第 1 期，2 頁。
〔註14〕 童斐：《增刊：本校十年中之大事述略》，《江蘇省立第五中學校雜誌》，1917 年第 6 期，2 頁。

雖家鄰於校，非星期不得歸。」〔註15〕光緒三十四年（1908年），又「定星期例假爲半日」，「至星期日早膳後，監學坐守校門之總道。學生出校者，摘其名牌，至監學前記名於冊，乃可出校。限至正午一律歸校。」〔註16〕違反者將受到禁足的懲罰。這樣嚴格的學規，得到了學生家長的贊同。「本校素尙嚴格之管理，學生家屬頗以爲然。」〔註17〕

於開明方面，童伯章一是鼓勵學生自治。學校組織學生自治會，由各級學生選代表參與訂立規約，選舉理事員及議事員，「每月開理事會一次，議決事，交理事員執行。」〔註18〕雖然學生自治會存在時間不長，但可見童伯章於此的努力。二是創辦學校刊物，民國4年（1915年），省立第五中學校創辦《江蘇省立第五中學校雜誌》，「雜誌登載學生教員平日撰述，定期每半年出一冊。」〔註19〕一個中學出版雜誌，發表學生教師文章，雖然並非當時特例，但也足見童伯章的氣度。三是童伯章積極擁護並投身革命事業，發動學生參與各類愛國活動。常州光復後，童伯章一度擔任常州軍政分府秘書長。民國4年（1915年），爲抗議日本的「二十一條」，支持師生捐款，建築「對日亭」。「落成之日，童伯章報告建亭宗旨。」〔註20〕「五四」運動期間，在童伯章的支持下，省立第五中學校與武進師範學校、武進女子師範學校聯合成立學生聯合會，由省立第五中學校學生會主席蔣瑞霖任聯合會主席，開展活動。而張太雷、瞿秋白等人正是在童伯章任校長的省立第五中學校成長起來，走上革命道路的。

嚴格而開明並存的學生管理，不但爲學校培養了很多優秀的專業人才，更培養出推動中國社會進步前進的傑出人士。「功成名遂，方知學校養人才。」〔註21〕這是童伯章學生管理工作的成功實踐。

〔註15〕 童斐：《增刊：本校十年中之大事述略》，《江蘇省立第五中學校雜誌》，1917年第6期，2頁。

〔註16〕 童斐：《增刊：本校十年中之大事述略》，《江蘇省立第五中學校雜誌》，1917年第6期，3頁。

〔註17〕 童斐：《增刊：本校十年中之大事述略》，《江蘇省立第五中學校雜誌》，1917年第6期，24頁。

〔註18〕 童斐：《增刊：本校十年中之大事述略》，《江蘇省立第五中學校雜誌》，1917年第6期，24頁。

〔註19〕 童斐：《增刊：本校十年中之大事述略》，《江蘇省立第五中學校雜誌》，1917年第6期，24頁。

〔註20〕 張浩典：《銅峰笠澤導源流毋貽祖國羞——述瞿秋白中學時代第二位校長童伯章》，《瞿秋白研究（9）》，瞿秋白紀念館1998年版，381頁。

〔註21〕 童伯章作詞：《一九三〇級級歌》，《光華季刊》，1930年第5期，1頁。

四、文實藝並立的課程設計理念

民國時期，受社會環境、就業等背景條件的影響，文實兩科是否應該並立或進行分科教育的爭論一直存在著。高等教育中的文實分科刺激著中學教學模式，對於當時的中學校校長們而言，這是一個現實而敏感的議題。童伯章對此立場鮮明，在文實藝三者並立理念的原則下，堅持中學階段文實不可分科教學。

民國 7 年（1918 年）12 月 18 日，《時事新報》發表童伯章的文章《因論中學文實分科制與陸君書》，文中強調中學階段教育中文實是並立的，不可偏廢。童伯章任教光華大學後，在其所譜詞的《光華校歌》中，這樣看待各個學科的關係：「科分教育冀薪傳，更參文理究人天。復以商業擴其用，眾才分道揚先鞭。」〔註 22〕認為各個學科都有其用，主導教育者不能簡單的因為專業前景的不同而有所厚薄。

從童伯章自身具備多重專業修養來看，不難理解他對於文實藝三者並立的堅持。他對於音樂有相當造詣。「童伯章教授崑曲，笛、笙、簫、嗩吶、三弦、二胡、鼓、板諸樂器，生、旦、淨、末、丑諸角色，皆能一一分授。」〔註 23〕其文《音樂教材之商榷》頗有見地。所著《中樂尋源》由上海商務印書館出版。吳梅為之作序曰：「君書出而海內承學之士，知華夏自有正聲。」〔註 24〕古文及訓詁方面也有自我見解，著《學文三要》、《虛字集釋》等書。「先生精通訓詁之學，著《虛字集釋》一書，多所創見。」〔註 25〕

主持省立第五中學校期間，童伯章將其文實藝並立的課程理念付諸實踐，科學的對學校的課內外課程進行了設計。曾結合社會實際，創辦師範班、高等實業、簡易師範班、高等預科等班。而普通科課程，也包含國文、歷史、英語、物理、化學、音樂、體育等各類學科。為強化英語學習，凡是外來課程，如《世界歷史》、《世界地理》、《物理》、《化學》等全部使用英文課本。童伯章認為「學生在校每日六小時，自修兩小時，尚有餘間，若任自由之嬉

〔註22〕童斐（歌詞）：《光華校歌》，《光華年刊》，1936 年第 11 期，1 頁。

〔註23〕張浩典：《銅峰笠澤導源流毋貽祖國羞——述瞿秋白中學時代第二位校長童伯章》，《瞿秋白研究（9）》，瞿秋白紀念館 1998 年版，380 頁。

〔註24〕吳梅：《童伯章〈中樂尋源〉敘》，王衛民編：《吳梅戲曲論文集》，中國戲劇出版社 1983 年版，477 頁。

〔註25〕黃兆裳：《童伯章先生生平概述》，《宜興文史資料》（第 8 輯），1985 年版，88頁。

戲，恐無益而有損。不若以教員率之為有益之娛樂。」〔註26〕「學生不興於實業，詎惟教育不良之咎。」〔註27〕故於課外，他還設計了若干課外興趣活動課程，「由學生自由選擇分組練習」〔註28〕。如民國三年（1914年）三月，「議增園藝部，在招學生之願營園藝者經營指標。」〔註29〕學生李子寬回憶道：「省立五中制度，上午上課四小時，下午上課兩小時；下午三時後……上游藝課一小時，遊藝內容有書法、篆刻、軍樂、雅歌等。」〔註30〕學校舉辦過若干次遊藝展覽會，師生所作的作品曾送美國賽會參展，獲得優等獎。

童伯章先生是一個愛鄉愛國的教育家，他的遺稿《我的故鄉——宜興》中說道：「將來開民智，闢利源，非教育不為功矣。」〔註31〕他對於中國教育的責任有清醒的認識，「觀國之光遠有耀，重任在吾躬。」〔註32〕對國家的未來有極大的期望。「光我中華億萬年，毋讓他人前。」〔註33〕正是這種對家鄉、對國家的熱愛，激勵著他對教育事業的忠誠與熱情。

（該文發表於《江蘇教育研究》2014年第22期）

〔註26〕 童斐：《增刊：本校十年中之大事述略》，《江蘇省立第五中學校雜誌》，1917年第6期，4頁。

〔註27〕 童斐：《增刊：本校十年中之大事述略》，《江蘇省立第五中學校雜誌》，1917年第6期，22頁。

〔註28〕 張浩典：《銅峰笠澤導源流毋貽祖國羞——述瞿秋白中學時代第二位校長童伯章》，《瞿秋白研究（9）》，瞿秋白紀念館1998年版，379頁。

〔註29〕 童斐：《增刊：本校十年中之大事述略》，《江蘇省立第五中學校雜誌》，1917年第6期，22頁。

〔註30〕 張浩典：《銅峰笠澤導源流毋貽祖國羞——述瞿秋白中學時代第二位校長童伯章》，《瞿秋白研究（9）》，瞿秋白紀念館1998年版，379頁。

〔註31〕 童斐：《我的故鄉——宜興》，《宜興市文史資料》（第23輯），1996年版，157頁。

〔註32〕 童斐（歌詞）：《光華校歌》，《光華年刊》，1936年第11期，1頁。

〔註33〕 童斐（歌詞）：《光華校歌》，《光華年刊》，1936年第11期，1頁。

區域經濟史論

經濟危機下再論張謇成功的原因：
近代企業家的精神與視野

　　20 世紀初的南通模式，說它是神話也好，奇蹟也罷，誰也不能否認南通在近代化的道路中走出了一條獨特而新穎，適應當地實際的發展道路。其領路人張謇則爲百年來所評說不斷，他通過大生集團的實力從物質層面構建了南通近代化發展的基礎，而觀察這種近代化發展的精神層面，才能眞正的窺探南通模式的精華。本文認爲：張謇堅韌傑出與浪漫理想的品質是南通模式出現的前提，也是張謇堅持奮鬥並達到事業輝煌頂峰的關鍵因素，而這種修爲最明顯的體現在張謇具備的近代企業家精神與超前的規劃視野兩者上。

一

　　張謇所具備的近代優秀企業家精神是南通模式的最大精神財富。

　　企業家精神，作爲一個人或一個機構的一種顯著的特性，它是一種個性品格，對企業的發展具有最直接的影響。近代中國民族企業家階層主要是由新式商人和買辦投資興辦現代企業者轉化而成，具有狀元身份的張謇則是傳統與近代結合的典型。

　　張謇是儒，狀元之身的張謇比同時期其他商人更多一層儒家的修養，他善於從儒家思想中開發行動衝動與總結經驗。近代中國國窮民弱，百弊滋生，目睹時艱，張謇以一介文人之身不能不有所感觸，儒家的憂患意識迫使他去思考，「年三四十以後，即憤中國之不振。」〔註1〕「策中國者，首曰救

〔註1〕《張季子九錄　實業卷》，卷 8，見虞曉波：《比較與審視——「南通模式」與「無錫模式」研究》，安徽教育出版社 2001 年版，144 頁。

貧，」〔註2〕其子張孝若也稱其父「而且希望國強，一定要著實做到普及教育和地方自治的二件事；然而沒有錢是辦不成功的，於是就決定先辦實業，有了錢以後，再辦教育和地方自治。」〔註3〕張謇具有儒家傳統的出世為民思想，並且受到早期改良啟蒙思想家的影響，認識到只有首先辦好實業，才有可能實現其教育與地方自治的目的，這是他創辦實業的最初衝動。他明確提出「通州之設紗廠，為通州民生計，亦即為中國利源計。」「利之不保，我民日貧，國於何賴？下走寸心不死，稍有知覺，不忍並蹈於淪胥。」〔註4〕張謇還提出並在實踐中絕對地貫徹了「父教育而母實業」及「以實業和教育迭相為用」的思想。其思維出發點首先是中國傳統文化儉、忠、誠、信、和、禮、義等倫理思想。在他身上，「仁愛」、「中庸」、「重視名節」、「勤儉廉潔」等儒家品質時刻閃現。張謇是一個充滿浪漫理想氣質的人，他的抱負不僅是實業的成功，「一切政治及學問最低期望是要使得大多數老百姓都能得到最低水平線生活」，這是「我們儒生最大的責任。」〔註5〕在當時的歷史情況下，這是一個崇高的目標，更難得可貴的是，張謇無論遇到多麼大的困難，對於南通近代化的推行都沒有過絲毫的動搖。日本有人評價「惟公（張謇——作者按）獨居南通，擁江北之區域，……所懷之理想，數十年始終一貫，」〔註6〕張孝若的評價也較實在，「我父在南通完全以人民的地位，用私人的財力，創辦各種事業，政府是不希望他資助。」〔註7〕

　　張謇遵循儒家「君子喻於義，小人喻於利」的教化，在處理義利關係時，重義輕利。其事業出發點就是為了民族的復興、國家的富強，為了人民的生計而著想。他在南通城市建設、教育、慈善等事業上的投入是無償的，很大一部分是用的自己的財產為整個南通謀福利。「南通的一草一木，一路一

〔註2〕《大生紗廠章程書後》，《張季子九錄 實業卷》，卷1，中華書局1931年版，18頁。
〔註3〕張孝若：《南通張季直先生傳》，中華書局民國19年9月版，69頁。
〔註4〕《廠約》，張季直先生事業史編纂處編：《大生紡織公司年鑒（1895～1947）》，江蘇人民出版社1998年版，33頁。
〔註5〕劉厚生：《張謇傳記》，轉引自伍貽業：《張謇與南通「近代化」模式》，見嚴學熙主編：《論張謇——張謇國際學術研討會論文集》，江蘇人民出版社1993年版，39頁。
〔註6〕伍貽業：《張謇與南通「近代化」模式》，嚴學熙編：《論張謇——張謇國際學術研討會論文集》，江蘇人民出版社1993年版，38頁。
〔註7〕張孝若：《南通張季直先生傳》，中華書局民國19年9月版，375頁。

屋，……都是他（張謇——編者）財產消耗的代價」〔註8〕。但是作為一個近代企業家，他又不能不追求利潤，「君子好財，取之有道」，他運用自己的企業家頭腦去為企業謀取利潤，再用這些利潤發展地方事業，這就是他的功利觀。

張謇是商，他有商人特有的敏銳與獨特的觀察力，尋找到了創辦實業的突破口。他以傳統經濟思想和其他國家的事例為借鑒，「實業者，西人眩農工商之名，義兼本末，較中國漢以後儒者重農抑商之說為完善，無工商則農困塞」〔註9〕，「史記貨殖傳，中國人待農而食，虞而出，工而成，商而通，工固農商之樞紐矣」〔註10〕，「歐美各國，工列專科，日本崛興，先圖工業。」〔註11〕張謇緊緊抓住工業這個第一方略作文章，以「棉鐵主義」為發展方向，具體來說就是以棉紡織業和鋼鐵工業為中心，帶動其他工業部門發展，形成較為完備的工業體系，對外抵禦帝國主義經濟侵略，對內富國強民，其中「而棉尤宜先」〔註12〕。以棉鐵為主，是因為他認為棉花與鋼鐵一為人民生活必需品，一為機器製造業所必需的，而且也是當時有較大利潤空間的產業。張謇在實業上的巨大成功證明其可算是個合格的商人。

兩種氣質的結合下，張謇是大儒，張謇也是大商，張謇是大儒商。

張謇不僅是傳統儒商，還是近代化儒商。他具備近代優秀企業家精神。在張謇的身上，我們已經能夠發現許多近代企業家優秀的品質，如積極用事、開放合作、強烈的競爭嘗新意識等。

開拓進取、永不放棄的意念是張謇事業起步的保障。

開拓進取是近代企業發展的原動力，企業家不斷創造新價值、追求新目標的根本動力源於開拓進取精神。張謇是一位創業型的企業家，創辦大生之初，手中沒有實權，再逢棉紡織業蕭條之際，屢受刁難。先是由於資金籌措困難，上海股董「潘、郭屢言股不易集，而江寧商務局總辦桂嵩慶方以張香

〔註8〕 張孝若：《南通張季直先生傳》，中華書局民國19年9月版，375頁。
〔註9〕 《記論舜為實業政治家》，見《張季子九錄 文卷》，卷2，中華書局1931年版，4頁。
〔註10〕《通州資生鐵冶公司集股啟》，《張季子九錄 實業卷》，卷3，中華書局1931年版，5頁。
〔註11〕《請設工科大學公呈》，《張季子九錄 教育錄》，卷2，中華書局1931年版，14頁。
〔註12〕《對於救國儲金之感言》，《張季子九錄 政聞錄》，卷3，中華書局1931年，32頁。

濤任兩湖總督時所購紗機四萬錠，庋滬將廢，招商承領。啬公遂議用官機，即增官股以束之。」〔註13〕此後，「不出一文，且安坐上海，並無奔走之勞」的滬股董事潘華茂、郭勳既不願意交出 16 萬股款，也不願即行定廠，「閃爍情形，殊難窺測。」〔註14〕通股董事也呈請商務局要求退股。商務局總辦桂嵩慶解釋「通滬地勢相殊，孰優孰劣，不待智者而後灼見。」〔註15〕張謇本人在企業已動工的情況下，為籌股金奔走於上海、南通、南京、漢口、北京之間，「中夜旁皇，憂心如搗。」慨歎「氣王〔通「旺」〕則附之者必多，勢弱則去之者益遠，認清向背，今古相同。謇今者譬之蹟危涉險之人，攀虎豹而踞虯龍，稍一錯趾眩睛，皆有齏粉之勢。」〔註16〕張謇有大名，但是名不能當錢用，「這邊籌到款用，那邊又不夠了；今天籌到款用，明天又不夠了；天天過年三十夜，弄到無法想的時候，常常跑到黃浦灘對天長歎，看江也是長歎，眼睛裏的淚同潮水一樣湧出來。有時候旅費不夠，也賣過好幾回的字，廠款分文不去動用。」〔註17〕焚心之情，非常人所能受。張謇在這樣的情況下可以堅持下來，靠的就是開拓進取的企業家精神。

張謇曾言：「我之故，以人之新政通之，而故有用；中之事，以外之法干之，而中有師。」〔註18〕話中之意，即開放合作。

張謇的開放首先體現在對公司制的運用上。近代中國公司的管理機制很不規範，尤其是各個官督商辦公司採用總辦（督辦）負責制，由督辦（總辦）負責整個企業的人事、財務、生產等大權，完全是一種封建衙門的辦事機制。民營企業興起後，公司制度依然含混不清，各種編制五花八門。直到 1914 年北洋政府頒佈了《公司條例》，對於企業的法律地位和民事責任才有了明確的規定。張謇創辦大生紗廠時，就有意識的引進西方先進的公司形式。大生創

〔註13〕張季直先生事業史編纂處編：《大生紡織公司年鑒（1895～1947）》，江蘇人民出版社 1998 年版，8～9 頁。

〔註14〕《沈敬夫、蔣箴、高立卿呈商務局請退稟云》，張季直先生事業史編纂處編：《大生紡織公司年鑒（1895～1947）》，江蘇人民出版社 1998 年版，17 頁。

〔註15〕《商務局道桂批云》，張季直先生事業史編纂處編：《大生紡織公司年鑒（1895～1947）》，江蘇人民出版社 1998 年版，17 頁。

〔註16〕張季直先生事業史編纂處編：《大生紡織公司年鑒（1895～1947）》，江蘇人民出版社 1998 年版，21 頁。

〔註17〕張孝若：《南通張季直先生傳》，中華書局民國 19 年 9 月版，72 頁。

〔註18〕張謇研究中心、南通市圖書館、江蘇古籍出版社合編：《張謇全集》（第二卷），江蘇古籍出版社 1994 年版，454 頁。

辦之初，採用董事會管理機制，董事長張謇，《廠約》規定董事長下設「進出貨」、「廠工」、「雜物」、「銀錢帳目」4 董事，各董事下設執事，執事對董事負責，董事對董事長負責。每個人都有明確的職責，「無溢於權限之外，無欠於權限之內。」〔註 19〕各董事每天碰頭，商議廠內事情，各董事還須每 4 禮拜由總帳房將所辦之事進行匯總，編為廠要日記，「年終由總帳房核明結總，開具清摺。另刊帳略，分別資商務局寄各股東。」〔註 20〕這種職能管理制在企業組織生產方面，便於管理，但是不利於公司經營權與所有權的分離，也不利於公司的發展。而採用落後的工頭包工制則成為資生紗廠垮臺的重要原因之一。痛定思痛，張謇先後在大生集團其他企業開始「董事經理制」、「總管理處制」、「總經理制」等企業管理經營方式的試驗，最後確定「總經理制」為各廠的管理制度。大生紗廠設總經理 1 名，下設「考工、營業、會計、庶務」4 個所長。「總經理制」是一種現代企業管理制度，它的實施使得大生集團的企業管理制度一躍為全國當時最先進者之一。

張謇的開放還體現在新技術、新設備與人才、資金的引進上。企業要有生命力就離不開科技的隨時進步。限於當時中國科技研發水平的實際，張謇把目光瞄向國外，尋求國際一流的技術裝備。大生紗廠起步之初的設備並不理想，利用率僅有 65.6%〔註 21〕。張謇：「凡可以將就暫用者，仍搜求擦洗而用之。」〔註 22〕自企業開工後即「向地亞士、怡和及日本洋行分別定購（飛錠、筒管及各零件）」〔註 23〕，1914 年起又開始對大生紗廠設備進行更新改造，「配換出紗緊要部分之機件，變更棉條經過次數，改良人工，並促進其作業力」。〔註 24〕1919 年又添置美國最新式紡錠 2.5 萬枚及附件。對於國外人才的引進，張謇「向來用人，只有人才主義，沒有什麼界限。」〔註 25〕他大膽使

〔註 19〕《張季子九錄 實業錄》，卷 1，中華書局 1932 年鉛印本，7 頁。

〔註 20〕《張季子九錄 實業錄》，卷 1，中華書局 1932 年鉛印本，8 頁。

〔註 21〕南通市檔案館等編：《大生企業系統檔案選編》（紡織編），南京大學出版社 1987 年版，46 頁。

〔註 22〕《大生系統企業史》編寫組：《大生系統企業史》，江蘇古籍出版社 1990 年版，25 頁。

〔註 23〕張季直先生事業史編纂處編：《大生紡織公司年鑒（1895～1947）》，江蘇人民出版社 1998 年版，33 頁。

〔註 24〕《張季子九錄 實業卷》，卷六，見虞曉波：《比較與審視——「南通模式」與「無錫模式」比較研究》，安徽教育出版社 2001 年版，172 頁。

〔註 25〕張孝若：《南通張季直先生傳》，中華書局民國 19 年 9 月版，374 頁。

用外國技術人員，如大生紗廠的英國工程師湯姆斯、忒特、瑪特；同仁泰鹽業公司的日本工程師；南通保坍會的荷蘭水利工程師特萊克等。一戰期間，張謇還留用德國專家對南通城市近代化改造進行指導。在國內人才的培養上，張謇積極創辦各類專門技術學校，1912 年他創辦南通紡織專門學校，1916 年增加絲織、電工、機械三班。該校先後完成了上海厚生紗廠與大生三廠紡織新機的排車設計和安裝工程，其畢業生主要進入大生及其他紡織企業，南通紡織專門學校也成為中國最初系統化培養紡織專業人才的基地。張謇還陸續創辦了通海五屬中學附設初等商業學校和銀行專修科、鍍鎳專修所、女紅傳習所、蠶桑講習所和髮網傳習班等學習機構，培養各類專業職業人才，並選派學校中的優秀生赴英、美等國留學深造。引進外資問題上，張謇在實際實業實踐中較其政治主張更為謹慎，他多次強調原則問題，也勇敢的進行著嘗試。他曾向美商借款籌建衡器製造所及籌劃借日款發展鹽墾。儘管張謇的引進外資思想還存在著種種歷史局限，但是其利用外資發展本國實業的主導方向則是值得肯定的。

有人把張謇追求專利權，排斥朱氏在南通辦廠的行為當作張謇沒有合作精神的罪狀，實不知，張謇所為更大程度上是出於防止惡性競爭的結果在南通一隅的出現，有其當時歷史客觀條件制約的合理因素。張謇實質不但不排斥合作，相反且多有合作妙筆。張謇的實業除了在通海地區外，還涉及上海、江蘇、江西等省，這些企業基本都是與其他商人合辦的。尤其值得一提的張謇與江蘇另一大型企業集團無錫榮氏之間的幫助與合作。1917 年榮家開辦申新第三廠的時候，受到了同族振新廠資本家榮瑞馨的阻撓，他勾結惡訟師蔣哲卿與榮氏兄弟作對。「榮德生曉得苗頭不對，就走了張謇的門路，」〔註26〕張謇利用其與江蘇督軍馮國璋的關係，使一場糾紛得以解決。張謇還打算於1920 年榮氏兄弟合資創辦「左海公司」，儘管由於資金問題而沒有成功，但是這種作為江蘇兩個巨頭企業集團的強強聯手策略在全國同期還很罕見。1921 年，張謇與聶雲臺、榮宗敬、穆藕初、徐仁靜等人組建中國鐵工廠，專門從事與製造與紡織業有關的機器與配件。張謇的合作精神不僅使其實業發展壯大，也幫助其擁有許多朋友，在實業道路上風雨來臨時，也大多能得到有力的支持。

〔註26〕上海社會科學院經濟研究所經濟史組編：《榮家企業史料》（上冊），上海人民出版社 1962 年版，85 頁。

　　競爭與創新意識是張謇作爲近代企業家的另一優秀品質。

　　在洋務派所辦的早期「官督商辦」、「官商合辦」企業中，不計算成本，不考慮市場，一切以官方計劃指令來調度，競爭是不存在或微弱的。大批近代中國民營企業興起後，競爭開始激烈起來。張謇在創業過程中體現出了較強的市場競爭意識。張謇十分重視市場行情，以大生紗廠經營爲例，每年白露前後，張謇總是趕在外地商人之前派人去棉花產區預測當年的棉花產量，爲收花作準備。1905 年，張謇瞭解到「通州地方銷紗之總數，本廠所出裁當十分之五六，崇明之需不在此數」〔註27〕的情況後，爲了拓展本地市場，與外地企業競爭，張謇通過與布莊主合作、開盤、讓利及研製適合本地市場的新產品等策略，一舉佔據了本地市場的大部分份額。張謇在開拓全國乃至世界市場上的努力也很可觀，建立了聯繫華東、華中、華北、華南的全國銷售網絡，1918 年與意大利簽訂了購銷合同，將產品銷往歐洲。〔註28〕張謇並十分重視企業的成本核算及預決算制度。認爲「預算與決算能合十分之六七者，實業家之上上乘也，得半者上乘也。」〔註29〕這也是當時中國企業家中較少見的認識。

　　企業家是革新者，革新是企業家精神呈現出的特殊手段。中國近代化學工業家范旭東坦言：「創業難，帶有革命性的創業更難。」〔註30〕張謇在實業過程中，學別人之所長，尋求本國工業發展，鼓勵技工發明創造，替代外國產品，以塞利源流失。如資生鐵廠仿照英國、日本等國的織布機、開棉機、經紗機、絡紗機、漿缸錫林等設備，1908 年並仿製成日本軋花機 1000 多部，銷售於通海地區。著名的「資生織機」則是仿製於英國的亨利夫布機。大儲棧採用美、英、德、日等國技術建造了 2 艘 500 噸的機動駁船以及內河小輪、機動渡船 10 餘艘。產品必須根據市場需求不斷更新，否則必將被市場淘汰。在主營業務產品棉紗的創新上，張謇用功頗深。由於通海織戶主要以 12 支、

〔註27〕張謇研究中心、南通市圖書館、江蘇古籍出版社編：《張謇全集》，第三卷，江蘇古籍出版社 1994 年版，67 頁。

〔註28〕詳見單強：《近代企業家張謇的市場經營戰略》，《上海經濟研究》，1988 年第 2 期。

〔註29〕張謇研究中心、南通市圖書館、江蘇古籍出版社編：《張謇全集》，第三卷，江蘇古籍出版社 1994 年版，386 頁。

〔註30〕李祉川、陳歆文：《祖國事業科學人才——紀念實業家范旭東誕生一百年》，政協文資料研究會編：《工商經濟史料叢刊》，第 2 輯，文史資料出版社 1983 年版，第 1 期。

10 支紗爲原料，所以大生也主要生產 12 支棉紗，但同時也生產 7 支、8 支、10 支、14 支、16 支、20 支等品種以滿足不同用戶需要。大生二廠投產後，其產品也與大生一廠不同，「通（一廠——作者按）用之花，上沙爲多，性較剛；崇（二廠——作者按）用之花，下沙爲多，性較柔。」〔註 31〕大生擁有以「魁星」、「紅魁」、「藍魁」、「綠魁」、「金魁」、「壽星」等諸多品牌商標的各類紗產品。大生各廠生產的棉布也多達十七八種之多。〔註 32〕嚴學熙還評價大生紗廠還是近代中國第一個發行股票的股份制企業。

走集團化規模經濟之路，多方位系統化的發展壯大集團經濟是張謇的成功之處。在大生紗廠開工後，他開始興建通海墾牧公司，「廣植棉產，以厚紗廠自助之力」〔註 33〕，儘管當地棉產已足夠紗廠所需，但張謇開闢的新原棉基地爲大生企業創造了一個穩定的原料來源基地。在大生紗廠、同仁泰鹽業公司等企業建成後，爲了保證物流的暢通和降低成本，張謇先後開辦了一系列交通運輸企業。這些物流企業的建立，直接溝通了南通與上海及江蘇其他城市之間的水陸聯繫，南通不再難通，大生集團也處於一個較有利的競爭地位。同時，張謇將金融業也作爲集團企業的發展重點之一，他曾深感企業融資不便，在上海金融界打算在南通設立金融機構時，感歎：「二十年中，吾花紗布同業所感受之痛苦，之艱難，而徒喚奈何者，一言以蔽之，金融關係而已。以通海一年中 5,000 餘萬之貿易額，而金融牛耳執之他人之手，欲求操縱自如，確立於鞏固地位，其可得乎？」〔註 34〕決然於 1920 年創建淮海實業銀行，次年「設立分行於海門、揚州、南京、漢口、上海、鎮江、蘇州，又在鹽城、阜寧、東臺各墾區設立分理處。」〔註 35〕爲大生企業集團提供了資金保障，特別是在 1918 年至 1922 年間，大生集團各企業日耗調款利息很大，淮海銀行的設立，適應了各企業融通資金的需要，對大生集團的全面擴展十

〔註31〕南通市檔案館等編：《大生企業系統檔案選編》（紡織編），南京大學出版社 1987 年版，341 頁。

〔註32〕《大生系統企業史》編寫組：《大生系統企業史》，江蘇古籍出版社 1990 年版，111 頁。

〔註33〕《張季子九錄 實業錄》，卷四。見虞曉波：《比較與審視——「南通模式」與「無錫模式」比較研究》，安徽教育出版社 2001 年版，182 頁。

〔註34〕《大生系統企業史》編寫組：《大生系統企業史》，江蘇古籍出版社 1990 年版，185 頁。

〔註35〕《大生系統企業史》編寫組：《大生系統企業史》，江蘇古籍出版社 1990 年版，186 頁。

分有利。1915、1921 年先後成立的大生公司和新通貿易公司主要進行進出口貿易，其中大生公司初期主要是爲大生集團購買各類機器設備。1915 年，海門大生三廠的設備及此後大生一、二廠添置設備全部由該公司承辦，節省了大量費用。據 1923 年統計，大生集團主營業棉紡織業資本爲 708.4 萬兩，占整個集團除去鹽墾資本外總資本的 54.5%。張謇的大生紗廠走的資本積累型道路，通過自身積累不斷擴展企業規模，同時繼續向社會招集資本，通過上下游產業鏈的聯繫，由單項產品生產的小型企業發展成爲多元產品生產的大型集團企業。大生集團還通過跨地區設立採購與銷售機構、相關產業的緊密聯繫生產等規模化運作措施，降低企業生產成本、提高市場佔有率。加強集團各企業內部之間的聯繫，努力協調各企業利益，以求得均衡發展，也是他所重視的。

「如果管理不能成功地使一個國家或民族的特殊的文化遺產發揮作用，那麼社會和經濟的發展就不可能。」〔註36〕張謇就是這種中國傳統文化與近代企業家精神結合的儒商。在接受西方近代科學技術與科學管理思想的同時，從中國的傳統文化倫理中，吸收大量精髓，運用中國傳統文化中樸素辨證、積極進取的思想進行經營管理，將傳統文化與近代企業家精神有機結合。

二

南通模式是張謇超前規劃視野下的產物，是張謇摸索出的一條全新的近代城市建設模式，是在近代半殖民地半封建社會制度下，在一個非口岸開放的小縣城，推進的全面近代化改革，這等磅礴的氣魄時人無一能及。

張謇的南通模式經歷了兩個過程，甲午戰爭後，《馬關條約》簽定，張謇深感國勢頹危與人才零落，毅然決定興實業、辦教育。父親去世後，張謇棄官南歸，開始對南通模式進行全盤的規劃。他曾有建設南通 30 年的打算，「若待餘三十年而偕汝者，州其幾於文明之域乎」。

張謇的超前規劃視野體現在南通城鎮規劃、區域經濟發展和自治實踐上。

張謇的城鎮規劃是建立在南通具體實際上的科學規劃。南通城在當時僅僅是一座數平方公里的中國傳統縣城，城市街道狹窄、建築破舊，沒有任何市政設施。張謇的建城任務便是在制定近代城市規劃的基礎上，配套各項市

〔註36〕潘乃樾：《企業管理思想》，農業出版社 1991 年版，211 頁。

政設施，完善城市功能。張謇制定了一城三區（鎮）的城市發展規劃，以城西唐家閘鎮作爲工業區、以城南長江邊的天生港作爲港口區、以城北的狼山鎮一帶作爲風景區，而以老南通城爲核心。唐家閘距南通城 6 公里，處於西鹽河與港閘河交匯處，是一處沒有幾戶人家的小村落。工業區設在此處，既有利於物流運輸（西鹽河、港閘河直接連通長江，水運暢通）、建廠經濟、招工方便，也便於保護老城市傳統格局〔註 37〕以及城區環境（南通城位於唐閘上風地帶），大生紗廠及隨後大興麵粉廠、廣生油廠、阜生絲廠、資生鐵冶廠、大隆油皂廠等企業的建立使這個村落迅速成長起來，1920 年已經成爲了約 5 萬人口的大鎮。當時南通城區外適合作爲港口的有任港、姚港、天生港等，這 3 港口自然條件基本相同，但是張謇選擇距南通主城區 6 公里左右的天生港作爲港口，也是考慮了港口與城區要有適當距離，並且天生港與唐閘工業區有港閘河相通便於運輸之故。狼山距主城區也有 6 公里，沿江排列軍山、狼山、劍山、黃泥山、馬鞍山 5 山，是自然風景極佳的丘陵區，張謇在狼山北建設了私家園林，與 5 山一起構成了南通的旅遊風景區。一城三區（鎮）的劃分是中國城市史上的重大創新，獲得了巨大的成功。它爲南通城今後的發展走向奠定了基礎，今天的南通城就是沿著這個構思發展起來的。

張謇辨證的看待城市繁榮與區域經濟的發展關係，以巨大的熱情投入到農業、水利、交通諸方面中去。

當時南通區域大部屬於蘇北鹽墾區，該區土壤以鹽漬土爲主，地勢低窪平坦、排水不暢，雨水集中的月份，極易形成洪災，而春秋少雨季節又易形成旱災和土壤返鹽，且該區颱風頻繁，海嘯潮災時有發生，不是理想的農業耕作區域。但是要想區域農業有質的提高並對工業企業有所幫助就必須開發鹽墾區。張謇對於蘇北鹽墾區的開發投入了畢生的精力。早在光緒二十一年（1985 年），張謇在《海門墾闢荒灘，籌備海防經費疏》中就提出了開發鹽墾區的設想。光緒二十七年（1901 年），張謇開辦了通海墾牧公司這一「具有濃厚封建氣息而披有資本主義經濟外觀」〔註 38〕的新式公司，揭開了蘇北鹽墾區的近代化開發大幕。張謇投資該公司，目的就是爲了「務使曠土生財，齊

〔註37〕 近代化過程中，由於交通、安全等原因，中國許多工業企業是建設在城區之中，這不僅污染了城市環境，也不利於城市與企業的發展，許多工業城市深受其害，由此可見南通一城三區（鎮）規劃的前瞻性價值所在。
〔註38〕 孫家山：《蘇北鹽墾史初稿》，農業出版社 1984 年版，46 頁。

民擴業」。〔註39〕公司經歷了初期的坎坷，直到宣統三年（1911年）才算是逐步打開了局面。張謇在同年的《告股東書》中，欣慰的告訴大家「今所見各堤之內，棲人有屋，待客有堂，儲物有倉，種蔬有圃，佃有廬室，商有廛市，行有塗梁，若一掉世界矣。」並鼓勵各位同仁「毋餒，以辦事人之心血與土夫肩趾與海潮相搏戰；毋躁，須十年規模乃粗定；更五年而備；更五年而效。天下無速成之事，亦無見小之功。」同時滿懷豪情的宣稱：「（墾牧）以成建設一新世界雛形之志，以雪中國地方不能自治之恥，雖牛馬於社會而不辭也。」〔註40〕在張謇的帶動下，也在利潤的引誘下，蘇北墾牧事業紅紅火火的開展了起來，截止1935年，先後出現了77家墾牧公司。

張謇投資墾牧事業，目的是為了開發灘塗、發展農牧業生產、增加社會財富；增加農民收入，改善農民生活；為南通城市建設籌集資金；為大生紗廠籌建原料基地。在指導思想上，他曾有過這樣的闡述：「海門言墾利至近者十年，遠或二十年，自築堤至能種棉、豆、粟、麥之日，中隔批賣、招佃、闢渠、通溝、瀦淡、種青，寸寸而度，誠亦非一二十年不可。今騰出年份，將畜牧列在種青之後，種棉、豆、粟、麥之前畜牧所遺之肥料，既可糞地，畜牧所賣之利息，又可疏渠。先擇地千畝試辦，第一堤成，種青一二年，即將牧場移入；一二年後，移入續成堤內。以次遞移，五堤皆周，則散牧於堤渠之間，其堤腳渠唇，遍植桐、柏。奇零之地，兼事林業，務使本利循環相生，故牧與墾兼辦。」〔註41〕這是一種良性農業循環和綜合開發的思想，具有十分重要的價值。實際來看，也部分的實現了他的目標。蘇北墾牧區在1920年前後，產棉花60～70萬包，其中20萬包供應大生外，其餘全部銷往上海〔註42〕。30年代前，墾區棉田面積已經占到全國的8／1，全省的1／2〔註43〕。以南通為中心的通海區域成為了棉花產品的集散中心，也為南通城的繁榮作了最好的鋪墊。而約有20萬南通、海門等縣的貧苦農民向墾牧區的大量移民，徹底改變了該地區人煙稀少的狀況，也徹底改變了該地區社會經濟面貌，迅速趕上了鄰近地區並一度超越之，對於蘇東開發有歷史性的功績。

〔註39〕 張謇研究中心、南通市圖書館、江蘇古籍出版社合編：《張謇全集》，江蘇古籍出版社1994年版，212～213頁。

〔註40〕 孫家山：《蘇北鹽墾史初稿》，農業出版社1984年版，29～30頁。

〔註41〕 《張季子九錄 實業錄》第2卷，中華書局1931年版，2頁。

〔註42〕 嚴學熙：《南通港口城市的形成與特點》，《江海學刊》，1986年第3期。

〔註43〕 《張季子九錄 實業錄》第8卷。

除了在鹽墾區大力興修水利外，張謇還對淮河水利傾注了足夠的關心，他主張疏濬淮河並利用黃河與長江將其分疏入海以減低淮河水患。張謇以私人身份聘請荷蘭奈格父子、貝龍猛以及瑞典海德生、美國葛雷夫等水利專家爲南通水利建設出謀劃策。

在交通問題上，1921 年張謇成立了通如海長途汽車公司，開通了南通至海門、如皋、白蒲鎮、海復鎮等處的長途汽車線路。水運上，張謇先後創辦了大達內河小輪公司、大達外江輪步公司、達通航運轉運公司、大中通運公司、大達輪步公司（上海）並修建碼頭，開闢了南通至上海、揚州、如皋、鹽城、泰縣、東臺、興化等地的航運線路。他積極規劃南通的鐵路建設，曾要求隴海線的終點修建在南通，雖然由於經濟條件、人事關係等原因而失敗，但是其爲南通鐵路的奔走疾呼不僅表現了一個實業家的睿智，更表現出了一個城市規劃師的先知先覺。

張謇還是南通自治運動的領頭雁。作爲較爲流行的思潮，自治運動在當時得到了大量在野人士的鼓吹。1902 年康有爲指出：「中國最大的毛病在於官代民治，而不聽民自治。」〔註 44〕梁啓超也認爲「以地方自治爲立國之本，可謂深通政術之大源，而最切當今中國之急務。」〔註 45〕張謇在其《變法評議》一書中就主張仿行日本的地方自治制度。張謇的地方自治與康梁不同，他是中國實現地方自治最爲成功的典範，而不是局限於紙上的誇誇其談。

張謇首先是在日本進行了深入的調查，回國後，成爲中國立憲運動的領導者之一。立憲運動失敗後，張謇在南通進行了自治實驗，即「村落主義」。張謇的「村落主義」追求一種「自存立、自生活、自保衛」的民治狀態，其目標是一種近代社會模式的建立。張謇並設想在南通近代化建設的基礎上，將其模式向外推廣，遍及全國，從而實現全中國的近代化轉型。

張謇在光緒三十三年（1907 年）《預計地方自治經費釐定地方稅界限應請開國會議》中勾畫了其自治項目：「學務」有初級師範學校、初等小學校、高等小學校、中學校、女師範學校等。「如期學校普及，須更分區建設。按戶籍人數，學部章程明定五年後，每二百戶一初等小學，應增七百二十五處。即按輿圖方里，每十六里一初等小學，應增四百十處。按畢業後十不及一之升級，須高等小學十二處，初中等農工商學校各一處。」尚有教育會、勸學所、

〔註44〕《新民叢報》，第 5 號。
〔註45〕《新民叢報》，第 6 號。

宣講所、博物苑、閱報社、蒙養院、圖書館等項目。「衛生」有公園、戒煙會、施藥局、城廂廁所、醫院、醫學堂等。「道路工程」有城鎮路燈、建築橋樑、修繕道路、疏通溝渠、改正道路、建築公用房屋（議事會場、警察局等）等。「農工商務」有三五工藝廠、州城整理商業、開設市場、籌辦水利、改良種植、牧畜漁業工業學堂勸工場、改良工藝、整理田地、防護青苗等。「善舉」有保節育嬰、義倉積穀、救火會、義棺義冢、保存古蹟、救貧事業、貧民工藝、救生會等。「公共營業」有電車、電燈、自來水、巡警傳習所、巡警教練所、罪犯習藝所、改良監獄等。這些事業在張謇的生前基本都完成了，南通也因此獲得模範縣之稱。

「他（張謇——編者）抱定主義，立定腳跟，要創造一個新局面和新事業，所以辦的師範，紡織，盲啞學校，氣象臺，博物苑，圖書館，等教育事業；紗廠，墾殖，等的實業事業；開闢全縣的道路，整治全縣的水利，在中國都是第一件事。」〔註46〕張孝若這樣評價其父的自治努力：「他之認定凡自治先進國應有的事，南通地方應該有，他就應該辦；他不問困難不困難，只問應有不應有。只要地方上有一個人不上路，一塊地方不整潔，都是他的擔心，地方的恥辱，更是他的責任。所以地方上的事和自治，沒有人去辦，倒也罷了，假使要辦，越辦越多，越辦越不滿意，越要改進振作。」〔註47〕「我父經營地方的志願，到二十餘年方才有一點模樣；實業方面從種植原料造成貨物運輸外去，直接間接的農工商人，倚賴生活的，總有數十萬人，為地方國家興的利益，每年總近千萬元；教育從幼稚園辦到大學，慈善事業做到老者安之有養老院，少者懷之有育嬰堂，其他無告無教的人，有殘廢院盲啞學校；全縣有齊全的圖，通行的路，完備的水利，全縣沒有一個乞丐；我父本來拿南通當一個大花園去布置點綴，所有的心血，所有的家產，都用在這個志願上，……人家拿模範縣三字來推獎南通，我父只說到：『南通事業不過做到地方自治的最初基礎。』到了病重的時候，還時時提到全縣工業原動力的大電廠，沒有辦成；全縣民兵的制度，沒有辦成；引以為憾。」〔註48〕

張謇的南通模式，超過了以後山東梁漱溟、河北晏陽初的地方建設，是中國近代史上最為成功的全面城市建設典範。清華大學吳良鏞教授以「中國

〔註46〕 張孝若：《南通張季直先生傳》，中華書局民國19年9月版，375頁。
〔註47〕 張孝若：《南通張季直先生傳》，中華書局民國19年9月版，375頁。
〔註48〕 張孝若：《南通張季直先生傳》，中華書局民國19年9月版，379頁。

近代第一城」來概括南通的近代市政建設成果。他認爲南通與同時代西方城市對比，「是在科學技術落後於西方百多年的中國，在 20 世紀早期謀求現代化過程中才開始摸索城市建設，在思想、歷史條件遠遠落後於西方的條件下，張謇建設的南通，與英國近代城市規劃師霍華德（E.Howard）所經營的新城（萊奇華斯 Letchworth 與韋林 Welwyn）時間相若，在內容與規模上竟能互相媲美，」這是一個「奇蹟」！張謇的南通模式開創了「基於中國農耕社會，從村鎮到城市發展綜合思考，對分散的村鎮與城市進行『整合』發展地區」，是「中國獨特社會文化背景下的『城市～地區』發展模型。」在評價南通與同時期中國其他城市發展時，他說：「一系列建設事業與設施能在一個地方有大致規劃地、較爲集中地建設起來，在不長的時間內將一個封建縣城開始過渡到現代城市（並被稱爲『模範縣』），不能不認爲具有劃時代的意義。」〔註49〕這個評價是中肯的。

張謇的這種近代企業家精神與超前的規劃視野不僅是南通人民的精神財富與動力，也是我們中華民族走向現代化民族復興的精神財富與動力。

（該文發表於《江蘇商論》2009 年第 6 期）

〔註49〕 吳良鏞：《張謇與南通「中國近代第一城」》，《南通師範學院學報》（哲學社會科學版），2003 年第 3 期。

和諧共進：再論江蘇「資本主義第一春」出現的原因

　　清末民初，江蘇近代化經濟突飛猛進，成為中國資本主義經濟的先導實踐區之一。分析該階段江蘇區域近代化經濟的發展因素，不難看出外部因素僅僅是一個「催化劑」而已，而江蘇區域政府公權力、上海輻射力及民間創業力等三大因素如春光、春風、春雨一般，成為主導江蘇近代化經濟走向的關鍵，這三大因素的和諧共進構建了江蘇近代化經濟發展的動力與平臺，遂有所謂「資本主義第一春」暖景。

一

　　清末民初間，相續的中央政府都出臺了系列有利於資本主義發展的政策與措施，雖然在推行的力度與廣度上有所差異，但是歷史地看，政府公權力向資本主義經濟服務的轉變是顯著的。位於東南的江蘇較早的感受了春日陽光的和煦與溫暖，在領會與實施國家新經濟政策的及時與超前上，江蘇各級政府開明果斷，科學決策，率先轉變，強力實踐，從公權力角度肯定並落實「親商」「安商」「便商」的具體行動。

　　光緒二十二年（1896 年），清政府開始飭諭各地創辦商務局，江蘇是全國最早設立這一機構的省份之一。時署兩江總督的張之洞奏准使用原息借商款 60 萬兩，另加息借官款，作為設立蘇州商務局及創辦紗廠的資本，同時奏准委派前國子監祭酒陸潤庠為經理。還委派前禮科給事中丁立瀛經理鎮江一帶商務局，前翰林院修撰張謇經理通海一帶商務局，並提出「此外各紳由各局

給予照會，均會商地方官相機鼓舞，設法振興，以期華商華民生計，日有起色。」〔註1〕經過若干周折，於光緒二十五年（1899年）在江寧成立了江南商務總局，先前成立的上海商務局此時也稱爲江南商務滬局。此後不久，又成立了蘇省商務局。前者管轄兩江總督所轄地區，後者負責江蘇省。光緒三十三年（1907年），蘇省農工商局成立。此後，江蘇各地府縣商務局也紛紛成立。光緒三十三年（1907年），清政府增加地方勸業道一職。宣統二年（1910年）兩江總督張人駿與江蘇巡撫即奏設江寧勸業道，並擬「寧蘇各設一員（勸業道）」〔註2〕。宣統二年（1910年），江寧勸業道成立。

成立後的江寧商務局與蘇省商務局起到了發展工商業、聯絡工商、調查商情、保商護商、獎商恤商的作用。光緒二十五年（1899年）江南商務總局發文稱：「中國商務素少講求，往往各自爲謀，不相顧恤。官有隔絕之勢，商無呼籲之門，聲氣不同，斯振興無術。此次開局宗旨，惟冀力除壅蔽，以期聯絡相通。理有不及共論者，本局可代言之；情有不能上達者，本局可代答之。」〔註3〕遵循以上宗旨，江蘇各地商務局在保護商人合法權益、協調解決商事糾紛等方面作了大量的工作。鑒於商事糾紛與民事刑事案件的不同性質，爲便於商人較快的解決商事糾紛、減少訴訟成本，江蘇各地商務局提高了審理案件效率，增加了裁判員，在當時的歷史條件下做到了最大程度上的便商。如光緒三十一年（1907年）蘇州恆康錢莊委託日商日清大東輪局託運現洋5000元，收方湖州安康錢莊驗收時缺少700元，遂向日商索賠，日商託詞狡辯。湖州商務局即致函蘇州商務局，要求協助查證。蘇州商務局即與日本駐蘇領事交涉，提出「商款萬不能無端損失」，〔註4〕終使事件得以妥善解決。

在開風氣方面，江蘇各商務局作了有益的嘗試。江南商務局的章程中規定，凡某處仿西法制造各項用物，各該處官紳商民報明查實，鼓勵創議人承辦，並「視物大小給予專利年限，大者十年，中者六年，小者三年。」〔註5〕

〔註1〕 張之洞：《籌設商務局片》，見張之洞：《張文襄公全集》卷43，奏43，中國書店影印本1990年版。
〔註2〕 該計劃沒有實現，見孫宅巍等編：《江蘇民族工業史》，南京師範大學出版社1999年版，93頁。
〔註3〕 《照會商董並辦法章程》，《江南商務報》1900年5月9日，第8期。
〔註4〕 華中師範大學歷史研究所、蘇州檔案館合編：《蘇州商會檔案叢編》第1輯，華中師範大學1991年版，817～818頁。
〔註5〕 商務印書館：《東方雜誌》第1年，第9期，「商務」，102頁。

光緒三十年（1906 年）江南勸業機器工藝總局仿日本樣式新制織布木機，江南商務總局將其圖樣印製 1000 張，分發兩江各府縣，蘇省商務局也分送圖樣，勸諭商民仿習。

江蘇的商務局對於各地近代企業的興辦持積極扶持與鼓勵的態度。光緒三十年（1906 年）蘇州商人歐陽元瑞等籌劃設立瑞豐輪船公司，同年蘇商擬創辦華通有限公司。這些申請分別得到了蘇省商務局和江南農工商務局的大力支持。江蘇的一些商務局還直接創辦實業，光緒二十三年（1897 年），陸潤庠主持蘇州商務局建成了蘇綸紗廠。光緒二十五年（1899 年）張謇主持南通商務局創辦了大生紗廠。

江蘇各級政府還積極鼓勵設立商品陳列所，倡導開辦商業賽會。

早在光緒二十三年（1897 年），張謇就在上清政府的《農工商標本急策》中呼籲「工務亟宜開，開導之計有二，一如各省開勸工會。此會江南近已擬行，事簡費省，試辦不甚難，但須上有提倡，並立獎格以鼓舞之；一派大員集合資本，博採各省著名精巧之器，入巴黎大會，並選擇名商慧工同往，察視各國好尚風俗，以便推廣製造。」〔註6〕其已將舉辦與參加國內國際博覽會看作發展農工商的急務。

光緒三十一年（1905 年）江寧附設陳列館於商務局內。光緒三十二年（1906 年）通州商品陳列館開館。光緒三十四年（1908 年）江蘇農工商務局創辦了商品陳列所。宣統元年（1909 年）蘇州商品陳列所設立。1911 年，蘇省商品陳列所在蘇州成立。陸續，商品陳列所如雨後春筍遍佈江蘇各府縣。這些商品陳列館所的設立，對民間起到了示範作用。

江蘇的賽會尤以南洋勸業會最為著名，成效也最為顯著。它不僅是江蘇一省的盛會，更是全國商界的一大盛會，在中國近代商品賽會史上留下了濃重的一筆。光緒三十四年（1908 年），江寧公園辦事處主事道員陳琪與另一道員嚴其章向兩江總督兼南洋大臣的端方呈文，建議在江寧公園內或附近，購 600 畝地建設會場，舉辦國內博覽會。端方同意並批示「官商合力維護，共圖公益」〔註7〕，並隨後與江蘇巡撫陳啓奏聯名奏請創設第一次南洋勸業會。南洋勸業會由政府與商人合辦，兩江總督與寧滬等地商人各出 25 萬兩為開辦經

〔註6〕《農工商標本急策》，《張季子九錄·實業錄》。
〔註7〕《南洋大臣端方批江寧公園辦事處稟文》，蘇州檔案館藏：蘇州商會檔案，87
卷。

費。兩江總督端方爲會長，並於 1909 年 3 月 5 日在南京花牌樓設南洋勸業會事務所進行具體籌備事宜。張人駿接任兩江總督後，繼續加緊籌辦。作爲政府的代表與主辦者，端方在整個策劃與主辦過程中起到了很大的作用。作爲出洋考察的五大臣之一，端方參觀了歐美諸國及日本各種博覽會，在思想上對於這種商品賽會形式持認同態度。「臣前年奉使歐美，察其農工商業之盛，無不由比賽激勸而來。臣自蒞兩江任後，時兢兢焉以仿行賽會爲急務。」〔註8〕出於這樣的認識，他對於南洋勸業會的舉辦才有發自內心的熱情。爲吸引商民參加，他極力允諾保障商人利益，保證以官股擔保，「不使商本受虧」〔註9〕。清政府度支部也給予了大力配合，同意減免參會物品沿途釐稅。端方還提到「非於省會及通商大埠分別先設協贊會、物產會、出品協會預爲研究，斷難收效」〔註10〕。於是，兩江總督所屬各府縣舉辦了 39 個物產會，擇優者參加南洋勸業會。清政府也要求各省督撫對預先籌辦協會出品等事宜予以贊助。在南洋勸業會召開前，中國大部分省份都舉辦了出品協會以徵求賽會商品，甚至遠至南洋群島各處也舉辦了出品協會。可以說南洋勸業會是晚清政府與民間，官方與商界之間的一次良好愉快的合作，政府運用公權力來體現出一種發展早期現代化的規劃與推進作用，民間也呈現出對於政府意願的呼應。

宣統二年四月十八日（1910 年 6 月 5 日），南洋勸業會召開。全會設農業、醫藥、教育、工藝、武備、機械、美術等 9 個展覽館和 1 個勸工場，另設 1 所暨南館（陳列南洋華僑出品）與 3 所參考館（陳列英、美、德、日等國產品）。各省還自建陳列館 14 所。還有江寧緞業、湖南瓷業、博山玻璃 3 個專門實業館和江南製造總局、廣東教育協會、江浙漁業公司等 3 個特別館。參展物品分 24 部，440 類，共達百萬件。規模超過了宣統元年四月初一日（1909 年 5 月 19 日）舉行的武漢勸業獎進會。持續 6 個月的會展，吸引了大批客商，會場有大小商店、店鋪 230 多家，成交額數千萬元，並評出奏獎 66 名，超等獎 214 名，優等獎 426 名，金牌獎 1218 名，銀牌獎 3345 名。〔註11〕近代會展經濟第一次得到了淋漓展示。

江蘇政府對民間興辦商會、商報、商學也持鼓勵態度。

〔註 8〕《端方稟請創辦南洋勸業會摺》，蘇州檔案館藏：蘇州商會檔案，87 卷。

〔註 9〕《端方稟請創辦南洋勸業會摺》，蘇州檔案館藏：蘇州商會檔案，87 卷。

〔註10〕《蘇省農工商務局致蘇州商務總會照會》，宣統元年四月二十九日，蘇州檔案館藏：蘇州商會檔案，81 頁。

〔註11〕商務印書館：《東方雜誌》，第 9 卷第 7 號，「實業篇」，93 頁。

　　光緒二十二年（1896 年），張謇便提到「天下之大本在農，今日之先務在
商。不商則農無輸產之功，不會則商無校能之地。」〔註 12〕他敏銳的感覺到
了商會在近代資本主義經濟發展中的不可或缺的作用。1904 年，商部侍郎江
蘇人單束生奉命到蘇與地方人士商談商會之設。官方與地方都對商會的設立
表現了極大的興趣與熱情。此後，江蘇商會開始蓬勃出現。清光緒二十八年
（1902 年），通州工商界組建商務總會，是江蘇最早的商會社團，也是全國較
早的幾個商務社團之一。光緒三十年（1904 年），江寧商會總會成立。通（州）
崇（明）海（門）花布總會成立，並在通州、海門、崇明等地設有分會。光
緒三十一年（1905 年）蘇州商務總會成立。光緒三十二年（1906 年）通（州）
崇（明）海（門）花布總會改名爲通崇海商務總會。同年，蘇州商務總會常
州商務分會成立。次年，蘇中最大的商業中心城市 42 個行業聯合組建的揚州
商務總會成立。宣統二年（1910 年），蘇中地區通州、崇明、海門、泰縣、泰
興 5 縣聯合組建了通崇海泰商務總會，該會與江寧、蘇州總商會並列爲江蘇
三大總會之一。1905 年至 1910 年，江蘇保持 10 個左右的年設會量，截止到
1911 年，江蘇已經有商會組織 55 個，位居全國前列。民國建立後，江蘇商會
在原有的基礎上繼續發展。

　　江蘇商會爲商人自行組織管理、行使權利的具有法人資格的工商業團
體。張謇曾這樣考慮商會的設立與作用：「各行省宜有總會，各府宜有分會。
分會有長，長考府轄之最王之產，最良之產，與風尚之華樸，民俗之勤惰，
工作之精粗，市情之消長，各列爲表。度其所宜行宜革宜變之故，斟酌其如
何革如何興如何變之辦法，聞於總會。總會有督，督考長之所考，而決其行
止，聞於總督、巡撫。總督、巡撫爲之主持保護。主持二事：一爲之籌督成
效，一爲之考察盈虛。保護二事：一爲之寬初辦之捐稅，一爲之禁官吏之侵
擾。而其要者有二，宜朝廷主之：一立簡易法，一備補助費。簡易法曰：凡
事聽民自便，官爲持護。聽便，官爲持護，則無論開礦也，興墾也，機器製
造也，凡與商務爲表裏，無一而不興也。補助費曰：仿德國、日本章程，由
各省總會會同督撫，量集公司，或數十萬或百萬，補商力初辦之不足，助商
力已辦之不給。」〔註 13〕可見張謇眼中的商會是一個溝通官商的橋樑。江蘇

〔註12〕　張謇研究中心、南通市圖書館、江蘇古籍出版社編：《張謇全集》（二），江蘇
　　　　　古籍出版社 1994 版，11 頁。
〔註13〕　張謇研究中心、南通市圖書館、江蘇古籍出版社編：《張謇全集》（二），江蘇

的商會一般爲其會員謀求經營、生產利益，同時兼辦各行業的開業、變更、閉歇等事宜。關於商會的權限，民國期間，江蘇省政府曾經向工商、司法兩部進行諮詢，得到的答覆是商會雖在地位上較同級行政組織爲低，但實際權力則足以與後者分庭抗禮。如在會長或處（商事公斷處）長處事不公時，地方長官無權干涉。只有法院才有權干涉；商會也不接受地方行政的任何調處、命令等。〔註 14〕江蘇地區商會的地位具有一定的區域性差異，在現代化工商業起步相對緩慢的揚州、淮陰、連雲港等地，商會在與地方政府的對抗中處於下風，然而，在張謇工商業集團的強大氣勢下，南通地區的商會一直具有凌駕於地方政府之上的部分特權。南通地區商會已經成爲具有十分特殊研究意義的社團組織。

關於興辦商學商報。1903 年 5 月 2 日，張謇在參觀日本第 5 次國內勸業博覽會曾有感慨：「若得十萬元，可試辦一工業實習學校，十年後進步，不可限量也。」〔註 15〕截止到 1909 年，江蘇全省有實業學堂 21 所，學生 1512 名〔註 16〕。民國建立後，江蘇先後興辦了十餘家大大小小的實業及職業學校，各級教育團體還舉辦了若干職業教育培訓班等活動。宣統二年（1910 年）江蘇發行了《江南商務報》〔註 17〕。其宗旨爲開通商智，溝通官商感情。其欄目爲「商物列說」（分析評論中國經濟狀況和清政府經濟政策）、「中外商情」（全國各地包括江蘇本省商務情報）、「商務公牘」（有關商務的諭旨、奏摺、公私文牘、重要商務案件等）、「海關貨稅」（海關稅收報告及譯載外國稅收條例）、「商原」（介紹工農業生產技術、企業管理條例、商業政策研究等）。〔註 18〕進入民國後江蘇商務類報紙數量急劇增加。如 1918 年《江北商務報》在揚州創辦。諸多報刊如《無錫白話報》等雖然不冠以「商務」之名，但實際也有宣傳商務之實。商報爲江蘇的資本主義發展提供了強大的輿論支持。

古籍出版社 1994 版，11 頁。

〔註 14〕《江蘇省實業行政報告書》第 5 編，第 8～9 頁。轉引自常宗虎：《南通現代化：1895~1938》，中國社會科學出版社 1998 年版，147 頁。

〔註 15〕《東遊日記》，《張季子九錄‧專錄》。

〔註 16〕王樹槐：《中國現代化的區域研究──江蘇省（1860～1916）》，臺灣中央研究院近代史研究所 1985 年印行版，242 頁。

〔註 17〕該報雖由上海商務總局（江南商務總局滬局）發行，但實質是設在江寧的江南商務總局的官報。

〔註 18〕朱英：《晚清經濟政策與改革措施》，華中師範大學出版社 1996 年版，178～179 頁。

二

　　來自海外的近代化經濟風暴吹過上海後，如春風般席捲江蘇大地。上海的輻射作用對於「資本主義第一春」的江蘇資本主義發展有著歷史性的功績。

　　上海，這個緊鄰的遠東第一大工商城市的發展，開埠後雖然吸收了江蘇大量資金流、物流、人力流而對江蘇的發展帶來了一定負面影響，但也爲江蘇帶來其他省份所不可比擬的機遇，其輻射影響力直接作用於江蘇。具體來說，上海對於江蘇的資本主義輻射作用主要有以下幾方面：

　　上海對江蘇近代農業近代化的進程有風向標的作用並促進了江蘇商業與金融業的近代轉型。

　　上海近代工廠的發展以及隨後出現的江蘇工業對於農產品原料的需求，增大了江蘇農業經濟作物的種植與商品化率，從而又促進了江蘇尤其是蘇南、蘇中部分地區農村社會面貌的改變。資本主義機器大工業在上海的出現，使得上海需要一個爲其提供商品化農產品原料的鄰近基地。江蘇，滿足了上海的需求並在這種主動對接中開始了向農業近代化的跨越之路。江蘇農產品商品化率顯著提高，並且出現了專業化商品農產品生產區域如太湖蠶桑區、通海棉花種植區，這些都是在上海機器大生產發展對於農產品的需求下而形成的。在江蘇資本主義機器工業企業大規模出現前，江蘇的農產品商品化是完全爲上海服務的。「下江民間半植土棉，太倉屬地爲尤多，婦女終歲紡織，以資生活。洋紗初來之時，民間並不喜用，間有摻用者，布莊收買後，致銷路滯。於是莊家必格外挑剔，不收洋紗之布，民間亦遂不敢以洋紗摻用。上海自設紗廠後，民間自軋自彈，反不如買機紗之便宜，於是遂不顧布莊之挑剔，而群焉買之，群焉織之，莊家亦剔無可剔，一概收買。現在非但不剔，而且以機器紗爲細潔，而鄉間幾無自軋自彈之紗矣。」〔註19〕在甲午戰爭後，江蘇農產品依然沒有離開上海這個市場。爲了滿足上海市場的需要，江蘇的農產品也大力進行產品改良與技術改造，20 年代初開始的蠶桑改良運動就是例證。上海也以江蘇農村爲主要農業機械推廣區，江蘇特別是蘇南一帶，農業機械化首先出現。江蘇農業近代化的發展又反過來促進了江蘇工業的發展，良好的蠶桑與棉花種植基礎以及糧食商品化經濟爲江蘇確定棉紡織、繅絲和麵粉業 3 大工業支柱有決定性的作用。有學者評價：「這種近代農業爲上

〔註19〕《利國宜廣製造論》，何良棟輯：《皇朝經世文四編》，卷 42，光緒二十八年（1902 年）鴻寶書局石印本，5 頁。

海和南通等地近代工業的發展提供了豐富的原料和廣闊的市場，開創了中國歷史上前所未有的近代工業與近代農業相互促進的壯舉。」〔註 20〕可以說，江蘇的農業近代化進程是以上海工業原料的需求爲風向標的。

設在上海的外國洋行爲了貿易的進行，特別是對江蘇農村農業品原料的收買得以順利進行，將其過程買辦化，而這種買辦化的過程也是江蘇特別是蘇南商業逐漸向近代化轉型的過程。以生絲爲例，上海洋行通過 4 種途徑：一、利用中國傳統的商業渠道，由中國絲商代爲收購運輸至上海並出口；二、洋行通過買辦直接到生絲出產地收購；三、上海洋行通過買辦從上海攜帶鴉片到蘇州的產絲區出售，然後再用售買鴉片的錢購買生絲回上海；上海洋行以控制檢驗權、單方面的保證制度等手段控制中國的生絲出口。〔註 21〕雖然是受制於洋行的被動並且不平等的買辦過程，但因此也促進了江蘇商業的近代化轉型。一些專業化商業區域也逐漸出現，以無錫爲例：無錫是蠶繭土絲集散中心，這種商業集散中心的形成最初也是與上海的紗廠密切聯繫的。而無錫米市在民國初年的再度復興，最初也是因爲上海碾米工業與麵粉業發展的客觀需求所致。同時，大量湧入上海的人口也是無錫米市形成的重要原因之一。1911 年，上海已經成爲擁有 125 萬人口的全國第一大都市，上海的碾米廠因爲灰塵飛揚，「有礙租界衛生」〔註 22〕而被阻止開設，於是，鄰近上海的周圍各縣特別是無錫便成了供給上海市場的主要糧食集散地。

江蘇金融業也因爲上海的開埠而迅速有了改變。19 世紀後期，上海已經成爲中國的金融中心，並開始在全國構建金融網。首先是大批上海的金融機構在江蘇設立分支機構，直接提升了當地金融業質態。以無錫爲例，1907 年總行設於上海南市的信成商業儲蓄銀行以 10 萬股金在無錫北塘設立分行，開展發放信用貸款、抵押貸款、儲蓄、發行鈔票等業務。民國後，無錫銀行業有較大發展，其中大部分是上海銀行的分行、分部和辦事處機構。近代銀行業在無錫逐步取代了傳統錢莊的業務。無錫舊有錢莊也受銀行業發展的影響，開設新的業務並實行新的經營管理制度。如代銀行發行紙幣、代售股票債券、辦理商業票據貼現、同業融資、往來透支、採用經理制、改進會計制

〔註 20〕 張學恕：《上海開埠與江蘇近代工農業》，《唯實》，1994 年第 1 期，43 頁。
〔註 21〕 詳見張海泉、單興江：《上海開埠後蘇南生絲業買辦化的形成途徑簡論》，《徐州師範大學學報（哲學社會科學版）》，2001 年第 4 期，85 頁。
〔註 22〕 無錫糧食局編：《無錫糧食業的發生、發展與改造》，1959 年 2 月。

度等。但是因為銀行業的擠壓，錢莊也不可避免的走向衰落。傳統的典當等業情形也大同小異。在資金的融通與流轉上，無錫、南通等地屬於放款碼頭，而上海、揚州、蘇州等地屬於存款碼頭，辛亥革命前，無錫的資金主要由蘇州籌集，以後則主要依靠上海融通。20 年代初，無錫收繭的銀元 70%由上海運來。〔註 23〕南通也主要是依靠上海、揚州等地進行資金的融通。這些資金為江蘇各地資本主義經濟的發展開闢了新的融資途徑與業務活動，支撐了當地資本主義工商業的發展。

上海對江蘇尤其是蘇南東部地區資本主義機器化工業的發展有榜樣與直接推動的作用。

觀念先行為江蘇人投資實業開闢了道路。外資工業首先在上海的興起，使得具備世界先進水平的機器化生產開始在中國出現，一批世界最新工業設備在上海安裝使用，如「不僅是東方最大的而且是倍科克威爾考克司公司從來沒有製造過的最大的鍋爐」〔註 24〕在上海工部局電氣處新電廠的安裝。大批近代機器工業在上海的出現，豐厚的工業利潤與城市發展給鄰近的江蘇蘇南、蘇中各市帶來了直接的震撼，經世致用、重視工商業的心理定勢和社會風氣開始直接表露為興辦實業的強大動力。有識之士開始以上海為榜樣，在當地創辦近代機器工業，如南通、無錫。

投資條件的優越吸引上海商人的投資。如無錫是非條約通商城市，因而受到的外資企業壓迫程度較上海為輕，因為直接被工業原料產地所環抱且勞動力工資成本低廉，吸引了大批上海商人直接投資。許多的上海商人在上海創辦實業後，積累了經驗與資金來到江蘇投資。很多的上海大集團也直接投資江蘇的實業，以江蘇作為主要生產基地，如薛南溟、薛壽萱創辦的永泰、錦記繅絲企業集團；劉鴻生的大中華火柴公司；榮氏「茂新、福新、申新」企業集團等。

初期江蘇與上海企業的互動更多的有利於江蘇的企業。由於上海企業在資金、技術、人才等方面擁有剛起步的江蘇企業所不具備的水準，江蘇企業尤其是與上海企業有關聯之企業受到了更多的幫助。江蘇企業開辦之初，還盛行由上海招收熟練工人。江蘇企業所擁有的設備除了從上海口岸購買外，

〔註 23〕 蔣偉新：《近代無錫金融業的演進發展》，《現代經濟探討》，2000 年第 7 期，45 頁。
〔註 24〕 汪敬虞：《中國近代工業史資料》第 2 輯下冊，科學出版社 1957 年版，258 頁。

還有很大部分來自於上海企業舊設備的改造。

上海開埠後，作爲長江三角洲經濟文化金融商業中心地位的迅速確立，將江蘇尤其是蘇南、蘇中納入其經濟輻射範圍，對江蘇的社會面貌、城市化發展及整個省域經濟格局都有很大程度上的影響。

三

政府公權力的科學拉動、上海輻射力的互動，與民間如春天雨絲般蓬勃萌興的創造力相和諧相共進，投資創業、興商富民，江蘇民間創業力的萌興既是「第一春」的原因之一，也是「第一春」的成就所在。

傳統手工業升級、新手工業出現與近代民族資本主義機器化工業已成爲江蘇資本主義發展領先全國的重要載體。

甲午戰後，江蘇家庭工業開始進入改革技術與改變生產關係時期，並日益受到資本主義近代機器工業的競爭挑戰，在近代化發展大潮中敗下陣來。手工紡紗（包含繅絲業、軋棉業、絲織業、棉織業、染坊業）、製靛、踹布、土鋼、土針、土燭、土煙、木版印刷等手工行業受到了摧毀性打擊。但是在 1920 年前，江蘇的傳統手工業還沒有完全沒落，在市場的變動下，還曾有過部分的反覆。直至 1920 年後才走向徹底衰亡。

本文以江蘇的手工紡紗業情況爲例來說明江蘇傳統手工業的情況。

繅絲業：由於工業化繅絲業的興起，手工繅絲迅速失去市場，並且因爲土絲跌價，絲與繭價格接近，蠶農不再手工繅絲，而是直接出賣蠶繭。以蠶桑大區無錫爲例，民國初年，「土絲絕跡」〔註25〕。

絲織業：清代江蘇所屬的南京、蘇州是我國手工絲織業的中心，太平天國戰爭中，絲織業受到嚴重摧殘，直至 19 世紀 70 年代才逐漸恢復。南京的手工絲織業一直持續到第一次世界大戰後才開始衰落，而蘇州的手工絲織業在 1900 年達到了頂峰，此後開始走下坡路。值得一提的是，在南京與蘇州的絲織手工中，具備資本主義性質的包買商（「帳房」）制度〔註26〕，在這一階段有了量與質的發展。民國初，南京「帳房」發展到了 400 餘家，支配織

〔註25〕《江浙粵絲業調查》，載《農商公報》第 3 卷第 9 冊。

〔註26〕「帳房」制度產生於 18 世紀初，19 世紀末、20 世紀初達到最盛，通過帳房向各機戶發料收貨，並組織絲織業中的掉經戶、絡經戶、牽經接頭工、槌絲工、染坊等，進行生產的一種具備資本主義因素的生產制度。

機 1 萬餘臺。〔註 27〕蘇州「帳房」數量雖然沒有南京多，但是在技術的改進上優於南京，開始使用電力組織生產。1914 年，蘇州還出現了採用日本手拉式絲織機的蘇經紡織綢緞廠，其後又出現了振亞、延齡、東吳、三星等廠。1916 年振亞織物公司開始採用鐵輪提花機。這種提花機被 1916 年創辦的盛澤經成絲織有限公司所採用〔註 28〕。

棉織業：1900 年後，資本主義生產形式的手工織布廠與包買商制度為江蘇棉織業增添了新的內容。江蘇的手工織布廠在一戰時期及 20 年代前有了較大的發展，僅江陰一縣，就有 50 家之多。包買商制度也盛行於江陰、常熟、常州等地，江陰於 1895 年、常熟於 1910 年、常州於 1912 年開始以花換布或放花收布。

染坊業：蘇州在鴉片戰爭前是江南染坊業中心，戰後為上海代替，但仍有發展，以再印花染業為其特色，稱「蘇印」，1911 年有二三十家〔註 29〕，並且脫離行會約束，具有資本主義手工工場性質。〔註 30〕

新手工業的出現有兩種形式，一是由國外引進，借助中國低廉的勞動力，及市場等其他原因而採用手工生產；另一種是出口需要而形成的新興行業。與江蘇關係較大的有火柴、製皂、製鐘、花邊、製蛋等業。這些手工業後期也大量採用資本主義手工工場形式。

民族資本主義機器化工業的發展是江蘇該階段最為濃墨重彩的一筆，也是「資本主義第一春」的主要表現。

甲午戰爭後，江蘇資本主義機器化企業開始進入持續穩定發展階段，一戰期間達到高潮，這種發展的趨勢一直持續到了 20 年代初。1895 年～1911 年，江蘇民族資本家創辦的資本額在 5000 銀元以上的企業有 115 家，分佈於無錫、南通、蘇州、常州、江陰、武進、南京等廣大區域〔註 31〕。1919 年，在北洋政府工商部註冊的 375 家近代工廠中，江蘇省有 55 家，居全國之首。〔註 32〕

〔註 27〕彭澤益：《中國近代手工業史資料》，第 2 卷，三聯書店 1957 年版，693 頁。
〔註 28〕這些工廠雖然已經具有資本主義性質，但是由於依然採用人力，故它們屬於手工廠性質。
〔註 29〕段本洛等：《蘇州手工業史》，江蘇古籍出版社 1986 年版，264 頁。
〔註 30〕許滌新、吳承明主編：《中國資本主義發展史》，第 2 卷，人民出版社 2003 年版，941 頁。
〔註 31〕張學恕編著：《中國長江下游經濟發展史》，東南大學出版社 1990 年版，247 頁。
〔註 32〕張學恕編著：《中國長江下游經濟發展史》，東南大學出版社 1990 年版，288～301 頁。

　　從數量上來看，江蘇成爲全國資本主義機器工廠的密集地，工廠數量與規模位居全國前列。以棉紡業爲例：甲午戰後到辛亥革命的 1911 年間，江蘇共創辦了 8 家紗廠，特別是 1905 年～1911 年間江蘇新建紗廠 5 家，紗錠數 74124 枚，占當時全國新建紗廠紗錠投產數的 42%。〔註 33〕1911 年，江蘇紗廠紗錠數量爲 153508 枚，占全國總數的三成。1900～1911 年間，在全國紗錠數總增長 46% 和年增長 3.8% 的情況下，江蘇紗錠數總增長與年增長分別爲 214.6% 和 17.88%，遠遠高於全國發展水平。〔註 34〕民國建立後，江蘇又發展了一批新的紗廠。如 1917 年成立的無錫廣勤紗廠；1918 年的常州廣益布廠、常州恆豐盛布廠；1919 年成立的無錫申新三廠；1921 年成立的無錫豫康紗廠、常州大綸紗廠、常州紗廠、無錫慶豐紗廠；1922 年的武進利民紗廠、武進廣新紡織廠；1923 年的常州廣益二廠等。同時，還有一批與棉紡織業密切相關的產業鏈下級企業也紛紛開設，如染織業有 1915 年成立的江陰華澄公司二廠、1918 年的恆豐盛布廠染部；1920 年的無錫麗新紡織印染整理有限股份公司。針織業有 1919 年的無錫協盛襪廠等。1918 年，江蘇紗錠數占到了全國的 80.3%。

　　繅絲業工廠是江蘇的另一主要產業工廠群。儘管該時期生絲出口受日本絲打擊，但國際市場生絲價格高漲利誘廠絲生產，所以繅絲廠也有增加。1900 年前，江蘇出現了 4 家繅絲廠：蘇州蘇經絲廠、吳興絲廠、鎮江大綸絲廠和鎮江永利絲廠。1900 年後建成了蘇州延昌永繅絲廠（1900 年）、南通阜生蠶桑染織公司（1904 年）、無錫裕昌絲廠（1904 年）、源康絲廠（1909 年）、乾生絲廠（1910 年）、錦記絲廠〔註 35〕（1910 年）、振藝絲廠（1910 年）、永盛絲廠（1918 年）、永吉絲廠（1918 年）等。無錫成爲江蘇乃至華東地區的主要繅絲業基地。

　　當時，江蘇機制麵粉工業也在全國享有盛譽。無錫、鎮江、海州、淮陰、高郵、泰州、通州、宿遷、常州、徐州、南京等地都興辦了機制麵粉廠。1911 年，江蘇機制麵粉廠數、註冊資本額、日產麵粉包數分別占全國總數的 24%、25%、32%。

　　逐漸，以滬寧線爲紐帶，以無錫、南通爲集聚核，形成了江蘇近代工業產業鏈。無錫與南通成爲江蘇資本主義近代化工業的兩大中心。

〔註 33〕嚴中平：《中國棉紡織業史稿》，科學出版社 1955 年版，139 頁。
〔註 34〕孫宅巍等編：《江蘇近代民族工業史》，南京師範大學出版社 1999 年版，106 頁。
〔註 35〕該廠原爲錫金絲廠，後因爲經營不善，停工關閉。轉買於薛南溟、徐錦榮，改名爲錦記絲廠。

在工業結構的選擇上，江蘇企業明顯避重就輕，輕工業尤其是棉紡織業、
繅絲業與麵粉業是江蘇企業發展的重點。這樣的戰略選擇是與當時江蘇農業
產業、能源交通狀況相適應的。在企業組織形式上，江蘇企業也普遍採用股
份公司制度的形式，雖然該時期，在中國，在這種股份公司形式的使用過程
中出現了許多有意與無意的歪曲，但是這種形式作為一種先進的企業組織形
式的引進，對於江蘇來說，肯定意義是主要的。在企業內部管理上，部分先
進的江蘇企業廢除了落後的工頭制度，採用健全產品生產與檢驗制度等方式
加強管理，減少成本，提高工作效率。很多企業尤其是大型企業都較重視專
業人才培養與技術改造創新，在人才上，不僅高薪引進技術人才，而且很多
企業自己培養工程師與技術工人，如大生集團、榮氏企業。在技術改造創新
上，這些企業都是不遺餘力，保證了產品的競爭力與企業的生命力。同時，
不少企業家還具備較強的企業競爭意識，走品牌化路線，如南京中國水泥股
份有限公司的泰山牌水泥、無錫九豐麵粉廠的山鹿牌麵粉、無錫茂新廠的兵
船牌麵粉、無錫永泰繅絲企業的金雙鹿牌生絲、大生集團的彩魁牌棉紗等都
成為暢銷一時的名牌產品。一戰時期，江蘇出現了一批規模宏大、實力雄厚
的著名大企業與企業集團，如擁有資本額 3400 萬元、子企業數達到 69 個之
多的南通大生企業集團；擁有「福新、茂新、申新」3 大系統 10 多家工廠的
榮氏企業集團；擁有繅絲車 2000 臺的無錫薛氏集團等。

通過這時期的發展，以棉紡織業、繅絲業、麵粉業為 3 大主導產業，以
電力、機器製造、印刷、化工等產業為配套與補充，以規模經濟為龍頭，江
蘇初步形成了以輕工業為主、重工業為輔的近代機器工業體系。上百家近代
民族機器化工業企業，使江蘇成為全國的近代機器工業重心區域之一，奠定
了在全國的近代資本主義工業發展中的領先地位。以這些近代資本主義機器
化工業企業和具備資本主義性質的新舊手工業為載體，江蘇為此後的現代化
進程之路打下了堅實的基礎。

無論是兩江總督張之洞籌設商務局、兩江總督張人駿奏設勸業道以及兩
江總督端方、江蘇巡撫陳啓奏對南洋勸業會的熱心，還是各級商務局對於地
方經濟的支持，都體現了政府對於資本主義經濟發展的期待並通過種種公權
力的運用來順應來自上海的輻射及回報民間創業者的激情，在一定程度上，
對資本主義經濟的發展起到了保駕護航的作用。上海開埠後對於江蘇農業金
融業的改造、對江蘇近代企業的示範效應以及對江蘇的直接投資，既是市場

經濟發展的客觀結果，也是在江蘇公權力的開明下得以實現的，更是根植於濃厚的江蘇民間創業力基礎上的結果。傳統手工業升級、新手工業出現與近代民族資本主義機器化工業的大發展，是江蘇民間創業力的蓬勃展示，但是如果缺少政府公權力的允許與有效激勵，這一切也是不可能的。而如果沒有上海的輻射影響，這進程也將緩慢得多。三者和諧共進，才構建了江蘇「資本主義第一春」的各種內因。這種和諧不是充分的，但是絕對是有價值的，歷史也證明了這一點。

（該文與趙靜合作，發表於《江蘇商論》2006 年第 6 期）

「史上僅見」——唐宋時期儀徵交通檢閱

　　「以一小縣而握經濟要著至千餘年之久，是史上所僅見也。」〔註1〕這是近現代學者夏定域對儀徵交通價值的歷史評價。「眞州瀕江，在老岸下，溝渠池塘，皆與潮通。東接維揚，南對金陵岸。在六朝爲白沙，其後爲迎鑾，爲永貞，爲揚子。宋大中祥符年，升爲州。」〔註2〕儀徵作爲江蘇蘇中地區的一座濱江縣級市，自隋代開始，憑藉其交通優勢而走上中國漕運、鹽運、貨運舞臺，爲全國交通咽喉之一，具有特殊的交通價值，其交通地位歷經千年而不衰。檢閱唐宋時期儀徵城的交通價值，分析其崛起歷史，對於我們理解中國古代城市與交通的辨證關聯有一定的幫助。

一

　　儀徵具有全國性的交通價值，源於隋唐。

　　隋代，大興水道。大業元年（605年），隋煬帝下令開挖通濟渠。「自西苑引穀水、洛水入黃河；自板渚引黃河入汴水，經泗水達淮河；又開邗溝，自山陽（淮安）至揚子入長江。」〔註3〕邗溝開鑿於春秋末期的周敬王三十四年（前486年），吳王夫差所築。原本出於軍事需要，爲滿足軍隊向北方地區的臨時調遣功能而涉及。其水道狹窄曲折，不能通行較大的船隻。隋文帝攻伐南方陳朝之際，將原本由末口（今淮安城北）入淮的邗溝通道改爲由山陽入

〔註1〕夏定域：《由中國經濟史上所見之江蘇儀徵縣》，《國立中山大學文史研究所輯刊》，1931年第1卷第1期，第123頁。
〔註2〕《圖書集成》之揚州府部《藝文》。
〔註3〕《通鑒·隋紀》。

淮，並進行了部分拓寬工程。隋煬帝登基後，爲使其與通濟渠相配套，成爲全國南北航運的幹線，對邗溝進行了大規模的疏濬、拓寬。位於邗溝入江區域的儀徵地區便成爲這條水道上的重要節點。

幾年後的大業六年（610 年），隋煬帝下令疏鑿、拓寬原有的江南河，由鎮江沿太湖東岸直達蘇州、杭州。「敕穿江南河，自京口至餘杭，八百餘里。」〔註4〕漢晉期間皆屬江都縣的儀徵地區交通也自此升級，成爲承南啓北，溝通蘇浙，連通全國的重要區域。正是因爲儀徵交通區位的改變，而得以於唐永淳元年（682 年）設置揚子縣治。「儀徵於昔未聞也，唐始置縣，稱揚子。」〔註5〕可見，儀徵城市建設的發端實肇於其交通地位的崛起。

唐宋兩朝間，對於儀徵的交通設施都有過大規模的調整與修治，這些工程穩固了儀徵的交通地位。

這其中，最著名一次交通工程應屬齊澣開伊婁河。唐代蘇南地區向揚州轉運貨物的舊線路，多從瓜洲一帶中轉。但唐代中期，原本在江中的瓜洲與北岸逐漸連在一起，揚子渡口的船隻不能直接進入古運河，必須從瓜州沙尾繞行。費時耗力，且多風浪之險。「潤州北界隔吳江，至瓜步沙尾，紆回六十里，船繞瓜步，多爲風濤之所漂損。」〔註6〕時爲潤州刺史兼江南東道採訪使的齊澣上奏朝廷，「乃移其漕路，於京口塘下直渡江二十里，又開伊婁河二十五里，即達揚子縣。自是免漂損之災，歲減腳錢數十萬。」〔註7〕這次交通改造對於儀徵開啓千年交通名城的歷史具有重要的作用，使儀徵取代瓜洲，成爲蘇南地區貨物北運的第一北岸落腳點。

宋代對儀徵交通設施的修治依舊集中在水道運輸上。「眞揚楚泗、高郵運河堤岸，舊有斗門水閘等七十九座。」〔註8〕「眞州南岸有泄水斗門八，去江不滿一里。」〔註9〕這些設施是古人的智慧結晶，對運河航道的保障作用不言而喻。宋仁宗天啓年間，監眞州排岸司右侍禁陶鑒有新的創造，「始議爲復閘節水，以省舟船過堰之勞。」〔註10〕這是爲了解決船隻通過運河的困難，以

〔註 4〕 《通鑒·隋紀》。
〔註 5〕 《方輿紀要·揚州府》。
〔註 6〕 《舊唐書·齊澣傳》。
〔註 7〕 《舊唐書·齊澣傳》。
〔註 8〕 《宋史·河渠志》。
〔註 9〕 《宋史·河渠志》。
〔註 10〕 《夢溪筆談》卷十二。

修建復閘的方式來調節漕運河道的水位落差，便於船隻的行駛。「是時工部郎中方仲荀、文思使張綸爲發運使、副，表行之，始爲眞州閘。」〔註11〕有人稱眞州復閘是中國最早的船閘，該閘建成後，發揮了極大的交通效率。「運舟舊法，舟載米不過三百石。閘成，始爲四百石船。其後所載浸多，官船至七百石；私船受米八百餘囊，囊二石。」〔註12〕航運通行能力提升了5倍多。「歲省冗卒五百人、雜費百二十五萬。」〔註13〕節省了大量的財力人力。這種建復閘的方式收到了很好的社會與經濟效益，還陸續應用到了揚州地區的邵伯、茱萸等地的水道上，並向全國推廣，也是儀徵交通對全國交通的一個貢獻。

因爲處於長江與運河航道的十字節點上，這種水道交通的關鍵性區位使儀徵在唐代就成爲全國交通運輸的重要中轉地。「輕貨自揚子至汴州，每馱費錢二千二百，減九百，歲省十餘萬緡。」〔註14〕從儀徵向北方運送貨物，較其他路線，物流費用大爲下降。至宋代，其交通樞紐地位愈發穩固，貨運優勢愈發強勢。「本朝置發、漕兩處，最重者是江淮至眞州，陸路轉輸之勞。」〔註15〕其時，無論是水道，還是陸路，儀徵都處於樞紐地位。「揚、壽皆爲巨鎮，而眞州當運路之要。」〔註16〕而水道地位尤爲凸顯。「眞州乃外江綱運會集要口。」〔註17〕時人描述當時儀徵水運盛景云：「萬里連檣，自上流而並至。」〔註18〕不但陸路通達，江河便捷，儀徵也是唐宋時期控制海運的重要港口。咸通三年（862年），時爲鹽鐵巡官的陳磻石，就曾「往揚子縣專督海運。」〔註19〕

長江與運河的交匯，水陸聯運通達全國，短短幾十年內，交通格局的形成爲儀徵的崛起創造了條件。

〔註11〕 《宋史・河渠志》。
〔註12〕 《夢溪筆談》卷十二。
〔註13〕 《宋史・河渠志》。
〔註14〕 《新唐書・食貨志三》。
〔註15〕 《文獻通考・卷二十五國用考》。
〔註16〕 《宋史・地理志》。
〔註17〕 《宋史・河渠志》。
〔註18〕 《揚州水道記》卷二。
〔註19〕 《唐會要》卷八十七。

二

唐宋時期，作爲全國主要的交通中轉城市，經儀徵而中轉的大宗貨物主要有糧食、鹽和茶葉等。

從史書記載可見，江南地區的糧食大規模向北方運輸，約始於唐代。富庶的長安及若干北方大城市吸引了大批人口，城市規模急劇擴張，需要更多的糧食以保證城市人口的需求。「唐都長安，而關中號稱沃野，然其土地狹，所出不足以給京師，備水旱，故常轉漕東南之粟。」〔註20〕而南方地區，尤其是江浙一帶，經過長期的開發，至唐代，已成爲全國糧食產出最主要的基地，成爲全國，尤其是北方大城市糧食供應的主要來源。

經由儀徵轉運北上的糧食是京師長安的必需物資。

貞元二年（786年），京畿一代遭受旱災，糧食供應緊張。右丞元琇向朝廷提出建議，「請運江淮租米以給京師。」〔註21〕擬大規模運輸江南糧米北上。朝廷接納其建議，以浙江東西節度韓滉加江淮轉運使，「欲令專督運務。琇以滉性剛愎，難與集事，乃條奏滉督運江南米至揚子，凡一十八里，揚子以北，皆元琇主之。」〔註22〕可見當時蘇南浙江等地糧食北運的線路是由各地先運至鎮江，再過江轉運至儀徵，「轉運船由潤州轉運至揚子。」〔註23〕經由儀徵轉運揚州，復北上至長安等地。

不僅僅蘇南浙江的糧食由此北上，安徽等地的糧食也經由儀征北運。「先時郡米數萬石輸揚州，軸艫相繼，出巢湖，入大江，歲爲風波沉溺者半。乃於湖東北岸橐皋里作會廩三十九間，州東二邑人米輸於此，由申港出新婦江至白沙，人不勞，水無害。復他邑館舍，次於同食無私利，人人皆樂成。」〔註24〕從這則史料可見，安徽一帶的糧食也先由長江向儀徵運送，再由儀徵中轉北上。這也是江漕船隻經儀征北上的開始。儀徵也因而成爲具有保障長安等北方城市糧食供應安全的戰略交通重鎮。

唐中期，戰亂頻繁，爲保障漕運暢通，除了繼續穩固汴渠一線的交通外，唐中央政府還通過新增淮潁水道，以增加漕運安全。元和十一年（816年），「始

〔註20〕《唐書·國用考》。
〔註21〕《唐書·韓滉傳》。
〔註22〕《唐書·韓滉傳》。
〔註23〕《唐書·食貨志》。
〔註24〕《揚州水道記》卷一。

置淮潁水運。」〔註 25〕一旦汴渠水道出現受阻的情況，則還有淮潁水道以保障繼續運輸。「揚子等諸縣米，自淮陰斥流至壽州西四十里入潁口，又斥流至潁州沈丘縣界五百里至於陳州項城，又斥流五百里入於殷河，又三百里輸於鄧城。」〔註 26〕這條新的水運大動脈依舊以儀徵爲南北中轉中心，更加強化了儀徵的漕運交通地位。宋代也維持著這樣的格局。「江南、淮南、兩浙、荊湖路租糴，於眞、揚、楚、泗州置倉收納，分調舟船，泝流入汴，以達京師，置發運使領之。」〔註 27〕無論北上水路如何調配，儀徵皆是第一站。

　　除了漕運，唐宋時期的儀徵亦是軍事運輸，尤其是軍糧運輸的要道。每當發生戰事時，大批的軍事物資都經儀徵這個南北水運中心而調派。如咸通三年（862 年），南蠻陷交趾，唐中央政府發兵征討，大軍屯駐廣州，但後勤難以跟上。「江西湖南泝流，運糧不濟軍期。」〔註 28〕中央政府決定以海運調派軍糧，鹽鐵巡官陳磻石「往揚子縣專督海運，於是軍不闕供。」〔註 29〕宋代，「諸州錢帛、雜物、軍器上供亦如之。」〔註 30〕皆走儀徵中轉，其交通地位十分鞏固。

　　鹽是另一個經儀徵中轉的大宗物品。作爲以鹽業而興盛的揚州府的下屬城市，儀徵也在鹽業經濟中佔有自己獨特的地位與價值。宋代，淮南、淮北一代已經成爲重要的鹽業產區。僅在今天南通、泰州、淮安一帶，即有鹽場22 個。「通、楚州場各七，泰州場八。」〔註 31〕朝廷在淮通、泰、楚三州共設有五座鹽倉，「凡鹽之入，置倉以受之，通、楚州各一，泰州三。」〔註 32〕同時在儀徵設立轉般倉，「以受通、泰、楚五倉鹽。」〔註 33〕南方各地的漕運船隻到了儀徵，將糧食卸下，換載鹽後，再返回。「江南、荊湖歲漕米至淮南，受鹽以歸。」〔註 34〕對儀徵在宋代鹽業運輸中的重要作用，《宋史・食貨志》說的十分清楚：「淮南鹽自通、泰、楚運至眞州，自眞州運至江浙荊湖。」

〔註 25〕　《唐會要》卷八十七。
〔註 26〕　《唐會要》卷八十七。
〔註 27〕　《宋史・食貨志》。
〔註 28〕　《唐會要》卷八十七。
〔註 29〕　《唐會要》卷八十七。
〔註 30〕　《宋史・食貨志》。
〔註 31〕　《宋史・食貨志下四》。
〔註 32〕　《宋史・食貨志下四》。
〔註 33〕　《宋史・食貨志下四》。
〔註 34〕　《宋史・食貨志下四》。

〔註35〕在儀徵設立轉般倉，就是爲了這個目的。也因此，儀徵成爲淮鹽輸出的重要口岸。清代儀徵作爲重要的鹽業港口而享譽全國，其基礎便始於此。

自唐朝開始的茶稅制度，建立於茶葉專賣政策的基礎上。茶稅對於中央政府的財政收入十分重要，宋代也因循唐制，進一步發展。而研究茶葉專賣制度的實施與茶稅收入，也不能迴避儀徵。「宋榷茶之制，擇要會之地。」〔註36〕此「要會之地」，共有六處，分別是江陵府（今湖北荊州）、眞州、海州（今江蘇連雲港）、漢陽軍（今武漢）、無爲軍（今安徽無爲）、蘄口（今湖北蘄州），儀徵赫然名列其中。

嘉祐六年（1061 年），「國朝六榷貨務，十三山場，都賣茶歲一千五十三萬三千七百四十七斤半，祖額錢二百二十五萬四千四貫一十。」〔註37〕而儀徵之榷，接受潭、袁、池、饒、歙、建、撫、筠、宣、江、吉、洪州、興國、臨江、南康等地軍片散茶，共計二百八十五萬六千二百六斤，占全國該年總額的近三成，祖額錢達到五十一萬四千二十二貫九百三十二，占全國該年總額的二成多。〔註38〕足見儀徵在全國茶葉專賣制度中的地位，也印證當時的儀徵確爲全國茶葉中轉中心之一。

糧食、鹽、茶等大宗貨物的運輸，都依賴於儀徵交通的獨特優勢地位，使儀徵在全國經濟命脈中佔有一席之地。

三

優勢交通價值帶來的強大引力給儀徵城市的發展帶來了資金流、信息流、人流與活力，造就了儀徵在唐宋時期的繁華。

唐前的儀徵，「與古未聞也」〔註39〕。但唐宋時期，儀徵因鄰近的揚州爲天下都會，更因「漕鹽以給江淮，而運行入於中州。」〔註40〕憑藉其交通價值，短時期內，由始設縣的「未聞」小城一躍而爲江北地區的重要口岸城市。所謂「四方錯處，邑屋日增，其勢甚衝會，……固已望於江左矣。」〔註41〕

〔註35〕《宋史‧食貨志下四》。
〔註36〕《宋史‧食貨志五》。
〔註37〕《夢溪筆談》卷十二。
〔註38〕《夢溪筆談》卷十二。
〔註39〕《圖書集成》之揚州府部《藝文》。
〔註40〕《圖書集成》之揚州府部《藝文》。
〔註41〕《圖書集成》之揚州府部《藝文》。

對於唐宋時期儀徵的交通地位，古代即有人作過評價。歐陽修曾譽其地位之重要，曰：「眞，天下之衝也。」〔註42〕《圖書集成》評價儀徵：「水行當荊湖閩越江浙之咽，陸走泗上不三日，又爲四達之衢。」〔註43〕儀徵成爲中國南北黃金水道的中心、海運的重要節點，成爲揚州與外部城市交通的陸路要害，開啓了其「千年僅見」的交通樞紐的歷史。

結合其交通價值，儀徵設有一些超越普通州縣規制的官職。唐代在儀徵設有鹽鐵留後、五道兩稅使等官職，又設有巡院管理鹽務，「自淮北置巡院十三：曰揚州……白沙。」〔註44〕其中鹽鐵留後主管漕運、鹽利等財政，其地位十分重要。唐末改揚子院爲發運使，宋沿唐制。「眞爲州，當東南之水會，故爲兩浙荊湖發運使之治所。」〔註45〕設有眞州及泗州兩處發運司。「發運司一員在眞州，督江浙等路糧。一員在泗州，趣自眞州至京糧道。」〔註46〕而儀徵的發運司權力尤爲重要，「發運之權，江淮爲重，治眞州。」〔註47〕還設有眞州排岸司負責水運綱船等事宜，「掌水運綱船輸納雇直之事。」〔註48〕以及眞州下卸司等官職。

儀徵境內有銅山，自古有冶煉傳統。唐代開元間於儀徵設有造幣場。「沿出銅所在置監，鑄開元天寶錢」。〔註49〕朝廷在廣陵、丹陽兩地設監，並在儀徵，由鹽鐵使管理。《太平寰宇記》稱：「廣陵監、丹陽監並置在縣郭，每歲鹽鐵使鑄錢一萬一千餘貫。」〔註50〕造幣場的設置使得儀徵在全國貨幣金融業也具有一定的話語權。

具有優良船舶製造環境的儀徵，因爲濱江近海，唐宋時期即設有相當規模的造船廠。史書記載唐中期時，在揚州至河陰一段，有大量造船工場。名臣劉晏在揚子縣一帶曾設立了 10 個造船場，「差專知官十人」主其事。〔註51〕這 10 個造船場至少持續了 50 年，每船給千緡，規模巨大。曾「爲歇艎支江

〔註42〕 歐陽修：《眞州東園記》。
〔註43〕 《圖書集成》之揚州府部《藝文》。
〔註44〕 《唐書・食貨志四》。
〔註45〕 歐陽修：《眞州東園記》。
〔註46〕 《玉海》漕運條。
〔註47〕 《玉海》漕運條。
〔註48〕 《宋史・職官志》。
〔註49〕 《唐書・食貨志四》。
〔註50〕 《太平寰宇記》。
〔註51〕 《方輿紀要・揚州府》。

船二千艘」〔註52〕，即以「每船受千斛。十船爲綱，每綱三百人，篙工五十」〔註53〕統計，其用工之浩大可見一斑。這是史料中有記載的大型造船場，儀徵及其周圍所設立的中小型造船工坊應不在少數。這些造船廠所造船舶都是爲儀徵轉運大宗貨物而設置的。唐天寶元年（742年），鑒眞應日本僧人榮睿等邀請，擬東渡日本，曾在儀徵伊婁河一帶造船。可見儀徵造船工場基礎。即今日儀徵現代造船業之發達，其傳統可尋。

交通價值帶來商業集聚，唐宋儀徵城市的商業繁榮景象，不亞於一些區域性的大城市。其時的儀徵，城市富裕，庫藏豐庶。自九世紀至十世紀間，儀徵「發運司常有六百餘萬石米，百餘萬緡之蓄，眞泗二倉常有數千石之儲。」〔註54〕時人熟知「揚一益二」之譽，稱：「唐世鹽鐵轉運使在揚州，盡幹利權，判官多至數十人，商賈如織。故諺稱『揚一益二』，謂天下之盛，揚爲一而蜀次之也。」〔註55〕《圖書集成》中則對儀徵城市發展另有評價，稱其：「行商舶賈，遠近畢集，故爲江壖一都會，號稱『揚一眞二』。」〔註56〕雖然僅是譽美之辭，但據《文獻通考》記載，其時儀徵每年可徵收商稅在五萬貫以上，酒稅在十萬貫以上，確有過人之處。經濟對文化有吸引力，天下賢士也紛紛群集儀徵。歐陽修曾作《眞州東園記》，描繪儀徵對天下人才的吸引。「四方之賓客往來者，吾與之共樂於此，豈獨私吾三人者哉？然而池臺日益以新，草木日益以茂，四方之士無日而不來。」〔註57〕

今日較之夏定域所在時代，又歷近百年，回顧唐宋時期開啓的儀徵千年交通史，展望今日儀徵交通，更有別樣風情。

（該文以《論唐宋時期儀徵交通的地位與價值》爲題，發表於《揚州職業大學學報》2016年第1期）

〔註52〕《新唐書·食貨志》。
〔註53〕《新唐書·食貨志》。
〔註54〕《玉海》漕運條。
〔註55〕（宋）洪邁：《容齋初筆》卷九。
〔註56〕《圖書集成》之揚州府部《藝文》。
〔註57〕歐陽修：《眞州東園記》。

區域文化史論

傳說與眞實：試述先秦揚州文明的脈絡

　　從史前到春秋戰國，揚州大地上曾生活著人類的各種族群，他們繁衍生息，爭鬥交流，共同創造了先秦時期揚州地區的人類文明史。

一、石器時代的揚州史前人類文明

　　作爲燕山運動以來長期緩慢沉降的江蘇坳陷帶的一個部分，在第四紀的時候，蘇北江淮地區曾經遭受海水淹沒，形成淺水海灣。而這個坳陷帶的西緣，受到西側低山丘陵緩慢上升的影響，從海平面下逐漸升起，形成陸地，但是還殘留著部分窪地和水形成湖泊。〔註1〕

　　關於這一地區最早的人類活動，學術界頗多爭論，但大致可上溯至公元前 3 萬年前。傳說中，一群史前人類沿沭河南下遷移定居於今連雲港朝陽區一帶，繁衍生息，其領袖被稱爲天皇，其族群便被稱爲天皇族。天皇族種稻漁獵爲生，承認私有制，並互相聯合進行防衛。距今一萬五千年左右，東海海面年均上漲 5 釐米，兩千年的時間內上漲了 100 多米，大批天皇族農田被淹沒。兼之原在膠東半島活動的以太昊爲首的東夷族南下，壓縮天皇族生存空間，天皇族被迫南遷或與東夷混居。距今七、八千年前，南遷的天皇族抵達了今天揚州的高郵一帶，聯合與從江南北上的共工氏反擊東夷，站穩了腳跟，龍虬莊即爲其據點之一。

　　距今 7000～6000 多年前的揚州屬於北亞熱帶季風氣候區，四季分明，雨熱同季，海拔 2～3 米，年平均氣溫爲 27.3℃，年均降水量爲 1014.4mm，無

〔註1〕 單樹模等：《江蘇地理》，江蘇人民出版社 1980 年版，第 25 頁。

霜期約 220 天。〔註 2〕海岸線大約沿連雲港東─灌雲─灌南─阜寧羊寨─鹽城龍崗─大崗─東臺西，向南折至海安沙崗，再下向折經姜堰─泰州─揚州一線。此後海岸線不斷向西推進。〔註 3〕這一帶的江淮平原，生態環境優越，植被茂盛，水網密佈，生物資源也十分豐富，是古龍虬莊人生活的天堂。

20 世紀 70 年代，在距高郵市東北約 8 公里的龍虬莊鎮〔註 4〕龍虬莊村，出土了若干陶器殘片和動物骨骸，該地被命名爲龍虬莊遺址。後歷經 4 次大規模考古勘察，提供了大量這一時期揚州先民生活生產的實際資料。該遺址由遺跡 4 處、灰坑 35 處、墓葬 402 座組成。約有 5 萬平方米，爲近似正方形，水道環繞四邊。共出土文物有陶器、玉器、石器、角骨器等 1200 餘件〔註 5〕。經過 C14 測試，龍虬莊文化被劃分爲 8 個文化堆積層，其第 4 至第 8 層爲新石器文化層，距今約 7000～6300 年。

從年代及考古遺址狀況推斷，古龍虬莊人已處於母系氏族社會的後期，他們以群居方式生活，男性平均身高約爲 1.67 米，女性平均聲高爲 1.54 米，人均壽命爲 25.73 歲。他們以漁獵與耕作爲生。漁獵的對象爲魚、龜、螺、蚌等水生動物；鹿、獐等陸地動物及鳥類。他們已經飼養家畜，包括犬、豬。也飼養一些水生動物，他們挖掘各種形狀的深坑以飼養魚、蚌類。古龍虬莊人已有相當程度的稻作技術水平。在其遺址的第 8、7、6、4 層皆發現了人工栽培的炭化梗型稻米。

陶器、骨角器、石器、玉器，是古龍虬莊人所使用的主要工具。有陶釜、鼎、盂、匜、壺、罐、釜等，大多爲灰陶，紅陶、黑陶較少。還有以動物的角、骨製作的錐、針、鑿、紡輪、勺、墜、笄、斧、鋤、刀、叉、匕、鏃、鏢等骨角器。

古龍虬莊人居住於地面，他們的建築物有干闌式與地面式兩種主要類型。干闌式建築較爲簡陋，地面建築則有牆基、柱洞，在其內部，還會鋪墊一層碎蚌殼作地面。

古龍虬莊人以東爲尊，他們的墓葬大部分頭東腳西，面部稍側向南。墓

〔註 2〕 李民昌等：《高郵龍虬莊史前人類生存環境與經濟生活》，《東南文化》1997 年第 2 期，第 32 頁。

〔註 3〕 吳建民：《蘇北史前遺址的分佈與海岸線變遷》，《東南文化》1990 年第 5 期，第 246 頁。

〔註 4〕 原名一溝鄉。

〔註 5〕 一說 2000 餘件。

葬爲層層疊壓，最淺處離地面僅有 0.3 米，以單人葬爲主。屍體一般以仰臥直肢爲主，也有少量俯身及屈肢葬、二次葬等形式。墓葬一般會附有隨葬品，放置於屍體頭側、身側或足部。屍體一般頭頂紅陶缽或者面部扣以紅陶豆〔註6〕，並在缽或豆的底部鑿一小孔。

大約在距今五千年前，古龍虬莊人已使用陶文，遺址內一片陶盆口沿的殘片上，刻著一段含有 14 個文字符號的陶文。有學者考證其文字來源爲古夷文（刻畫符號）或象形符號（大汶口遺址文字），爲一篇祭文，其內容爲：「水族祖妣在上，現貢肥魚、雄雞、金龜、老牛共十筒。請享用。並保祐子孫平安昌盛」。〔註7〕

大約五千五百年前，海平面繼續上漲，大量農田被淹，古龍虬莊人不得不繼續向南遷移。研究者認爲其去向近者爲今天的蘇南蘇州一帶，遠者爲廣西乃至日本。古龍虬莊人從江淮大地消失了。

龍虬莊文化延續達 1500 年之久，其稻作農業「與浙江餘姚河姆渡遺址所發現的稻作遺存相當」〔註8〕。龍虬莊遺址的考古發掘，證明在江淮東部，存在著一個文化序列完整、特徵穩定的，與海岱文化區、環太湖文化區所不同的江淮東部文化區。這個史前文化區以龍虬莊文化爲代表，他們是包含揚州地區在內的江淮地區石器時代的主人。

二、三皇五帝、夏商時代的揚州人類文明

上古時期，淮河獨流入海，與其平行的有汝水、穎水、泗水等 19 條大支流，這些支流又分出沃、湛、汦、潢、沂、沭等小支流，在江淮平原上，密集的河流與遍佈的水澤形成了不同於中原地區的獨特景觀。《孟子·滕文公》稱三代時淮河流域「草木暢茂，禽獸繁殖」。而揚州所處的淮南地區更是低下潮濕，水澤縱橫，生靈茂盛。

續古龍虬莊人後，關於江淮之地的人類，尤其是淮南之地的主人，在銘文中曾出現「東夷」、「淮夷」、「徐」、「舒」等詞，但關於他們具體繁衍遷徙消長的過程，至今仍有爭論。較爲公認的說法是以徐、淮夷、東夷等氏族組

〔註6〕 面扣紅陶豆儀式可能爲該地區特有。見張敏：《高郵龍虬莊遺址的發掘及其意義》，《東南文化》1995 年第 4 期，97 頁。
〔註7〕 劉志一：《龍虬莊陶文破譯》，《東南文化》1998 年第 1 期，59 頁。
〔註8〕 王才林、張敏：《高郵龍虬莊遺址原始稻作遺存的再研究》，《農業考古》，1998 年第 1 期，172 頁。

成的東夷集團佔據著山東南部及江淮流域，各個名為「舒」的小氏族集團則為徐的旁支，分佈於今天的安徽淮南一帶。其中徐最為強大，為東夷首領。堯舜至夏，東夷集團在這裡繁衍生活，以鳥為圖騰，創造著不同於中原的東夷文化。

他們的生產力有了進一步發展，至夏朝建立前，農業產品已經能夠有大量剩餘，他們已經會製酒，其民風也十分粗獷。《後漢書·東夷傳》記載「東夷率皆土著，喜飲酒歌舞。」東夷的部落首領皋陶、伯益曾經率領東夷集團協助大禹治理水患，他們的功績得到了舜的肯定，並將姚姓之女賞賜於伯益為妻。《史記·秦本紀》記載：「女華生大費（伯益），與禹平水土，已成，帝錫玄圭。禹受曰：『非予能成，亦大費為輔。』帝舜說：『諮爾費，贊禹功，其賜爾皂遊。爾後嗣將大出。』乃妻之姚姓之玉女。大費拜受，佐舜調馴鳥獸，鳥獸馴服，是為伯翳（伯益），舜賜姓嬴氏。」

夏朝初期，因為禹與皋陶、伯益曾同為舜臣，一起治理水患，夏與東夷、淮夷等部落的關係較為融洽。《國語·周語上》稱：「夏之興也，融降於崇山；其亡也，回祿信於聆隧」，反映了夏與東夷集團的友好關係。皋陶的後裔英、六、蓼等國逐漸華夏化，成為夏的諸侯國。群舒為皋陶之後，偃姓，與徐近親或係其別支。徐與舒，同音通用，別部離開它們的宗邦，還戴著舊日的名字。由於舒人與淮水一帶的夷人相距不遠，有的學者將其歸入東淮夷範疇。皋陶的胞族伯益之後鍾離、黃等則被禹封於淮水流域。

夏朝建立後，農業、手工業、商業飛速發展。史前文化不落後於中原的東夷部落地區，開始逐漸落後，但是其軍事力量還很強大。《路史·後紀》卷十四記載：「太康既尸天子，以佚豫蔑厥德」，「於是四夷背叛，黎民咸貳。」不滿於太康的暴政，從夏太康起，東夷與夏爆發戰爭，戰爭持續了 40 年。東夷首領后羿曾一度擊敗夏朝，代理夏政。《史記·夏本紀》云：「昔有夏之衰也，后羿自鉏遷於窮石，因夏民以代夏政。」後寒浞殺后羿，取代東夷領袖。夏與東夷之間的戰爭也時打時停。《竹書紀年》記載帝相「二年，征風夷及黃夷。七年，於夷來賓。」少康復位，「方夷來賓」。後芬「發即位，三年，九夷來御」。後泄「二十一年，命畎、白夷、赤夷、風夷、陽夷。」等都是當時雙方戰爭的寫照。雙方也有和平相處的時間，如帝相子少康執政期間對東夷未發動大規模戰爭。到桀執政時，其政暴虐，引起天下諸侯紛紛叛亂，東夷集團也隨即向西侵入夏朝腹地，桀於是在有仍大會，派兵大舉攻伐東夷並大

破之。同時，作為東夷一支的商湯起兵伐夏，得到了得到了東夷集團的響應。商與東夷集團聯軍向西攻擊夏朝伊、洛地區，直到黃河關中一帶，終於將夏朝推翻。

商初，由於一同反抗暴桀，東夷集團成為了商的可靠盟國。直到太戊時，由於商朝的壓迫與剝削，導致了夷人的反抗。東夷集團中的兩大族團為淮夷和徐夷在商代都建立了方國。徐夷與淮夷都力圖與商王朝爭奪控制權，於是引起了商王朝對其的征伐。卜辭記載帝辛十祀九月甲子占卜「征夷方」，「紂克東夷而隕其身」。商紂擊敗了東夷，但是卻被來自西歧的周滅了。

夏、商時代的東夷，通過與中原不斷的戰爭，客觀上也促進了兩個地區的文化經濟交流，淮河流域與中原華夏族的聯繫也逐漸的密切起來。

三、周時代的揚州

西周早期，東夷概念往往可以包括淮夷。西周中期後，東夷被鎮服，文獻（包括金文）中淮夷多見，東夷只是偶而提及。東夷和淮夷的分野開始明確，出現兩者並存的現象，淮夷有時又被稱為南淮夷。

今天揚州城西北的蜀崗之上〔註9〕，生活著淮夷的一支部落，因其地靠近水畔與河岸，故得名「干」〔註10〕。約公元前1050年周武王滅商後，分封諸侯，以其子封邗，干部落即成為西周的封國，為邗國。邗，從邑干聲，有涯岸與國都之意。作為一個「邑」的邗國，也僅為在原始村落的聚落基礎上得以發展而已，其部落活動範圍應限制於蜀崗東、西、北三面鄰近地區。〔註11〕

整個西周時代，南淮夷諸國與周王朝關係微妙，時而稱臣，時而反叛，周王朝則兩種手腕並施，撫慰臣服者，鎮壓反叛者。根據銅器銘文及文獻的記載，周初及穆王、厲王、宣王時期，淮夷都曾發動大規模的反抗，壓迫周王朝的統治南線長期局限於汝水一線。《書・大浩序》稱周武王去世後，「武王崩，三監及淮夷亂」。《史記・魯周公家》稱東夷集團幫助武庚叛亂。《史記・周本紀》：「召公為保，周公為師，東伐淮夷，殘奄，遷其君薄姑」。周王朝遂

〔註 9〕 關於古邗城區域，有漢朝廣陵城區域說；有漢廣陵城西部說；有漢廣陵城東部說。

〔註10〕 《管子・小問》：「干，江邊地也。」亦有學者稱此干國為太湖地區古干國遺族，夏禹王殺其君而並未亡其國，它直至公元前680年前後被吳國皮然王所滅，餘部又逃至揚州地面建立成「邗國」。姑為一說。

〔註11〕 詳見吳子輝：《揚州建制筆談》，江蘇古籍出版社2004年版，3頁。

以召公為太保，周公為軍師，向東討伐淮夷和殘奄。《呂氏春秋‧古樂》：「商人服象，為虐於東夷，周公遂以師逐之，至於江南。」有學者說曾一直打到津地〔註12〕。

經過西周初年幾次大的軍事打擊後，徐夷、淮夷及群舒南遷至淮河沿岸，其中淮夷遷移最早。這裡，周王朝的勢力還很微弱，徐、夷、淮夷與淮河、泗水流域的土著人結合，形成了一個大的盟邦，稱「淮夷」。此時徐夷、淮夷合體，史有徐即淮、淮即夷之說。因為徐夷人曾有伯王之封，因而盟邦之主為徐夷人。他們與今安徽境內的群舒結盟，共同抵抗西周。《後漢書‧東夷傳》：「厲王無道，淮夷入寇，王命虢仲征之，不克。」《禹鼎》記載在周厲王時期，鄂國聯合南淮夷諸國反叛周王朝，一度逼近西周腹地宗周。周厲王命令西六師和殷八師反擊，他下令，無論老少，格殺勿論。但西六師與殷八師未能完成任務，後由武公率領其氏族軍隊，才擊敗了聯合叛軍。《敔簋》也講述了同樣的歷史，並提到這次作戰，斬首上百，還救出了被俘的 400 周民。「淮夷、徐戎亦並興反，於是伯禽率師伐之，幹臚，作《臚誓》（即《費誓》）。《史記‧周本紀》：「成王既伐東夷，息慎來賀」（此裏的東夷，或作淮夷）。《尚書‧蔡仲之命》：「成王東伐淮夷，遂踐奄，作《成王政》。」從這些記載中，可見當時淮夷與周王朝作戰的頻繁與激烈。

至周宣王中興，淮夷人勢力逐漸強大起來，到徐偃王時十分強盛。他率領淮夷攻伐其他宗國，將勢力向北擴展至洛水、伊水流域。迫使周穆王承認其在淮河流域的宗主地位。《路史‧後紀七》云：「（周）王命徐伯主淮夷三十二世，君偃一段仁義，而賓國三十六，周王剋之。」當時向徐臣服的有 36 個小國。周宣王登位後既在齊、葉、甫等地準備武備，若干年後，開始對淮夷大規模用兵。終於迫使其臣服，納貢並承擔王役。但是與淮夷的大規模戰爭消耗了周王朝的實力，成為了周王朝最終衰敗的重要原因之一。

這個時期，包括淮南在內的淮河流域經濟文化有了進一步的發展。水稻種植技術有了提高，麥子種植增多。一些經濟作物也開始種植，常見的有漆、桑、柞及各種果樹。淮夷人善於飼養蠶桑，採用平放式織機織絲。農具以木、石器為主，淮河流域處於江淮銅礦帶，因而青銅器的鑄造有較高的水準和規模，高於中原以外的其他地區，以至於西周王朝也將爭奪銅礦資源作為攻伐淮夷的目的之一。征伐淮夷的銅器銘文中及文獻中有「俘吉金」、「俘戎器」、

〔註12〕今揚州寶應縣南。

「大略南金」等語。「金三品」則是淮夷向周王朝進貢的主要物品。水利有所發展，開始人工灌溉。但是農業生產的發展還不足以成爲唯一的經濟支柱，畜牧、漁獵和採集依然也是其生活資料的重要來源，在其生產生活中佔據著重要的地位。商品經濟有一定發展，貝、石貝、蚌貝等貨幣已經流通。

公元前 770 年，周平王東遷，春秋開始，進入諸侯爭霸的時代。隨著諸侯國的興起，西周時的一些強盛勢力集團紛紛瓦解與崩潰，在淮河流域，淮夷勢力逐漸式微，夾雜在楚、吳及華夏諸國的勢力範圍下，在大國爭鬥中尋求生存。雖然還曾經有過較大作爲，如魯僖公十三年，《左傳》云：「淮夷病杞，且謀東略也」。淮夷進攻杞國，也曾遭受魯國等國家的攻擊。見《通鑑外紀》記載：「（周）襄公八年冬，（魯）僖公會諸侯於淮上，謀東略，未幾，遂伐淮夷。」還曾和其他國家聯合攻擊吳國，即《春秋·昭公四年》所云：「楚子、蔡侯、陳侯、許男、頓子、胡子、沈子、淮夷伐吳。」但基本已經處於沒落境地。

當時地處揚州地區中心區域的邗國（干國）作爲一個方圓不過數十里的小國，跟隨著淮夷的進退。其時干國的金屬冶煉技術相當發達，能夠製造利刃。《戰國策·趙策》稱：「夫吳干之劍，肉試則斷金馬，金試則斷截盤；薄之柱上而擊之，則爲三，質之石上而擊之，則碎爲百。」傳聞的干將作劍，一種說法稱所謂的「干將」即爲干國的工匠。《吳越春秋·闔閭內傳》載：「干將作劍，採五山之鐵精，六合之金英，候天伺地，陰陽同光，百神降臨，天氣下降，而金鐵之精不銷淪流。於是干將不知其由。莫耶曰：『子以善爲劍聞於王，使子作劍。三月不成，其有意乎？』干將曰：『吾不知其理也。』莫耶曰：『夫神物之化，須人而成。今父作劍，得無得其人而後成乎？』干將曰：『昔吾師作冶，金鐵之類不消，夫妻俱入冶爐中，然後成物。吾今後世，即山作冶，麻絰葌服，然後敢鑄金於山。今吾作劍，不變化者，其若斯耶？』莫耶曰：『老師親爍身以爲物，吾何難哉？』於是干將妻乃斷髮剪爪投於爐中。使童女童男三百人鼓橐裝炭，金鐵乃濡，遂以成劍。」

在邗國的南面，有逐漸強大起來的吳國，爲其最大的敵人。其西及東北面，有屬於徐夷的群舒各小國〔註 13〕。春秋時，邗與吳的戰爭持續了很長時間。戰事最激烈的時候，邗國的青壯年全部上了戰場，連 7、8 歲的小孩子也

〔註13〕 在春秋淮南之地有群舒之國：曰舒、曰舒蓼、或曰蓼、曰舒鳩、曰英、曰六、曰巢等，群舒爲徐之餘子餘胤之別封者。

想上陣抵抗，因為還留有乳齒，軍士不同意其請求，孩子遂自己打落掉自己的乳齒，顯示自己已經成人，方得以從軍。《管子‧小問》云：「昔者吳、干將，未齓不得入軍門，國子摘其齒，遂入，為干國多。」這些足證當時兩國交戰的激烈。干國由於國力無法與吳國相抗衡，儘管經過舉國皆兵的抵抗，還是在西周晚期或春秋初被吳國所滅。〔註 14〕

　　吳佔領邗（干）國後，為了增強吳國的防禦能力，闔閭大力修建城郭。大小城郭紛紛出現。闔閭時，吳國有「吳大城」、「吳小城」、「干城」、「古城」、「無錫城」等。其中的「干城」即「邗城」，為公元前 486 年在邗邑舊址上建築邗城，作為屯兵儲糧之所，屬於軍事城堡性質，也是史料記載的揚州地區第一座城邑。邗城的修建，使得吳國在長江以北有了一個堅固的橋頭堡，便利其北上爭霸的戰爭。同邗城一樣的這些軍事城堡內屯積著大量的軍事物資，城牆高聳，護城河寬廣，兵士健壯，武器精良，由通明軍事韜略的大夫統轄著。吳滅邗（干）後，曾經吳、邗（干）並稱。出土的一些春秋時代的古文字資料稱吳國為「邗」，邗王則是野戈。邗王即吳王，就是壽夢。20 年代出土於河南衛輝附近的禺邗王壺，其銘文曰：「禺（遇）邗王於黃池，為趙孟庎（介），邗王之惕（賜）金，臺（以）為祠器。」〔註 15〕此銘文所記即《春秋》哀公十三年「公會晉侯及吳子於黃池」之事，趙孟即趙鞅，邗王即吳王。也有學者稱邗邑不僅為軍事要塞，且吳國春秋期間曾遷都於此。〔註 16〕也為一家之說。修建邗城後，吳王夫差在此開挖水道，以溝通江淮。《左傳‧哀公九年》：「城邗（今揚州市西北），溝通江淮。」這條水道從長江開始，向北再向東北經武廣、陸陽兩湖（今高郵西南），連接樊梁湖（今高郵北部 10 公里）、博文湖（今寶應東南約 45 公里）諸湖，再折向西北至末口（原淮安縣以北之神堰處，早圮），然後入淮。〔註 17〕這條水道即今天的古邗溝，也即古代大運河的源頭。

〔註 14〕　吳子輝：《揚州建制筆談》，江蘇古籍出版社 2004 年版，3 頁。

〔註 15〕　釋讀依楊樹達：《積微居金文說（增訂本）》，中華書局 1997 年版，170～171 頁。

〔註 16〕　詳見王暉：《西周春秋吳都遷徙考》，《歷史研究》2000 年第 5 期，63～78 頁。

〔註 17〕　（晉）杜預《春秋左傳集解》：「（吳）於邗江築城穿溝，東北通射陽湖（注：中經武廣、陸陽──兩湖在今高郵西南、樊梁──一說樊良湖，今高郵北部 10 公里、博文──一說博芝湖，今天寶應東南約 45 公里。諸湖），西北至末口（原淮安縣以北之神堰處，早圮）。入淮，通糧道也，今廣陵邗江是。」（北魏）酈道元《水經注》：「昔吳將伐齊，北霸中國，自廣陵城東南築邗城，城下掘深溝，謂之韓江，亦曰邗溟溝，自江東北通射陽湖，西北至末口入淮。」

　　屬於吳國時的邗邑，離楚境不遠，吳楚自壽夢二年（公元前 584 年）以來的 100 餘年間，戰爭不斷，其中有兩次戰爭鄰近邗邑，分別為公元前 559 年秋的吳楚棠之役、公元前 538 年秋的吳楚朱方之役。整個春秋時期，邗邑始終屬於吳國，未受大的侵擾。〔註18〕闔閭九年（前 506 年），吳聯合唐、蔡在柏舉與楚決戰，五戰五勝，佔領楚都郢，取得了《淮南子·泰族訓》所稱「燒高府之粟，破九龍之鐘，鞭荊平王之墓，舍昭王之宮」的輝煌業績，吳王不再滿足於在東南一隅的霸主，不顧民力，進行曠日持久的中原爭霸之戰。邗溝建成後，其軍事功能立刻得到了充分發揮，吳軍由此北上中原，實現了吳王爭霸的願望。邗溝修建的第二年（公元前 485 年），吳王夫差即北上攻齊。〔註19〕通過與齊國的幾次戰爭，終於臣服了齊國。公元 482 年，當吳王夫差不聽太子友「螳螂捕蟬，黃雀在後」的勸告，執意傾全國之兵北上，於黃池（今河南封丘西南）與晉國爭奪霸權時，越國出兵攻佔其都邑姑蘇，大敗吳軍。夫差返回吳國後，向越求和。國力大大削弱的吳國，終於於周元王三年（公元前 473 年）為越所滅。邗也隨之屬越。

　　進入戰國時期，周顯王三十六年（公元前 333 年），楚國擊敗越國，越王無彊被殺，邗城被楚所佔。《史記·六國年表》稱楚懷王十年（公元前 19 年）楚國在此設縣，「城廣陵」。楚國在廣陵建城的目的，還是出於軍事目的，因為當時越國依然控制著廣陵周圍的吳邑、琅邪、雲陽等邑。直到公元前 301 年，楚攻克吳、琅邪等邑，廣陵城的軍事功能才告一段落。

　　綜上，從遠古至戰國，處於江淮之東的揚州一直是溝通南北中華文明的重要地區，其自身文明發展脈絡也清晰有序。在與南北地域文明的戰爭與交流中，先秦時期的揚州文明也不斷進步，生生不息。

（該文發表於《江南大學學報》（人文社會科學版）2016 年第 6 期）

〔註18〕棠：今江蘇六合縣境。朱方：今江蘇丹徒縣境。吳楚棠、朱方兩役見吳子輝：《揚州建制筆談》，江蘇古籍出版社 2004 年版，4 頁。
〔註19〕《吳越春秋·夫差內傳第五》：「十一年，夫差北伐齊。」

新文化史學視野下的「盛清揚州」

　　文化的核心是人，運用知識體系和價值體系的人的群體成爲文化的載體。因而一個城市的文化是體現在這個城市的居民享受的特定的文化氛圍中的既流動而又相對固定的物質、制度與觀念意識的集中表現。上世紀 80 年代，西方「新文化史學」理論的興起，爲我們研究中國城市文化的變遷開闢了新的思路。「新文化史學」是一種借用社會史學「自下而上」關注普通人物和群體的心智內在變遷的研究範式。「在它的位置上，出現了一種新的對文化史的強調，身份、意識和心態等方面替代了社會結構、社會組織和社會權力的經濟基礎。歷史學中的宏大敘事和偉大目的論的崩潰，幫助個體的人恢復了在歷史記錄中的位置。歷史學家重新開始書寫人，尤其是關於那些卑微的、普通的人們、歷史上的無名者、歷史轉變進程中的失敗者和旁觀者。」〔註1〕對於康乾盛世的揚州城市文化的變遷研究，同樣適用於此種範式。

　　按照傳統觀點，「康乾盛世」起於康熙二十年（1681）平三藩之亂，止於嘉慶元年（1796）川陝楚白蓮教起義爆發，持續百餘年之久。客觀評判，所謂「康乾盛世」實現了疆域的擴張與穩定；造就了經濟規模、文化藝術的大發展，但就社會發展與思想解放程度而言，康乾時期恰恰是中國社會由前進轉向停滯的一個階段，在西方工業革命發展的同時，中國卻在物質、制度、觀念三個文化層次上保守不前。體現在揚州這一康乾盛世的代表城市，也是盛世的重要成果上，其城市文化的百年變遷則有具體的表現形式。

〔註1〕 Richard・J・Evans，「Prologue：What is History？」David Cannadine，ed.，NewYork：Palgrave Macmillan，2002，pp.8～9。

一、城市經濟發展的政治化因素與城市文化的慣性

學者們普遍承認，揚州城市的經濟發展是與交通環境和鹽業經濟密切聯繫的。其實交通環境與鹽業經濟兩因素皆非自然，而是人爲所成。可以稱揚州城的清代崛起是與政治有著密切聯繫的。

清代，與全國其他城市一樣，揚州城市經濟發展的基礎是農業經濟，並非鹽業經濟。首先是魚米之鄉的物質保障，才有了以鹽業爲支柱的城市商品經濟的發展。康乾時期，清廷對農業經濟恢復與發展十分重視。無論是康熙還是雍正、乾隆，對於揚州地區的農業生產一貫高度重視。即以康熙爲例，康熙二十三年（1685），皇帝南巡，時揚州里下河地區被水。「御舟過高郵湖，見民間田廬多在水中，惻然念之。因登岸巡行堤畔十餘里，召耆老詳問致災之故，復諭王新命曰：『朕此行原欲訪問民間疾苦，』凡有地方利弊，設法興除，使之各得其所。昔堯憂一夫之不獲，況目覩此方被水情形，豈可不爲拯濟耶。」〔註2〕至邵伯鎮後，召吏部尚書伊桑阿、工部尚書薩穆哈往視海口，諭曰：「朕車駕南巡，省民疾苦，路經高郵、寶應等處，見民間廬舍田疇被水淹沒，朕心甚爲軫念。……今將入海故道，濬治疏通，可免水患。……務期濟民除患。總有經費，在所不惜。爾等體朕至意速行。』」〔註3〕康熙三十八年（1700），康熙過高郵，見石堤間有損壞者，諭河道總督王新：「爾可即行修葺。」〔註4〕正是統治者的重視與人民的努力爲揚州等地的城市經濟奠定了農業基礎。

重視包括揚州在內的江南地區農業，這是清代統治者「重農」政策的必然政治要求。爲發展農業而進行的水利工程興修則客觀上保障了揚州城市交通優勢的保持，特別是對溝通南北的交通命脈運河的常年疏濬維護，造就了一個四匯五達之衢的揚州城，也因而使其具備了成爲鹽業總匯之都的條件。至於揚州城在清代鹽業經濟中重要地位的確立，與政治的結合則更加密切。

〔註2〕 《康熙帝過高郵湖親巡堤十餘里情繫災民等事（康熙二十三年十月至十一月）》，中國歷史第一檔案館、揚州市檔案局編：《清宮揚州御檔選編》（一冊），廣陵書社 2009 年版，7 頁。

〔註3〕 《康熙帝過高郵湖親巡堤十餘里情繫災民等事（康熙二十三年十月至十一月）》，中國歷史第一檔案館、揚州市檔案局編：《清宮揚州御檔選編》（一冊），廣陵書社 2009 年版，7～8 頁。

〔註4〕 《康熙帝南巡泊高郵州揚州府指導水利等事（康熙三十八年正月至三月）》，中國歷史第一檔案館、揚州市檔案局編：《清宮揚州御檔選編》（一冊），廣陵書社 2009 年版，9 頁。

兩淮 30 多個鹽場所產皆集中於揚州，再行銷蘇、皖、贛、湘、鄂、豫六省，
兩淮巡鹽御史衙門和兩淮鹽運使司衙門的設立，使得交通便利的揚州爲南北
往來之要衝，兩淮鹽業之總匯，達官顯人往來不絕，富商大賈麋集其間，舟
車之盛極一時。」這也是政治性因素對揚州城市經濟發展的重要推動。「東南
三大政，曰漕、曰鹽、曰河。廣陵本鹽莢要區，北距河、淮，乃轉輸之咽吭，
實兼三者之難，其視江南北他郡尤雄劇。」〔註5〕這是在康雍乾三朝對揚州投
入大量政策性資源的保障下才得以實現的。

至乾隆三十七年（1772），揚州鹽商年賺銀 1500 萬兩以上，上交鹽稅 600
萬兩以上，占全國鹽課的 60% 左右。而這一年，中國的經濟總量是世界的 32%，
揚州鹽商提供的鹽稅佔了世界 8% 的經濟總量。鹽業經濟爲揚州城康乾時期的
大發展提供了財富。財富掌握在鹽商手中，但揚州鹽商卻不同於該時期其他
類型的商人，這是一個特殊的商人群體。「揚州鹽商大多數並不是揚州人，他
們是由來自陝西、山西、安徽、湖北、江西、浙江以及江蘇各地的商人匯聚
成的綜合群體。」〔註6〕他們匯聚揚州，從事鹽業是衝著高額穩定的回報而來
的。揚州鹽商雖然具有雄厚的財力，但財富的積累並非完全靠艱辛的商業輾
轉貿易得來，而更多是通過官商之間的契約所得。康熙初年，清廷「恤商裕
課」的政策在鹽業經濟中得到了最佳體現。康熙時期，揚州鹽商財力逐漸積
累，至乾隆時期才爲天下冠。這個階段也正是鹽官與鹽商交情契約的逐漸成
熟期。官與商的契約在長期的協作中得到鞏固，鹽業經濟在壟斷經濟的身份
下又增添了一種半專利貿易的性質，很多知名鹽商都是家族從事此一行業，
外人若想貿然進入十分困難。而身處其中的鹽商群體可以輕鬆獲利，甚至通
過鹽引的倒買倒賣而獲得巨額利潤。「彼時鹽業集中淮揚，全國金融幾可操
縱，致富較易，故多以此起家。」〔註7〕因爲利潤來的如此便當與安全，這個
商人群體逐漸蛻變平庸，尤其是乾隆後期，在晉商、陝商乃至今天浙商群體
上所體現出的創造精神與拼搏精神，在當時的揚州鹽商群體中已經無法找尋。

揚州鹽業經濟的特點，對揚州城內的官僚階層也有負面影響。很多鹽商
不惜財力，拼命公關，與相關鹽業政府官員乃至皇室成員建立良好合作關係；

〔註 5〕 德慶：《序》，阿克當阿修，姚文田等纂：《嘉慶重修揚州府志》，廣陵書社 2006
年版。
〔註 6〕 韋明鏵：《兩淮鹽商》，福建人民出版社 1999 年版，2～3 頁。
〔註 7〕 許承堯、黃賓虹等編：《民國歙縣志》卷 1，1937 年版。

政府也需要鹽商的乖巧與報效以維持鹽業經濟的運轉，於是官商合作成爲康乾時期揚州鹽業經濟的最大特點。這是一個在當時可以運轉正常的壟斷經濟體制，但並非一個良好的經濟運作模式，存在著種種弊端。康乾時期，揚州地方官員貪腐案件多發，大多與鹽商有所關聯。鹽商的報效與官員的笑納成爲當時揚州鹽業官場的常態。鹽商通過與政府的良好關係而獲得經濟或超越於經濟之上的其他利益；政府官員則通過與鹽商的良好合作而獲得鹽業經濟的正常運作與額外所得，兩者皆大歡喜。鹽商還通過平常的捐獻、慈善等事業以獲得政府的青睞，雖然也起到了積極的社會效益，甚至我們也承認很多鹽商具有社會良知與慈善心胸，但大量官員逼迫鹽商捐獻的案例也告訴我們，鹽商的奉獻出發點是爲了保得其在鹽業壟斷經濟鏈條中的既得地位與利益。這就是揚州鹽業壟斷經濟的特殊表現，也是薰陶了揚州鹽商獨特商業文化的土壤。

正因爲揚州鹽商聚斂財富的特殊方式，所以對政策變化的影響也十分敏感。道光年間，清廷爲了擺脫白蓮教起義帶來的政治和財政危機，改變對鹽商的寬鬆政策。嘉慶二十年（1815）鹽課爲 800 餘萬兩，達乾隆時兩倍。那些極度依賴政策、並以和政府官員契約爲依靠的揚州鹽商，在百年來的安逸環境下，已經失去了商業競爭的勇氣與能力，也不具備創新與開拓精神的引領，在劇烈的政策變化前，除了通過增加對社戶的剝削程度以轉嫁危機外，並無其他良法。而這一舉措又直接導致了私鹽氾濫，「私之所以不可止者，在科則之徵於商也太重，而場商之待社戶也太刻。社戶苦累，非賣私則無以自瞻。」〔註8〕社丁煮鹽無利可圖，遂買賣私鹽氾濫，正鹽難銷，商人更加難以獲利，窮鄰之月攘以待來年。道光六年（1826），「通計牽算，年僅銷引十餘萬道」〔註9〕，不及原額的十分之一，而虧欠歷年課銀累計五千七百數十萬兩。〔註10〕道光十二年（1832），兩江總督陶澍獲得朝廷批准，實行鹽政改革開始後，「鹽引」由每引二三兩銀子劇跌至一錢數分。道光十八年（1838）、道光三十年（1850），陶澍、陸建瀛分別在淮北、淮南實行票鹽制的鹽法改革，取消了自明代以來一直延續下來的鹽商壟斷特權，並對一些虧欠課銀的鹽商採取了沒收財產的極端辦法。揚州鹽業經濟瞬間崩潰。

〔註 8〕 包世臣：《安吳四種》卷 3，臺灣文海出版社 1974 年版。
〔註 9〕 陸言纂輯：《陶文毅公全集》卷 13，海南出版社 2000 年版。
〔註 10〕 陸言纂輯：《陶文毅公全集》卷 18，海南出版社 2000 年版。

　　有人說揚州盛清的崩潰是因為戰火的摧殘，其實自道光年間政府悄然改變對於鹽商的溫和政策就已經植下了揚州經濟崩潰的種子。揚州鹽商的發家模式對揚州城市文化最直接的影響就是創新開拓精神的缺失。這種在壟斷政策保護下的經濟發展模式所形成的慣性，深刻地影響著城市市民的生活、工作與精神狀態。

二、市民群體的成長與城市文化的慣性

　　康乾時期，揚州市民群體開始逐漸成形。經歷了清初的「揚州十日」後，短短幾十年，人數超過 50 萬。至康熙時期，揚州城內居民還多以移民為主，對這個城市的歸屬感尚不強烈，市民群體的共同意識還未建立。到了乾隆時期，揚州市民群體已經相當發達成熟，市民群體的群體意識已經成型。

　　康熙時期，揚州城內的居民來源主要由以下兩類：一是本地城市周邊群體，以高郵、寶應、興化、泰州、鎮江等地為主；二是外地商業移民，以安徽、江西等地為主。隨著鹽業經濟的逐漸發達，這個「人傑地靈，東南萃美」的城市越來越吸引著外地人口的流入。〔註11〕康乾時期的揚州一直是一個移民城市，「揚州地多流寓。」〔註12〕尤其是安徽商人的大量湧入，成為這個城市市民群體的主流。陳去病在《五石脂》中寫到：「徽州大姓如汪、程、江、洪、潘、鄭、黃、許諸氏，揚州莫不有之。」而「其上焉者，在揚則盛館舍，招賓客，修飾文采；在歙則擴祠宇，置義田，敬宗睦族，收恤貧乏。」〔註13〕除揚州城外，整個區域經濟也因為鹽業經濟的興盛而發展起來。揚州城外的周邊鄉鎮也遍佈大鎮重邑，如儀徵、泰州、瓜洲、仙女廟、十二圩、口岸等。乾隆年間的《江南通志》形容運河邊的小鎮邵伯「商民輻輳，帆檣雲集。」〔註14〕嘉慶年間的《重修揚州府志》也稱揚城遠郊黃珏「居人稠密，廛市鱗次。」〔註15〕隨著揚州城市商業的興盛以及鹽商對於文化的價值追求，也吸引了大量的知識分子匯聚揚州。「懷才抱藝者莫不寓居於此，四方賢士大夫無不至此。」〔註16〕乃至於謝堃在《書畫所見錄》中形容「海

〔註11〕尹會一修，程夢星等纂：《雍正揚州府志》卷21，雍正十一年刻本。
〔註12〕尹會一修，程夢星等纂：《雍正揚州府志》卷15，雍正十一年刻本。
〔註13〕許承堯、黃賓虹等編：《民國歙縣志》卷1，1937年版。
〔註14〕《乾隆江南通志》卷26，乾隆元年刻本。
〔註15〕阿克當阿修，姚文田等纂：《嘉慶重修揚州府志》卷16，廣陵書社2006年版。
〔註16〕李斗：《揚州畫舫錄》卷8，中華書局1960年版。

內文士，半集維揚。」江湖賣藝、三教九流者也以此爲衣食之地而蟻集。此外官僚群體也成爲這個城市的一分子，由於兩淮鹽政所在，大量官員幕客群聚於此。加之一些致仕官員以揚州爲養老安家之所，時人稱：「揚州好，僑寓半官場。購買園亭賓亦主，經營鹽典仕而商，富貴不歸鄉。」〔註 17〕這股移民浪潮直至揚州鹽業經濟衰落後方才中斷，「從今名士舟，不向揚州泊。」〔註 18〕

移民城市的特點是市民群體文化的多樣性與融合性。揚州城市的建設格局也反映了這種市民群體文化的融合過程。揚州城在清代分爲新城（宋代所遺）與舊城（明代成形）兩部分，康熙時期，舊城多爲清初早期移民，主要來自於揚州周邊地區，大多從事與其他城市類似的傳統行業成員與政府官員、傳統縉紳爲主。新城居民多爲後期商業類移民，因爲古運河從城市東南部新城一帶穿過，便於物流運輸，所以外來商人，尤其是鹽商多寓居於此。舊城居民清高而財力平平；新城居民富有而底蘊不足，雙方的價值觀、文化觀有所差距。這種對立情況到了乾隆年間被打破，隨著鹽商在財富積累之後開始對文化的重視，新舊城之間的文化隔膜被打通。鹽商們也開始在舊城大興土木，構建園林寓所。隨著居住位置界限的模糊，幫助新舊兩城市民群體之間實現了意識的交融。

鹽商群體作爲城市財富的掌握著，統治了城市的文化價值觀。揚州鹽商對文化的重視是有傳統的，如占人數最多的安徽鹽商，戴震曾形容徽州商賈「雖爲賈者，咸近士風。」〔註 19〕他們多重視教育，崇揚文化。乾隆時期，揚州城既有高雅的藝術群體，也有俗文化的舞臺。在戲劇曲藝、飲食書畫、園林等諸多方面，憑藉雄厚的財力，鹽商將自己的愛好發揚到了極致。

特殊的經商方式造就了揚州鹽商不同於一般商人群體的特殊的價值觀與精神追求。鹽商對城市市民群體價值觀的統治，最突出的表現就是對精緻與奢靡的無限追求。在壟斷政策與官商專利契約保護下的揚州鹽商獲得了巨額的財富，經歷了康熙雍正時期的積累，乾隆時期，「揚州鹽商豪侈甲天下，百萬以下者謂之小商。」〔註 20〕道光時人李澄稱：「聞父老言，數十年前，淮商

〔註 17〕惺庵居士：《望江南百調》，陳恆和輯：《揚州叢刻二十四種》，廣陵古籍刻印社 1980 年版。
〔註 18〕阮元：《廣陵詩事》，揚州廣陵書社 2005 年版，99～100 頁。
〔註 19〕戴震：《戴震集・上編・文集》卷 2，上海古籍出版社 1980 年版，257 頁。
〔註 20〕小橫香室主人：《清朝野史大觀》卷 11，上海科學技術文獻出版社 2010 年版。

資本之充實者，以千萬計，其次亦以數百萬計。」〔註 21〕如此多的財富沒有進行生產性的再投資，在完成了建屋買地的傳統保值措施之後，鹽商們開始追求生活的精緻。「當乾嘉之際，鹽法全盛，商人多治園林，飭廚傳，教歌舞以自侈。」〔註 22〕口舌耳目之欲與居住環境是其享受的首選。揚州園林之盛，名聲在外。「造屋之功，當以揚州爲第一，如作文之有變換，無雷同，雖數間小築，必使門窗軒豁，曲折得宜，此蘇、杭工匠斷斷不能也。」〔註 23〕揚城的飲食文化更是演繹倒了極致，「居處飲食之盛，甲於天下。」〔註 24〕「涉江以北，燕會珍錯之盛，揚州爲最，民間或延貴客陳設方丈，伎樂雜陳，山海羅列，一筵之費，每逾數金。」〔註 25〕這種精緻追求演變成爲了奢靡之風。「驕奢淫佚，相習成風。各處鹽商皆然，而淮揚爲尤甚。」〔註 26〕對於揚州鹽商奢靡之氣，康熙也有體會，故曾專門下旨。「淮商之浮費甚多，其大者有三項：一送程儀。……一送規禮。……一送別敬。……皇上特頒諭旨嚴行禁革。」〔註 27〕但受鹽商影響，揚州民間奢靡風氣愈演愈烈。康熙、乾隆數次南巡的排場也對此風有推動作用。「各大商不惜麋千萬巨金，爭造園林，以備翠華臨幸。」〔註 28〕從鹽商心智角度考量，我們很容易理解他們的所爲。爲著壟斷經濟的庇祐，鹽商們必須竭力表現，鋪金堆銀，努力報效，以換取官商專利契約的穩定與長久，維護其既得利益。鹽商的奢靡直接影響到城市風氣的轉變。「揚人俗尚侈，蠹之自商始。」〔註 29〕「揚州好，鹽莢甲寰區。金穴銅山誇敵國，富商大賈集成都，奢靡世間無。」〔註 30〕一種畸形奢侈風氣在揚州城內蔓延

〔註 21〕 李澄：《淮鹺備要》卷 7，道光三年官刻本。

〔註 22〕 謝延庚修，劉壽曾纂：《光緒江都縣續志.中國地方志集成.江蘇府縣志輯 67》，江蘇古籍出版社 1991 年版。

〔註 23〕 錢泳：《營造》，《履園叢話》，中華書局 1979 年版，326 頁。

〔註 24〕 李澄：《淮鹺備要》卷 7，道光三年官刻本。

〔註 25〕 崔華纂修，張萬壽纂修：《康熙揚州府志》，齊魯書社 2009 年版，700 頁。

〔註 26〕 張廷玉等撰：《清朝文獻通考》卷 28，浙江古籍出版社 2000 年版。

〔註 27〕 中國歷史第一檔案館、揚州市檔案局編：《清宮揚州御檔選編》（一冊），廣陵書社 2009 年版，21 頁。

〔註 28〕 王振世：《北郊二十四景總説》，《揚州覽勝錄》卷 1，江蘇古籍出版社 2002 年版，36 頁。

〔註 29〕 錢祥保等修，桂邦傑纂：《民國續江都縣志》卷 8，見《中國方志叢書（173）》，臺北成文出版社有限公司 1975 年版。

〔註 30〕 談蓉舫：《夢仙遊》，見《揚州歷代詩詞（四）》，人民文學出版社 1998 年版，450 頁。

開來。所謂「土沃財豐，俗寖驕奢。」〔註31〕風氣之烈，以致有人認爲此風並非鹽商所興，而是揚州本地的傳統。「揚州……歷代繁華，喜奇淫而惡樸拙。都美盛麗之風，靡靡成習，亦其地使然也。」〔註32〕

　　通過壟斷政策獲得厚利的揚州鹽商，形成了追求精緻的奢靡風氣，直接引導了清中期揚州市民群體的文化價值觀走向，並影響至今。

三、揚州城市精神的蛻變與城市文化的慣性

　　明社已屋後，清朝統治者對於原明朝統治區域內的人民實行了殘酷的文化壓制政策。至康乾時期，雖較清初有所緩和，但主導思想仍舊未變。遠離政治中心的揚州城也難逃其影響。

　　康乾時期的揚州是一座文化昌明的城市，但揚州城的文化昌明既是市民群體努力所肇，也是建立在清廷統治者籠絡南方士人的心態基礎上的成果。漢族是清朝民眾的絕對多數，是清朝文化層次最高的民族。無論是康熙，還是雍正、乾隆，都是文化素養非常高的皇帝，乾隆甚至希望自己成爲中國文人的精神領袖。對漢民族文化的尊重與提倡成爲清廷統治中國的根本工具，這也是包括揚州在內的江南地區教育興盛的前提。憑藉揚州鹽商的財力保障，揚州的教育事業發展迅速，成爲東南地區的翹楚。「兩淮鹽商利甲天下，書院膏火資焉，故揚州之書院，與江寧省會相頡頏，其著名者有安定、梅花、廣陵三書院，省內外人士咸得肄業焉。」〔註33〕各類書院也擁有令人羨慕的教學設施與相對豐厚的資本保障。如雍正十二年（1734）馬秋玉捐金建設梅花書院，築講堂 5 間，號社 64 間。乾隆元年（1736），汪應庚捐資 5 萬金重新學堂，並以 1.3 萬金購買學田，歲入軌歸學宮。「乾隆三年，郡人汪應庚於修學後復蠲銀一萬三千一十七兩五分，置學田一千四百九十八畝四釐二毫。」〔註34〕有清一代揚州府的進士總數達 348 名，一甲進士 11 名，成爲國內重要的文化教育發達地區之一。所謂「揚州，東南大都會也，襟帶淮泗，控引江南，旁礴鬱積，人才奮興，間氣所鍾，磊落相望，前英後哲，焜耀史編。」〔註35〕對

〔註31〕 尹會一修，程夢星等纂：《雍正揚州府志》卷 19，雍正十一年刻本。
〔註32〕 尹會一修，程夢星等纂：《雍正揚州府志》卷 19，雍正十一年刻本。
〔註33〕 柳詒徵：《江蘇書院稿》卷 5，晚清刻本。
〔註34〕 尹會一修，程夢星等纂：《雍正揚州府志》卷 12，雍正十一年刻本。
〔註35〕 謝延庚修，劉壽曾纂：《光緒江都縣續志・中國地方志集成・江蘇府縣志輯 67》卷 21，江蘇古籍出版社 1991 年版。

於人才的籠絡與控制是清廷的一貫目標。康熙四十四年（1705），康熙南巡揚州時「御書『正誼明道』匾額令懸董仲舒祠，『經術造士』匾額令懸胡安國書院。」〔註36〕正是一種政治象徵。爲此，清朝統治者甚至對曾經的反清之士也重新評價，以彰揚忠君之道，「明末諸臣如黃道周、史可法等在當時抗拒王師，固誅僇之所必及。今平情而論，諸臣各爲其主，節義究不容掩。」〔註37〕在這樣的政治前提下，揚州城市精神的發展必然以忠君等傳統封建綱常爲依託，循規蹈矩。

這一時期，在政治專制的影響下，科舉內容逐漸僵化，士人思想日漸保守，知識分子多以鑽研所謂「正統」學術爲安身立命之根本。也由此引發了揚州城市精神在康乾時期的最大轉變，即由明末反傳統的啓蒙思想轉變爲對「傳統」經術的極致研求。泰州學派的銷聲匿跡與揚州學派的崛起即是此趨勢的最佳證明。晚明，成形於揚州泰州區域的泰州學派是中國古代歷史上第一個眞正意義上的啓蒙思想學派，在對王守仁心學思想的發揮上，提倡思想解放。泰州學派的興起代表了揚州泰州地區知識分子與民衆思想開放，打破常規，創新變革，反對舊傳統的新鮮風氣。乾隆時期開始興起的揚州學派，雖然其成果赫赫，通學達識，蔚爲大觀，成一代宗派。揚州大運河也被稱爲「學術文化的交流線。」〔註38〕「揚州爲南北之衝，四方賢大夫無不至此。」〔註39〕但就其於人性的解放，於思想的創造而言，則建樹寥寥。原因就在於康乾時期的揚州，在鹽業壟斷經濟的統治下，在專制思想桎梏下，缺少思想創新與解放的空間。康乾時期，統治者竭力倡導理學，揚州學派埋首於中國傳統文化的清理與總結中，雖然與理學並不合契，但依舊沒有脫離傳統儒學的窠臼，在思想上沒有爲揚州城市精神帶來新的創造。這個時期，大量的傳統文著在揚州被刻印出版，提高了市民的文化水準，但卻沒有產生一部可以流傳後世的思想解放之作。如果我們從晚明至乾隆時期做一個長時段的考察，從思想解放的層面而言，揚州市民精神進步不明顯，甚至有所倒退。由康熙至乾隆，揚州社會風氣逐漸走向封閉，並沒有產生出開創思想潮流，引

〔註36〕中國歷史第一檔案館、揚州市檔案局編：《清宮揚州御檔選編》（一冊），廣陵書社 2009 年版，18 頁。

〔註37〕中國歷史第一檔案館、揚州市檔案局編：《清宮揚州御檔選編》（二冊），廣陵書社 2009 年版，12 頁。

〔註38〕陳璧顯：《中國大運河史》，中華書局 2001 年版，490 頁。

〔註39〕李斗：《揚州畫舫錄》卷 10，中華書局 1960 年版。

領思想解放的人才。直至道光年間，當太谷學派之類的反傳統思想學派在民間興起時，依舊被視爲異端與另類。

後人多以「揚州八怪」爲揚州風氣開放之例證，實際上人們往往混淆了藝術創新與思想創新的界限。任中敏教授曾「力劈揚州三把刀俗談，認爲這是對揚州優秀文化傳統的侮辱。」〔註40〕從某種角度而言，康乾時期興盛繁茂的揚州城市文化確是各類文化門派、類型的集大成，如揚州戲劇的輝煌、揚州飲食文化的精緻等，但這些都不能反證當時揚州城市精神的進步。在世界範圍內審查，衰落的古文明往往都具有高度發達的藝術與生活文化，唯獨缺少群體思想的進步。任何一個專制王朝都不乏藝術精品的出現，激發藝術創造的不是思想解放的氛圍，而是社會現實。「揚州八怪」對當時盛行於揚州官場的趨炎附勢、奉承阿諛等作風深惡痛絕，通過作品以鞭笞社會。如鄭板橋通過畫竹蘭表達自己對清高人格的追求；羅聘通過畫鬼描繪那些貪官污吏的醜態。一個和諧的社會，是不會值得藝術家如此渲染的，也出不了這樣的作品。「揚州八怪」的「怪」，不僅體現在其藝術造詣上，更是體現在不粉飾太平，敢於揭露當時社會醜態，鞭闢入裏的刻畫康乾時期揚州城爲代表的中國社會的種種腐敗與不公現象。

對奢靡生活的追求與思想上的保守，自乾隆時期成爲揚州市民文化的一個突出表現，並隨著近代揚州城市的沒落而愈發強化。朱自清曾言「我討厭揚州人的小氣和虛氣。」〔註41〕正是此等寫照。清末民初的揚州出現了但求稍能舒適，不圖進取，終日出入茶社浴室的有閒階層；出現了阻擾築路等近代化建設的情況，正是受這種城市文化薰陶而產生的怪現象。當然，揚州的現象並非全國個例，清代揚州城市文化的很多不足之處也是中國很多城市的共性，但由於鹽商鹽業壟斷經濟的特殊強化，使得揚州的表現更加明顯與持久。這也是鹽業經濟的壟斷專利地位一旦失去，揚州城便不復往昔的主要原因。

（該文發表於《江南大學學報》（社會科學版）2012 年第 6 期）

〔註40〕 秦子卿：《憶任中敏》，《揚大統戰》1999 年第 5 期，9 頁。
〔註41〕 朱自清：《朱自清散文集（中集）》，江蘇教育出版社 1998 年版，454 頁。

清季詩歌中的鴉片戰爭與江南社會

近代史上，江南地區〔註1〕是人文淵藪之區，也是戰火紛擾之域。鴉片戰爭中，悠悠江南如夢初醒，小橋人家亦作戰壘。此段歷史，也被清季士大夫們所記錄與發揮，藝術性地描述了鴉片戰爭與江南社會的那段孽緣。儘管有所誇張與渲染，但這些詩歌恰如其分地承擔起稗史的責任。後人可以從中還原歷史的部分眞實，亦可從中審析作者的心態與歷史的環境，增進我們對這場戰爭的瞭解。

遭受戰爭影響的江南諸城的百姓的生活與精神狀態是詩歌首先關注的內容。以南京爲例，道光二十二年（1842），石頭城的百姓在恐懼不安與緊張無措中度日。「道有訛言江上傳，今夜三更夷大至。」〔註2〕聽聞英軍將至，江寧將軍德珠布下令關閉十三座城門並構築工事。「將軍突遣追風騎，九城之門一時閉。……此時行者猶未至，須臾聞說皆驚疑。」〔註3〕過早的交通管制，既增加了百姓的恐慌情緒，又導致在敵軍未至之際，城門交通擁擠不堪，出現混亂與傷亡。「入城出城兩不得，道旁頗有露宿兒。平明馳箭許暫開，沸如蠅集轟如雷。土囊萬個左右堆，羊腸小徑通車纔。老翁腰間被劫財，腳下蹴死幾幼孩。村婦往往踣墮胎，柳棺催拉遺屍骸。摩肩用背步方跋，關夷一呼門又鎖。繞郭聲聲痛苦歸，頭上時飛洗炮火。」〔註4〕實際此時英軍尚未攻破

〔註 1〕 此指廣義江南地區，文化概念上的江南，包含上海、浙江及江蘇中部、南部地區。
〔註 2〕 《圍城紀事六詠之守陴》，金和：《來雲閣詩》。
〔註 3〕 《圍城紀事六詠之守陴》，金和：《來雲閣詩》。
〔註 4〕 《圍城紀事六詠之守陴》，金和：《來雲閣詩》。

鎮江，距南京尚有百里之遙。德珠布的過度緊張使南京城未遭兵鋒，先已自亂。鎮江城破後，鄰縣丹陽人心惶惶。「一夕京口告失守，十日夷船住江口。既不進犯亦不走。丹陽居民徒紛紛，兒啼婦哭知何奔，西門北門皆敗軍。太守縣令各傳語，張官渡口險可拒，砠塞破船作防禦。」〔註5〕百姓對此已經失去依賴信心。「吁嗟防險夫何爲，金、焦豈不高崔巍，誰能知賊來不來。」〔註6〕英軍進逼南京城，在紫金山麓架炮，瞄準城廂，「聲言架炮鍾山巔，嚴城頃刻灰飛煙。不則盡決後湖水，灌入青溪六十里。」〔註7〕給城內軍民以巨大的心理壓力。

　　戰爭狀態下難免有不常之事。對於廣東等地頻頻出現的漢奸叛國行徑，江南官府自應引爲警惕。但矯枉過正，很多地區出現了濫指爲奸、公報私仇的冤案。南京城內，「叩頭妄指讎人家，一時冤獄延蔓瓜。從此里巷紛如麻，人人切齒瞋朝鴉。平日但有微疵瑕，比來盡作虺與蛇。」〔註8〕更有甚者，民族之怨也裏雜其中。鎮江被敵，京口駐防副都統海齡對有通敵嫌疑的漢族百姓肆意戕害，一些漢族百姓爲求自保，不惜登城呼救，期盼英軍早日破城。「枉民無故誅良善，揖盜翻教召寇兵。」〔註9〕後人多激昂於旗兵守城的壯烈，但觀如此防民，自難得民心相助，鎮江的陷落與海齡的自裁便也是理所當然。

　　鴉片戰爭造成江南地區人口的減少與被動遷徙。道光二十年（1840），英艦泊舟山，進犯定海。「定海地濱海，地瘠民又苦。縣小無兵不可守，縣中居民無千戶。」〔註10〕英軍掠境後，幾無人跡。「舟山孤縣東海東，兵燹之後人煙空。」〔註11〕定海及浙東北百姓紛紛向蘇南逃難，「家家逃兵挈妻孥，紛紛涕泣滿路隅。病者委棄無人扶，十隊五隊來姑蘇。」〔註12〕鎮江城破後，侵略者與八旗軍進行了激烈的巷戰，對居民進行了屠殺。「滿城炮火摧牆塄，積屍盈路骸不全。」〔註13〕「家家遇鬼嚇癡呆，門外提刀劈進來。」〔註14〕一

〔註5〕《焚鹽艘》，陸嵩：《意苕山館詩稿》。

〔註6〕《焚鹽艘》，陸嵩：《意苕山館詩稿》。

〔註7〕《圍城紀事六詠之盟夷》，金和：《來雲閣詩》。

〔註8〕《圍城紀事六詠之募兵》，金和：《來雲閣詩》。

〔註9〕無名氏：《京口驛題壁》。

〔註10〕《定海紀哀》，朱琦：《怡志堂詩集》。

〔註11〕《哀舟山》，趙函：《樂潛堂詩集》。

〔註12〕《君不見》，孫鼎臣：《芝房詠》。

〔註13〕《盂蘭盆歌》，楊棨：《蜨庵詩鈔》。

〔註14〕無名氏：《京口夷亂竹枝詞》。

座南徐城，化作鬼城。「荒江白骨多新鬼，愁絕金、焦兩點尖。」〔註15〕鎮江百姓出逃的目標是一江之隔的揚州。但在英軍封鎖了由關後，這條逃路便斷絕了。「片帆偷渡廣陵濤，奪守由關據轉牢。」〔註16〕旋轉道流亡南京及蘇西南一帶。

聞聽著對岸的隆隆炮火，蘇中揚州一帶已然風聲鶴唳，人人自危。「里蒼僑傳賊船至，一日遷徙復數日。」〔註17〕英艦擾犯揚境，泊瓜洲兩月之久，揚州城內的紳官望族首先出逃。英軍停泊瓜洲達兩月之久，時阮元居揚，率先出城避兵公道橋〔註18〕。「江郎垂老才華盡，只學張公書百思。」〔註19〕「閣老剛方豈信謠，情殷桑梓敢逍遙。誰知地運從今轉，福壽都歸公道橋。」〔註20〕「好個安然老相公，詐推年髦又粧聾。甘心箝口無謀策，忍自深居養壽堂。」〔註21〕阮元的避居使得揚州城群龍無首，民望無瞻，加速了百姓的出城逃難。「邗江富室盡遷居，各載金銀避草廬。」〔註22〕「蕪城巨室先遷徙，瓜步窮簷尚騷驛。」〔註23〕荊棘亂世，官祿反成累贅，聽鼓之徒作鳥獸散。「紛紛顯宦各西東，從此吾儕事業空。」「此時反悔衣冠累，逃盡淮南候補官。」〔註24〕即使是沒有什麼家財的普通百姓，也因畏懼戰禍而紛紛出逃。「箱物無多也避兵，攜男攜婦盡逃生。」「外匪不來家匪去，私攜暗掣一般同。」〔註25〕偌大的「綠楊城郭」，一時之間，「錦繡揚城萬錦空，夫妻父子各西東。」〔註26〕也有百姓不願棄家而去，選擇聽天由命。「鄉鄰智者勸且阻，賊無他意來何妨。」〔註27〕「寄語沿途遭寇劫，歸來哪得復如初。」〔註28〕

鴉片戰爭使江南淪陷區的社會經濟文化遭受了重大的摧殘，城市殘破，

〔註15〕《擬工部諸將之五》，陸獻恩：《讀秋水齋詩》。

〔註16〕無名氏：《京口驛題壁》。

〔註17〕《遷徙歎》，陸嵩：《意苕山館詩稿》。

〔註18〕今揚州邗江區公道鎮。

〔註19〕《揚州感舊篇》，嚴鈖：《香雪齋詩鈔》。

〔註20〕無名氏：《聞警紀實七絕十四首》。

〔註21〕羅獒：《壬寅夏紀事竹枝詞》。

〔註22〕無名氏：《聞警紀實七絕十四首》。

〔註23〕無名氏：《京口驛題壁》。

〔註24〕無名氏：《揚州竹枝詞二十首》。

〔註25〕無名氏：《揚州竹枝詞二十首》。

〔註26〕無名氏：《聞警紀實七絕十四首》。

〔註27〕《遷徙歎》，陸嵩：《意苕山館詩稿》。

〔註28〕無名氏：《聞警紀實七絕十四首》。

鄉村蕭落。「市兒群起化天狼，白骨縱橫蔽野僵。」〔註29〕「颶風吹怒濤，沿海半滄胰。老弱僵道旁，婦孺走且啼。」〔註30〕侵略軍退後，貝青喬過餘姚縣，親見「縣門晝不開，市橋斷人走。慘此姚江鎮，寇退猶未久。焚郭留殘塵，燎原堆積□。」〔註31〕「可憐幾輩經營力，付於江頭一夜潮。」〔註32〕往昔金谷之地，凋敝不堪。鎮江城則被侵略軍屠殺兼焚掠，「西門一帶更淒涼，大廈高樓變火場。只是路途堆瓦礫，難分巷口在何方。」〔註33〕天災人禍，江南的農業生產也完全破產。「江南禾黍地，半為蘆荻州。穀價漸騰躍，坐使居民愁。」〔註34〕「姑蘇今年復大水，田中高低長蘆葦。君不見，蘇州民，一斗米值錢千文。」〔註35〕居民生存艱難，更何況逃難之民。

「海門天塹納奔鯨，番舶風馳建業城。」〔註36〕民逃官走，江南淪陷區內正常的社會秩序已經蕩然無存。「逃戶炊煙空，劫掠盡雞狗。刑禁官不知，一任盜成藪。」〔註37〕賊匪四出，百姓苦不堪言。英軍克鎮江，緝查私鹽的官兵遁跡無蹤，販鹽私梟卻有意外之喜。「老虎涇頭私梟聚，喜見夷船京口據。」〔註38〕遊兵潰勇的騷擾對於江南百姓而言，更是無法言說的痛苦。劫掠奸暴之種種罪行，在兵敗之際，隨處可見。寶山失守後，「潰卒倉皇工劫掠，殘民潦倒避誅求。」〔註39〕黃燮清直接指出這些罪行都是官員縱容的結果。「健兒輕性命，驕悍最難馴。孰是能為將，先令不殺民。」〔註40〕曾任鎮江府學訓導的陸嵩，招募鄉勇，隨官軍克復鎮江城，四處所見，深有憤感。「防禦紛海疆，徵調遍南北。郡縣所經過，騷驛苦供億。賊來竟奔逃，賊去肆剽磔。呼號慘閭閻，血肉路狼籍。……天遠問誰告，官兵撤宜亟。」〔註41〕失去控制的士兵的所作所為使江南社會再添傷痕，也削弱了江南人民對軍隊及政府的信任。

〔註29〕《感懷》，劉淳：《雲中集》。
〔註30〕《王剛節公家傳書後》，朱琦：《怡志堂詩集》。
〔註31〕《過餘姚縣》，貝青喬：《子木詩》。
〔註32〕《感事》，嚴鈖：《香雪齋詩鈔》。
〔註33〕無名氏：《京口夷亂竹枝詞》。
〔註34〕《雨》，黃燮清：《倚晴樓詩集》。
〔註35〕《君不見》，孫鼎臣：《芝房詠》。
〔註36〕《諸將》，劉淳：《雲中集》。
〔註37〕《過餘姚縣》，貝青喬：《子木詩》。
〔註38〕《焚鹽艘》，陸嵩：《意苕山館詩稿》。
〔註39〕《吳淞口》，吳嶔：《兼山詩》。
〔註40〕《聞浙撫督師海上》，黃燮清：《倚晴樓詩集》。
〔註41〕《感事》，陸嵩：《意苕山館詩稿》。

清軍戰鬥力的下降與政府的腐敗無能也是詩歌揭露的重點。陸嵩在《意苕山館詩稿》中描述了乍浦失守的經過:「日日江頭說防堵,又報夷船入乍浦。……我思大兵久雲集,重鎮何繇賊竟入。」〔註42〕漢奸的出賣造成了駐軍的混亂並導致乍浦的最終失守。「昨有逃人來賊中,細述令我生嗚唈。禦敵但用青皮軍,倒戈忽出烏煙諜。駐防營中烈火焚,光焰直逼吳淞濱。」〔註43〕陸嵩不由慨然而歎,「督師參贊駐何所,誰說能不使賊犯江南寸土安我江南民!嗚呼!誰能使賊不殺江南民,我方萊易恐震鄰。」〔註44〕定海失陷後,孫衣言直言:「蛟門官軍不敢渡,花裙夷人滿城市。」〔註45〕朱琦更是痛斥:「寇至軍已逃,兵多餉空麋。」〔註46〕對於清軍戰鬥力的虛弱,士大夫們震驚之餘,更多地開始反思。「江南本水國,自古利舟戰。身手誇黃頭,次飛失輕悍。如何蹣跚夷,遇之輒奔竄。承平百餘年,民不見兵亂。轟然聞炮聲,得免勢先渙。」〔註47〕許正綬一語道破:「承平今日久,兵事頗糊塗。」〔註48〕八旗軍與綠營的腐敗早在鴉片戰爭前即已無法挽救,這種驕散的軍隊是無法依靠的。「繞朝多策何曾用,孫楚多才卻不逢。」〔註49〕詩歌的作者們除了暗喻明諷之外,又能何爲?

戰爭中清軍的一些具體的戰術安排也給了詩歌充分的發揮空間。定海之戰中,「前隊既淪亡,後隊勢漸危,相持已七日,援兵無一來。」〔註50〕寶山戰鬥中,「將軍孰使鈹交胸,義士幾令刀斷指。」〔註51〕鎮江之役,「援兵先後集,勁旅獨青州。壯士能前進,將軍愛退休。大旗都已偃,一隊使孤留。力盡猶巷戰,遺骸慘不收。」〔註52〕「徵調三垂救一方,重臣持重忽邊防。海門天險無人守,坐使夷船泊建康。」〔註53〕都是對後援不繼的憤慨與決策者的嘲諷。英艦入江,時有人建議通過封鎖江陰、靖江間一帶江面以阻止英

〔註42〕 《夷船入乍浦煙販閩姦殺青皮軍以應》,陸嵩:《意苕山館詩稿》。
〔註43〕 《夷船入乍浦煙販閩姦殺青皮軍以應》,陸嵩:《意苕山館詩稿》。
〔註44〕 《夷船入乍浦煙販閩姦殺青皮軍以應》,陸嵩:《意苕山館詩稿》。
〔註45〕 《哀舟山》,孫衣言:《遜學齋詩鈔》。
〔註46〕 《定海紀哀》,朱琦:《怡志堂詩集》。
〔註47〕 《感事》,陸嵩:《意苕山館詩稿》。
〔註48〕 《聞寧波被陷》,許正綬:《重桂棠集》。
〔註49〕 《擬工部諸將之五》,陸黻恩:《讀秋水齋詩》。
〔註50〕 《王剛節公家傳書後》,朱琦:《怡志堂詩集》。
〔註51〕 《寶山行》,張際亮:《亨甫詩選》。
〔註52〕 《壬寅紀事八首》,楊棨:《蜾庵詩鈔》。
〔註53〕 《述感十首》,劉淳:《雲中集》。

軍西進。「狼、福兩山過，巍然鵝鼻磯。言將布囊塞，可阻火輪飛。」〔註54〕結果「投水金徒盡，防江兵獨稀。空知恃天塹，寇至竟如歸。」〔註55〕對敵方裝備性能的無知和應對決策的想當然使得這一行動淪為笑談。「十年吳、楚委風塵，鐵鎖橫江可笑人。」〔註56〕

英軍由粵邊而折入江南腹心，顯是精心謀算的方略。此舉不但震動了大清朝廷及其子民，更有割斷大清財源命脈之虞。詩歌對富庶江南的丟失現實也不乏揶揄之語。江南富城名郡逐一落入侵略者之手，財源之地頃成資敵之所。難怪當許正綬得知寧波城落入侵略軍之手後，發出了「四明財賦地，利藪夙稱強。善賈居奇貨，多藏保盜糧。」〔註57〕的無奈之語。孫衣言則以一句「財賦三吳地，頻年水逆流。」〔註58〕道盡胸襟。

面對強敵，求和之舉，自英軍入侵過程中便未曾中斷，首先是各地方的屈服妥協。詩歌也是對此極盡諷刺嘲弄。寶山失陷後，英軍向兩江總督牛鑑提出以五十萬金贖城。「吳淞破，逼鎮江，鎮江小吏來約降。約降持何物？比戶括繒玉。鬼奴拍手笑，小吏相向哭，米粟既盡供，縱啖牛羊肉。」〔註59〕詩歌批判身居高位者驚慌怯戰，一味求和。「大府擁兵救不得，金繒日夜輸鬼國。」〔註60〕「將軍負腹惟求死，上相虛心只議和。」〔註61〕「挺身赴國今何日，藉口和戎古有人。」〔註62〕「堂堂節鉞加貂蟬，承順意旨勤周旋。」〔註63〕「綠章爭上和戎策，赤幟曾無反客謀。」〔註64〕徐時棟作《乞兒曲》，將寧波城的光復大半歸功於城內乞丐與小偷。「西夷據郡城積七八月，郡中乞兒益窮餓。於是紛起向夷人索錢米，由城逮鄉村，洎旁郡、他縣，與餘姚流丐之向在郡乞食者，男婦雜沓，攜持保抱，入城中呼號啼哭，日益眾，多至於數千。此時夷方以偷兒有戒心，見此愈驚，恐疑中國有陰謀，將倉卒襲取

〔註54〕 《壬寅紀事八首》，楊榮：《蜨庵詩鈔》。
〔註55〕 《壬寅紀事八首》，楊榮：《蜨庵詩鈔》。
〔註56〕 《擬李義山重有感》，徐嘉：《味靜齋詩存》。
〔註57〕 《聞寧波被陷》，許正綬：《重桂棠集》。
〔註58〕 《出師四首》，孫衣言：《遜學齋詩鈔》。
〔註59〕 《鎮江小吏》，朱琦：《怡志堂詩集》。
〔註60〕 《吳淞老將歌》，朱琦：《怡志堂詩集》。
〔註61〕 《滬上雜詩四首》，王友光：《味義根齋詩錄》。
〔註62〕 《有感五首》，張儀祖：《傳硯堂詩錄》。
〔註63〕 《盂蘭盆歌》，楊榮：《蜨庵詩鈔》。
〔註64〕 《吳淞口》，吳嶸：《兼山詩》。

之者，始決計捨城去。是役也，偷兒之功什六七，乞兒之功什二三，是皆不可無作也。」〔註65〕事屬荒唐且僅一面之辭，難服眾論，但全詩最後一句「偷兒富貴乞兒窮，乞兒有口不言功，使相赫赫來和戎！」〔註66〕終於道出了作者的隱意。英艦泊瓜洲，當地百姓進獻土禮以求英軍勿開炮轟擊城池，英人許之。爲防止英軍進入揚州城，揚城紳商合請江壽民與漢奸羅某議和，送牛、羊等物及銀一百兩饋敵。世人多以其爲怪談。「紛紛和議更堪嗤，饋禮輸銀受弗辭。究竟揚人無見識，苟延殘喘亦奚爲。」〔註67〕其實江南一帶，欲以金買安並非揚州獨創，鎮江丹陽皆有所倡。此一做法直至太平天國時期，江南諸城也多有舉議。這種現象也反映了在官員失職、行政權力出現眞空的情況下，江南士紳群體在地方社會結構中的強勢控制地位。

江南女性率多嬌弱，但戰爭中女人無法走開，流傳幾多巾幗傳奇。鎮海之戰中，葛雲飛將軍戰歿後，其妾率侍妾及數百殘卒夜闖敵營，搶回將軍屍體〔註68〕，歸葬故里。「不負將軍能報國，居然女子也知兵。」〔註69〕但那個時代，身爲弱者的中國女性，在一場中國男人失敗的戰爭中，除了演繹幾齣悲壯戲外，更多地則是充當悲情的角色。「海上逃人言鑿鑿，夷於男丁不甚虞。惟於婦人作劇惡，比戶由來皆大索。」〔註70〕侵略者的殘暴使得「城中兒女齊悲啼，四鄉一一謀棲枝。尋常家具邀人齎，腰纏浪擲輕如泥。誰謂鄉農亦稱霸，百金才許蝸廬借，瓢水束薪珠玉價。釵鈿裙襪奪之詐，稍不如意便怒罵，搶地無言但拜謝，道來此間已被赦。不見鄰婦頭鬖鬖，無錢能賃香筍籃，膝前有女年十三，中夜急嫁西家男，身攜布被居茅庵。」〔註71〕姚燮在《北村婦》記載了戰爭中一幕尋常悲劇：「妾夫充水兵，戰死浹江口。願妾懷中胎，生男續夫後。昨夜生一男，夫死妾有子。生男未一日，獷□遍鄰里。暈賊來虜村，跣足偕逃奔。妾死尋夫魂，殺妾賊之恩。妾殺不足惜，妾死兒何存。」〔註72〕一個原本可以幸福的小家庭被戰爭瞬間撕裂，烈女子在將死之際對剛入人世的幼童的牽掛是那麼動人心腸。「貞魂烈魄憐巾幗，肯似高官只愛生。」

〔註65〕 《乞兒曲》，徐時棟：《煙嶼樓詩集》。
〔註66〕 《乞兒曲》，徐時棟：《煙嶼樓詩集》。
〔註67〕 無名氏：《聞警紀實七絕十四首》。
〔註68〕 原注：覓得葛雲飛將軍屍體者爲徐保，此爲傳聞之誤。
〔註69〕 汪美生：《葛將軍妾歌》。
〔註70〕 《圍城紀事六詠之避城》，金和：《來雲閣詩》。
〔註71〕 《圍城紀事六詠之避城》，金和：《來雲閣詩》。
〔註72〕 《北村婦》，姚燮：《復莊詩集》。

〔註73〕「堂堂幕府森劍戟，烈女請看輝青史。」〔註74〕江南女性禮教嚴格，戰爭中，爲保全清白而捐生的江南女性爲數眾多。《京口驛題壁》中描述的劉鳳姑可稱爲典型。「女，乍川人，年十九，父名進，早世，母楊氏，相依紡織度日。壬寅九月，英夷陷乍浦城，女出，爲亂兵所阻，復返家。夷尾之，豔其色，將侚辱焉。女急無所計，以絮被裹身，誓不屈，痛罵求死，遂遇害。」〔註75〕大部分的江南女性在遭受戰爭的摧殘後，選擇了輕生，亦有剛烈者則寄希望於死後神靈的復仇。《珊媛》一詩描述了一位從良倡妓殉情死後的心志。「珊媛姓石，寧波倡也。年十七，嫁水師營卒崔。兩月，英吉利寇定海，崔沒與陣。珊媛赴甬江死。」「不得報兮君仇，妾獨立兮江中流。……江之波兮沄沄，願爲魚兮告龍君。去黿鼓兮駕鼉雲，命吞舟兮滅彝氛。天彝氛兮期待，化精衛兮填滄海。」〔註76〕甚至出現了在戰火還未波及的地區，婦女也紛紛自盡的人間慘劇。「更憐旁縣地，婦女早捐生。」〔註77〕詩歌對於這些烈女皆持褒揚立場，認爲她們的犧牲是符合禮教精神的，值得稱讚。「嗚呼浮生本泡影，生死關頭難猛省。欲拜人，先銘井。」〔註78〕江南女性在戰爭中遭受炮火與禮教的雙重壓迫，除了一死，難有其他出路，這是清中期以來江南地區長期理學教化浸染的結果，也是戰爭的破壞性所逼迫造成的吃人環境。

詩歌還寄託了江南百姓對於結束戰爭、恢復和平的渴望。儘管充滿失望，但江南百姓依舊盼望王師早日掃清夷氛，光復半壁江南。「天兵指日應南下，速救生民水火中。」〔註79〕「君不見，定海城，日夜涕泣望官兵。」〔註80〕「攬轡澄清天下志，非徒甬、越樂承平。」〔註81〕國門洞開，缺乏對敵我實力眞實瞭解的士大夫們將希望寄託於岳飛之類的將領身上，期待能有蓋世英雄替身而出，挽救生民。可是依靠武力換取和平的希望是渺茫的。「望斷經年報捷旗，舟山依舊陣雲飛。」〔註82〕舉目所及，卻是一片殘破之像。「懸車深

〔註73〕無名氏：《京口驛題壁》。
〔註74〕《烈女劉七姑歌》，褚維塏：《人境結廬詩稿》。
〔註75〕《烈女鳳姑歌》，褚維塏：《人境結廬詩稿》。
〔註76〕《珊媛》，張文虎：《舒藝室詩存》，。
〔註77〕《雜感》，陸嵩：《意苕山館詩稿》。
〔註78〕《乍浦劉烈女詩》，許正綬：《重桂棠集》。
〔註79〕無名氏：《聞警紀實七絕十四首》。
〔註80〕《君不見》，孫鼎臣：《芝房詠》。
〔註81〕《喜復定海並望粵東捷音》，許正綬：《重桂棠集》。
〔註82〕《有感五首》，張儀祖：《傳硯堂詩錄》。

入敢橫行，鶴唳江天草木驚。黿鼉潮通瓜步水，金、焦煙障石頭城。風波激盈南朝寺，雲氣銷沉北府兵。廿四橋邊好明月，玉簫都作斷腸聲。」〔註83〕

南京議和事成，堂堂中華向「蠻夷」低頭，對中國人造成的心靈衝擊是巨大的。詩歌對此事表現出的情緒首先是恥辱。「金僧潛向契丹輸，羅錦卻邀回紇允。繳幸東南半壁安，金多始保此甌完。」〔註84〕「海外休談更九州，江南財賦尙千秋。漢家表餌和戎策，越國繒紈沼敵謀。」〔註85〕一些詩歌也對當事官員表達了不滿。「聞說衛青重作將，誰知魏絳又和戎。」〔註86〕「開門揖盜誰之衍？閉城誰使民入筌？文武惜命民命捐，夷能不戢翻用扇，醜夷皆與官爲緣。」〔註87〕「此輩固應無遠算，諸軍何事日倉皇？竟留邊郡爲巢窟，終倚番船泊海疆。刁斗連村人自衛，賊無所掠必奔亡。」〔註88〕詩歌也表達了泱泱華夏，偌大帝國的傳統自信與驕傲，顯示出不服的情緒。「官家和戎非得已，來年及早修戰壘」。〔註89〕道光二十八年（1848），英人復有事往金陵。「東南風起江潮平，夷船又向金、焦橫。城中居民數萬戶，火輪重見譁相驚。」〔註90〕英軍士兵登岸遊覽，遭到市民的攻擊。「路人瓦礫互投擲，鬼面流血爭逃生。可知當日布奏章，船堅炮利原虛聲。胡然當事尙不悟，鞭笞百姓求輸誠。江頭停運卻可畏，腐儒別自心怦怦。」〔註91〕詩歌記載此事，也是民間情緒的一種宣洩。

江南人對西方人的認知與交往遠不如廣東人，因而對鴉片戰爭中侵略者的描述也成爲詩歌的主要部分。首先是對侵略者的外貌描寫。「三大臣盟江上回，侍從親見兩鬼來。白者寒瘦如蛤灰，黑著醜惡如栗煤。」〔註92〕「白鬼黑鬼髮毛卷，穢若負塗縱於豻。」〔註93〕還有對於侵略者性格的描述。「本來夷性競狼貪，遽令中國媒鴆毒。」〔註94〕仇恨厭惡之情躍然紙上。鴉片戰爭

〔註83〕　《海上秋感》，黃燮清：《倚晴樓詩集》。
〔註84〕　《揚州感舊篇》，嚴籸：《香雪齋詩鈔》。
〔註85〕　《秋興十章》，魏源：《古微堂詩集》。
〔註86〕　《揚州感舊篇》，嚴籸：《香雪齋詩鈔》。
〔註87〕　《盂蘭盆歌》，楊榮：《蜒庵詩鈔》。
〔註88〕　《感懷》，劉淳：《雲中集》。
〔註89〕　《鎮江小吏》，朱琦：《怡志堂詩集》。
〔註90〕　《夷船復入江居民震恐》，陸嵩：《意苕山館詩稿》。
〔註91〕　《夷船復入江居民震恐》，陸嵩：《意苕山館詩稿》。
〔註92〕　《圍城紀事六詠之說鬼》，金和：《來雲閣詩》。
〔註93〕　《盂蘭盆歌》，楊榮：《蜒庵詩鈔》。
〔註94〕　《前定海行》，張際亮：《亨甫詩選》。

前，江南社會也逐漸受到西方物質與文化的影響，詩歌也描述了鴉片戰爭前江南社會的一些變化。「名都人文區，乃與鬼為伍，其來因互市，薄俗為所蠱。衣不尚布帛，翻重織毛羽，味復厭稻粱，毒煙燒出土。既習鬼衣食，仍使鬼阿堵。錢文鏤頭面，銀薄實如楮。」〔註95〕「內地入愈深，生民難安處，不禁變華風，鬼物來即取。島夷盡嗜利，聞風爭服賈，佰鎰不勝焚，蛟蜃塞寰宇。」〔註96〕這種認識完全是建立在中華文明獨尊意識的基礎之上的。更多的江南百姓是通過侵略者的暴行瞭解這些「化外之人」的。佔領鎮江的英軍大肆搶劫與抓夫，勒索贖費。百姓敢怒不敢言，「衣服金銀並首飾，被他擄去實悲哀。」〔註97〕「城鬼捉夫如捉囚，手裂大布蒙夫頭。」〔註98〕「鬼來捉去要錢贖。」〔註99〕英軍在丹陽搶劫富戶典鋪，「紳商鋪典召寇兵。」〔註100〕對於江南民間的宗教信仰與傳統禁忌，西方侵略者是毫無顧忌的。「今朝神廟遭鬼欺，鬼攖神帽穿神衣。」〔註101〕侵擾不僅限於城市，侵略者還四處尋釁戕民。「夷人麾兵出覆沒，東莊西莊日流血。」〔註102〕隨著交流的增加，江南百姓對侵略者的認識也在逐漸加深。「聞道吳淞渡，夷船尚錯居。漸能通漢語，亦欲習華書。」〔註103〕

對於保衛江南而壯烈犧牲的民族英雄，特別是官員將領，詩歌大多作了正面刻畫與推崇，表達了對他們的緬懷之情。吳淞戰役，江南提督陳化成力戰殉國。「眾人爭請將軍行，將軍竟行誰守城，棄城而去何顏生？」〔註104〕「公在豈獨全吳淞，可惜當時惟一公。」〔註105〕第一次定海淪陷時知縣姚懷祥以身殉國。有詩記載其事蹟：「吏民勸官去，官曰守此土，虜來益眾勢倉黃，官投之水蠻宮旁。如此好官我慘傷。問知侯官人，頗云能文章，一子予蔭襲，我為紀其詳，大書定海知縣姚懷祥。」〔註106〕定海典史全福及其妻也同時殉

〔註95〕《名都篇》，楊榮：《蜨庵詩鈔》。
〔註96〕《名都篇》，楊榮：《蜨庵詩鈔》。
〔註97〕無名氏：《京口夷亂竹枝詞》。
〔註98〕《捉夫謠》，姚燮：《復莊詩集》。
〔註99〕《捉夫謠》，姚燮：《復莊詩集》。
〔註100〕無名氏：《聞警紀實七絕十四首》。
〔註101〕《捉夫謠》，姚燮：《復莊詩集》。
〔註102〕《君不見》，孫鼎臣：《芝房詠》。
〔註103〕《吳淞》，陸嵩：《意苕山館詩稿》。
〔註104〕《陳忠愍公死事詩》，金和：《來雲閣詩》。
〔註105〕《吳淞口弔陳忠愍公》，嚴鈵：《香雪齋詩鈔》。
〔註106〕《定海紀哀》，朱琦：《怡志堂詩集》。

國。堪稱「衣冠辭聖主，妻子殉危城。」〔註 107〕寧波之役，三場敗仗過後，在他人皆有逃意的情況下，仍有副將朱桂敢於接戰並英勇戰死。「寧波三陣新失利，大帥倉皇欲走避，公横一矛踞賬前，此輩跳踉那足畏。」〔註 108〕主帥裕謙則殉節於府學泮池內。「登陴督陣靖節公，提兵親歷炮火中。」「援絕更何兵召，公乃抽身走文廟。泮水清且漣，於此了忠孝。」〔註 109〕「堂堂經略銳氣盡，躍入清冷水嗚咽。」〔註 110〕定海城第二次陷落時，總兵葛雲飛、王錫朋、鄭國鴻皆死難，其狀甚慘烈。「定海城再陷，三總兵死之，其一鄭國鴻，其一葛雲飛。公死猶慘烈，寸磔無完屍。親兵數十騎，鏖戰同燼灰。」〔註 111〕

英勇作戰的普通士兵也值得人民尊敬與懷念。「乍川之役，夷從唐家灣登岸，惟陝兵禦敵最勇。旋因援絕，被害獨多。」「一旅熊？勢已孤，男兒馬革誓捐軀。」〔註 112〕這是陝西之兵的壯烈事蹟。鎮江之役，青州營增援於此。作戰英勇超越了京口駐軍。「來時四百歸幾人，乃甘一死隸此京口營。君不見，京口駐防棄城走，賊退家室還重迎。悲莫悲，青州兵。」〔註 113〕讓人不勝唏噓。「公率壽州兵，帳下多健兒，列柵據峰坳，彼虜潛來窺。」〔註 114〕「北地健兒身許國，渡江帆折不須驚。」〔註 115〕「秦關百二控邊城，六郡良家半遠征。」〔註 116〕同時可見，鴉片戰爭中，清廷並非一味退讓與軟弱投降，而是從全國範圍動員了大量軍隊投入戰爭，清軍將士也並非全無戰力。由於兵力不足，官府還徵調百姓作爲鄉兵。「一人日與錢一百，勤則有犒惰則革。」〔註 117〕但缺少兵器，只能以竹木爲武，「木梃竹鞭在肘腋。」〔註 118〕失敗的結局固然有清廷政策的原因，但主要原因還在於技術的落後，國力的懸殊。

遺憾的是戰爭的創傷總是很快被人所忘記。戰爭結束後，江南社會很快重彈往昔靡靡之樂。詩歌對此，時發警惕之音。「浙東寶玉是鄉多，亂後維持

〔註 107〕《定海二忠詩》，孫衣言：《遜學齋詩鈔》。
〔註 108〕《朱副將戰歿他鎮兵遂潰詩以哀之》，朱琦《怡志堂詩集》。
〔註 109〕《鎮海弔裕靖節公》，宜昌緒：《留讀齋詩集》。
〔註 110〕《烈士行爲武略騎尉黃君恆魁作》，張景祁：《箮雅堂詩》。
〔註 111〕《王剛節公家書後》，朱琦：《怡志堂詩集》。
〔註 112〕《弔關中卒》，黃燮清：《倚晴樓詩集》。
〔註 113〕《青州兵歎》，陸嵩：《意苕山館詩稿》。
〔註 114〕《王剛節公家書後》，朱琦：《怡志堂詩集》。
〔註 115〕《諸將》，劉淳：《雲中集》。
〔註 116〕《述感十首》，劉淳：《雲中集》。
〔註 117〕《圍城紀事六詠之募兵》，金和：《來雲閣詩》。
〔註 118〕《圍城紀事六詠之募兵》，金和：《來雲閣詩》。

誰所職。當年戰血猶未乾，此際元陽賴培植。紛紜歌舞炫承平，若輩蚩蚩何足責。」〔註119〕一些詩歌表達了憂國憂民的情愫，「化外琛球歸禹貢，劫餘草木帶秦灰。流離莫問當年事，嗚咽重添父老哀。」〔註120〕進入清季的江南社會在此短暫的寧靜後，再無寧日。

（該文以《鴉片戰爭與江南社會：清季詩歌的雙重「意向」》為題，發表於《中國社會科學報》2010 年 10 月 26 日，有修改）

〔註119〕《甬江行》，黃燮清：《倚晴樓詩集》。
〔註120〕《聞督臣收定海》，黃燮清：《倚晴樓詩集》。

清末民初蘇中圖書館事業述評

蘇中地區近代圖書館於社會轉型陣痛中呱呱落地，雖過早夭折，但其清脆的啼鳴向人們展示了一種新生社會文化事業的強大生命力，回顧其短暫道路，感動與深思將是我們永恆的話題。

一

19 世紀中葉，外國傳教士開始在上海創辦圖書館，70 年代，各類藏書樓逐漸開放。1902 年徐樹蘭在紹興創辦的私立公共藏書樓古越藏書樓和 1904 年首座官辦公共圖書館湖南省圖書館的問世，揭開了我國近代圖書館事業的序幕。清代蘇中地區爲全國藏書重點區域之一，乾隆時《四庫全書》分藏全國 7閣，揚州文匯閣即爲其中之一。其間，蘇中等地藏書家層出不窮，持續到清末，揚州吳引孫測海樓，與寧波天一閣、常熟鐵琴銅劍樓、聊城海源閣並稱藏書「四大家」。泰州的錢桂森「小天目山館」、劉漢臣「染素齋」等也享有盛譽。清光緒二十九年（1903 年），蘇中第一家近代學校圖書館南通師範圖書館建立。1909 年，江都、甘泉兩縣視學汪錫恩、蔣彭齡捐建「揚州第一圖書館」，是爲地區最早的近代公共圖書館。民國元年（1912 年）3 月創立的南通圖書館，則是蘇中規模最大的近代圖書館。截至「五四」前，蘇中近代圖書館簡況如下表：〔註1〕

〔註 1〕 根據王樹槐：《中國現代化的區域研究——江蘇省（1860～1916）》，臺北「中研院」近代史所 1984 年版，554 頁、許晚成：《全國圖書館調查錄》，上海龍文書店 1935 年版，30 頁等數據整理。

名　　稱	地　　點	成立時間	性質	館長（負責人）
南通師範學校圖書館	南通三元橋	1903 年	私立	張叔禮等
如皋師範學校圖書館	如皋冒家橋東	1903 年	省立	任魯卿
揚州第一圖書館	揚州	1909 年	私立	─
南通圖書館	南通	1912 年	私立	─
省立揚州中學圖書館	揚州中學內	1912 年	省立	徐瑞祥
揚州中學第二圖書館	揚州舊書府	1912 年	省立	─
揚州通俗圖書館	揚州	1916 年	─	─
江都東光市圖書館	江都城東小學內	1917 年	縣立	徐樹滋
如皋民眾教育館圖書館	如皋東門水關北	1918 年	縣立	顧啓時

　　民國三年（1914 年）後，南通、揚州、靖江、儀徵等地通俗教育館先後成立。這些教育館大部附設圖書室等機構，成為主流圖書館的必要補充。

　　同時期蘇南地區至少有 9 所近代圖書館存在，即：南京江南圖書館、金陵大學圖書館、南京高師圖書館、蘇州圖書館、武進圖書館、無錫圖書館、無錫私立大公圖書館、無錫天上市普通圖書館、松江通俗圖書館。蘇中與其相比，數量上並不落後。

　　蘇中地區圖書館館址主要位於揚州、南通兩個中心城市。從性質上來看，公共圖書館 2 所，通俗圖書館 2 所，學校圖書館 5 所。所謂的「省立」三館其實都是省立學校附設的圖書館，不是真正意義的省級館；另有縣、私立各 2 館。以張謇為名譽館長的南通圖書館為其最亮點。建館初，除張謇捐書 80843 卷入館外，還廣邀各方人士捐贈圖書。如：武進陶湘贈 22645 卷，宜興儲南強贈佛經 18416 卷等。集得各類線裝書 14 萬餘卷，並有少量日、西文圖書。該館年經費 1500 元，由張謇捐助。民國七年（1918 年）張謇又新建藏書樓 16 間，陸續添購圖書至 23 萬卷以上，並加訂京滬各日報及雜誌。該館「先後凡用銀二萬六千二百四十三元，歲用之銀二千四百元或強。皆謇任之。」〔註2〕成為中國地方館中首屈一指的大館。但隨著相鄰其他城市圖書館事業的逐漸發達，南通館的優勢沒有維持太久。

〔註 2〕 張謇：《張謇全集》，江蘇古籍出版社 1994 年版，294 頁。

全國來看，蘇中屬於近代圖書館事業啓動較早的地區之一，原因如下：

（一）近代圖書館的示範作用與地理區位是蘇中近代圖書館事業啟動的基本前提，是為外因。

1905 年至辛亥革命前夕，我國公、私立圖書館逾 20 所，而東部沿海地區是其相對集中分佈的一個區域。它們的出現對蘇中地區有極大的示範與刺激作用。

在鹽業改革與太平天國運動的雙重致命打擊下，揚州從東南經濟文化中心淪落爲一個區域性的中心城市，對於蘇中其他城市的輻射能力也逐漸下降。這使得蘇中區域在近代社會轉型過程中失去了一個領軍城市，隨之造成了轉型自生原動力的缺乏。但是由於蘇中地處長江三角洲北沿，相鄰上海、南京等近代開放之大商埠，與省乃至國家的政治中心的地理位置一直很近，加之當地深受《申報》《新聞報》等近代媒體的薰陶，染風氣之先，外引動力較爲強勁，這在一定程度上促進了蘇中社會風氣的開化，於近代圖書館事業的啓動，有相當的作用。

（二）深厚的文化底蘊與官商民協作是蘇中近代圖書館事業啟動的主要保證，是為內因。

穿透歷史的濃霧，我們發現蘇中地區自身蘊藏著清晰頑強的變革因素。傳統文化底蘊深厚的地區一旦實現了文化事業的近代化改造後，將被與時俱進的傳統文化賦予更加豐富的內容與意義，它的價值與影響也必較其他地區更加突出，以揚州爲代表的 2500 年悠久歷史所醞釀的深厚文化底蘊是蘇中近代圖書館事業啓動的最主要內因。這種內因是通過該地區龐大的民間知識分子和士紳階層中的個人出於社會公益或商業利益的目的而表現出來。但僅從社會公益與商業利益來解釋其啓動過程，並不能完全回答蘇中近代圖書館啓動過程中的若干問題。早在 19 世紀末，揚州城已經出現了具備若干近代圖書館特徵的學會書樓。光緒二十四年（1898 年），《國聞報》刊載的《揚州醫時學會章程》中即明確規定：「會中以廣購書記爲第一要義」，「除購買書籍外，各種報章皆宜廣搜博探，以新耳目而開知慧」。〔註 3〕其藏書以西學、新學爲主，書籍有允許公共閱覽和只供會員閱覽、不對外開放兩種。初步具備包括

〔註 3〕鄒華享、施金炎：《中國近現代圖書館事業大事記》，湖南人民出版社 1988 年版，6 頁。

會員和部分市民的讀者層，有一定規章制度的管理模式等近代圖書館屬性。另一方面，在形勢壓迫下，蘇中地區原有的書院藏書體系也發生了類似學會藏書樓的變化。如泰州下屬興化市文正書院在其 1898 年制定的《藏書凡例》中就提到「立齋長」「編目繕寫」「登薄取給」「挨次取閱」，「倘有墨污，擅加丹黃，以及破損……照原價計價賠罰」等項，〔註4〕顯見，這已是一份很有近代圖書館特徵的規章了。與南通相比，揚州、泰州圖書館近代轉型啓動的自發與歷史因素稍強一些。

官商民之間的協作也是蘇中近代圖書館啓動發展的一大原因。揚州第一圖書館、私立南通師範學校圖書館、南通圖書館等皆爲典型個案，說明蘇中近代圖書館的建立有著良好的社會輿論與人脈基礎。

（三）張謇的圖書館理念與實踐是蘇中近代圖書館事業啟動的一大契機。

南通近代發展的關鍵人物張謇，於近代圖書館事業有著超前的理念，他以爲：「蓋有圖書館、博物館，以爲學校之後盾，便承學之彥，有所實驗，得以綜合古今，搜討而研論之耳。」〔註5〕呼籲「固何如不私而公」，「不家守而國守爲尤美乎？」「使各得一二賢傑，舉私家所藏書公諸其多，猶是民也，何必不泰西若？」〔註6〕希望通過圖書館「使私家所藏，播於公眾，永永寶藏，期無墜逸」。〔註7〕基於這樣的認識，光緒三十二年（1905 年）他曾上書清政府建議設立京師圖書館。創業南通後，他開始了創辦圖書館的實踐。南通近代圖書館事業是在實業與教育事業相對發達的情況下啓動的。實業方面有大生系列紗廠、通海墾牧公司、同仁泰鹽業公司、大達內河輪船公司等 20 多個企業組成的大生集團的雄厚實力作支撐。教育方面則有墾牧公司農學堂、通州師範學校、通州女子師範學校、醫學專門學校、通海五屬公立中學等及大批中、小學校作文化載體。在一城實現實業與教育相對發達的盛況，是中國當時其他城市所不具備的。實業的首先發展爲其提供了啓動資金；教育的發達爲其提供了文化群體的支持與參與；城、鎮、鄉整體共同發

〔註4〕李希泌、張椒華：《中國古代藏書與近代圖書館史料（春秋至五四前後)》，中華書局 1982 年版，75 頁。

〔註5〕張謇：《張謇全集》，江蘇古籍出版社 1994 年版，372 頁。

〔註6〕李希泌、張椒華：《中國古代藏書與近代圖書館史料（春秋至五四前後)》，中華書局 1982 年版，111 頁。

〔註7〕張謇：《張謇全集》，江蘇古籍出版社 1994 年版，276 頁。

展爲其提供了良好的社會接納空間。加上張謇的主觀努力，南通近代圖書館事業開始起步。

可見，在蘇中近代圖書館事業啓動過程中存在兩個鮮明的模式，即強勢外因推動下主觀追求的南通啓動模式與知識分子士紳階層公益或商業行爲與社會自發進步的揚州、泰州啓動模式，兩者皆受到近代思想潮流的衝擊與促進。

二

1919～1937 年是蘇中近代圖書館的快速發展期。「五四」運動後，蘇中地區圖書館建設有了量與質的進步。到 1935 年，達到了歷史階段的相對頂峰。

該階段，近代圖書館開始由中心城市向各個縣普遍分佈，揚州的寶應、高郵、儀徵；泰州的靖江、興化、泰興，南通的如皋、海門、如東等縣都有了圖書館。如果說「五四」前的蘇中近代圖書館建設是星星之火，那麼「五四」後，近代圖書館的建設開始在蘇中大地普遍開花。

從性質上來看，所謂省立者 4 座，實質是省級校立，而非省立（前文已有交代），縣立者 22 座，私立者 10 座，不詳者 2 座。這與蘇南以省級館爲主體的情況有很大差異。從類型上來看，公共圖書館 5 座，通俗（民眾）圖書館 13 座，學校圖書館（含 3 個兒童館）13 個，僧侶圖書館 1 個，私人圖書館及不詳者 6 個，形成了公共圖書館、通俗圖書館、學校圖書館、私人圖書館等多種性質圖書館並存爭輝的局面，滿足了各個層次讀者的需求。

從所採用的分類法來看，採用《杜威十進分類法》的有 14 座，採用王雲五《中外圖書統一分類法》的有 8 座，另有 2 座採用科目分類法，劉國鈞分類法、中文分類法、徐寅初編目分類法、徐旭分類法和民眾圖書分類法各有 1 座圖書館採用。《杜威十進分類法》、王雲五《中外圖書統一分類法》是當時中國兩大先進主流圖書分類方法，蘇中大部分圖書館採用此兩類分類法，表明蘇中圖書館與時代潮流的緊密結合。

從藏書數量來看，抗戰前，蘇中地區圖書館藏書總量當在 30 萬冊以上。橫向比較，同時期的蘇南各市中除南京一枝獨秀外，其餘也大體相當。

從閱讀流量來看，學校圖書館閱讀量較大，閱讀量在百人／日以上的館並不少見，如省立揚州中學圖書館、江都縣立初中圖書館、南通崇敬中學圖書館、揚州中學第二院圖書館、高郵縣立初級中學圖書館、南通中學暨實驗

小學圖書館、私立揚州中學圖書館等。固定而較龐大的學生群體成爲了這些學校圖書館的穩定讀者群。而一般公共圖書館和民眾通俗圖書館的閱讀量並不理想，如江都縣立民眾教育圖書館、寶應第一民眾圖書館、海門縣立公共圖書館等都僅有 40～50 人／日閱讀量。超過 100 人／日閱讀量的揚州五都市圖書館、揚州東光市圖書館兩館也是因爲分別設立在省立揚州實驗小學和江都縣立城東小學內的原因。

抗戰開始後，蘇中近代圖書館事業蓬勃發展的勢頭被日本侵略者扼殺。隨著蘇中地區的逐漸淪陷，縣、市鄉級館的網絡被徹底破壞。沒有新館成立，原有的圖書館也在戰火中被毀或轉移、隱藏，藏書受損嚴重。如靖江館於民國二十六年（1937 年），被日機炸毀；泰州館藏散失 4／10；儀徵館藏全部散失；泰興館藏於民國二十九年（1940 年）被日軍全部燒毀；寶應館圖書於民國二十八年（1939 年）轉移至魯垛鎮，後大多散失。其中最爲慘重的損失當爲省立國學館在興化的遭遇了。1937 年 11 月，省立國學圖書館先後幾次將約 107 箱珍貴藏書秘密運至興化存放，並在西倉設立臨時辦公處，進行了長達數月的開放。1938 年 4 月停止開放，將圖書分藏於興化縣城北門觀音閣、中圩羅漢寺、中堡乾明寺三處。1941 年興化淪陷，日軍將觀音閣所藏 6803 冊方志和叢書全部焚毀。羅漢寺和乾明寺所藏約 30 箱書籍 14500 冊、地圖 4 冊 39 幅、卡片書目 11 萬片，於 1943 年 4 月被汪僞和平軍副師長馬幼銘搶去，光復後，該部分圖書被追回大部，實屬萬幸。﹝註8﹞

至興化淪陷，除了起著部分圖書館作用的農村民眾教育（如寶應蘆村鎮民眾教育館）還少量存在外，蘇中地區近代圖書館已經全部停止開放，藏書絕大部分被毀、散失，近代圖書館事業的成果在炮火中毀於一旦。同樣的景況也發生在整個中國淪陷地區，史料顯示：抗戰前南京特別市有公私藏書 142 萬冊，戰爭中損失公共藏書 406461 冊，私人藏書 53118 冊，計 459579 冊。另有資料記載，8 年抗戰中，江蘇被劫奪圖書 70419 冊，﹝註9﹞根據本文前述蘇中地區約有 30 萬冊以上藏書量推算，蘇中乃至江蘇損失圖書當數倍於此數。歷史不可假設，但如果沒有戰爭的影響，今天的蘇中近代圖書館史必將更加的豐富多彩，碩果累累！

﹝註 8﹞ 傅璇琮、謝灼華：《中國藏書通史》，寧波出版社 2001 年版，1303 頁。
﹝註 9﹞ 傅璇琮、謝灼華：《中國藏書通史》，寧波出版社 2001 年版，1278 頁。

三

　　蘇中近代圖書館的發展狀況與相鄰的蘇南地區相比，有較多不足。

　　首先如館室級別，蘇中地區沒有一所省級館，1936 年統計，江蘇省級館分別位於蘇南地區的南京、蘇州、鎮江，人為造成了蘇南、蘇中的圖書資源不平衡分佈。以南京省館為例，該館場館建設實費 34761 兩之巨。〔註10〕民初 8 年中，該館經費累計近 17000 元，〔註 11〕如此巨量經費是蘇中各館難以企及的。1927年後，地處南京的圖書館更由於首善之區的地位，較蘇中各館更多徵集圖書的便利。如 1929 年成立的南京市立圖書館，成立之初，「廣雅、商務、中華三書局，國外各學會，贈有大宗珍貴典籍，各省縣送呈掌故及志乘亦不少。」〔註12〕

　　在圖書館數量及分佈上，蘇中蘇南差異不大，但在藏書質量上則有較大差距。蘇中近代圖書館藏書以文學、史地、雜誌、教育、兒童類為主，有一些館藏較有特色，如江都縣立民眾教育館圖書館以古裝書為主，南通崇敬中學圖書館、通州師範學校圖書館都藏有一定數量的自然科學類書籍。但由於以縣立公共圖書館與通俗教育圖書館為主力，故各類高級藏書，尤其是學術性書籍及外文圖書的缺少一直是當時蘇中各館的心病。與南京、蘇州等地相比較，高校圖書館館藏更顯薄弱。據 1936 年《申報》調查，南京私立金陵大學圖書館藏書 205316 冊，金陵女子文理學院圖書館藏書 58783 冊，位於無錫的省立教育學院圖書館藏書 5 萬冊。〔註13〕這些書籍，尤其是專業書籍的存在極大地便利了學校的教學與科研。從外文圖書館藏上來看，據 1918 年 3 月的調查：〔註 14〕蘇南除各省館有大量外文圖書外，一些地方館及學校館也藏有相當數量的該類圖書。如南京高師圖書館有日文書 100 冊、西文書 1300 冊。金陵大學圖書館藏有西文書 3141 冊。無錫縣立普通圖書館藏有日文書 1440冊、西文書 444 冊。無錫天上市普通圖書館藏有日文書 338 冊、西文書 38 冊。松江通俗圖書館藏有日文書約 100 冊、西文書約 200 冊。同時期的揚州普通

〔註10〕鄒華享、施金炎：《中國近現代圖書館事業大事記》，湖南人民出版社 1988 年版，297 頁。

〔註11〕鄒華享、施金炎：《中國近現代圖書館事業大事記》，湖南人民出版社 1988 年版，306 頁。

〔註12〕《京市圖書館將成立》，《申報》1929 年 2 月 24 日。

〔註13〕李朝先、段克強：《中國圖書館史》，貴州教育出版社 1992 年版，297 頁。

〔註14〕丁道凡：《中國圖書館界先驅沈祖榮先生文集（1918～1944）》，杭州大學出版社 1991 年版，3 頁。

圖書館沒有一本外文圖書，當時蘇中最大的圖書館南通學校館也僅藏有日文書 108 冊、西文書 290 冊，差距明顯。

再如善本書，南京省館藏有嘉惠堂、八千卷樓等江南著名藏書樓書籍，數量蔚為壯觀。逶迤到 1927 年，有宋版 41 種、元版 98 種、明版 1120 種、明鈔 84 種、四庫底本 36 種、稿本 14 種、日文刊本 34 種、高麗刊本 9 種，合計 1395 種。〔註15〕其實蘇中地區有清一代，善本書收藏本不少，但由於戰亂等原因，流失嚴重。如清末揚州測海樓藏書 9000 餘部，2470 餘卷，編有《儀徵吳氏有福讀書堂藏書簡明總冊》和《揚州吳氏測海樓藏書目錄》12 卷，並選擇藏本彙刊有《有福讀書堂叢刻》26 種，精品眾多。1927 年，孫傳芳部進入吳宅駐紮，偷走善本幾百冊。吳家匆忙於 1931 年以 4 萬元將書出售，有 589 箱、8020 部，內有孤本明人方志《八閩通志》《延安府志》《廣西通志》等。這些書在北京和上海分別出售，北京圖書館得大宗，少部分流入臺灣和美國國會圖書館。這樣的藏書散失情況在當時的蘇中並不少見。反觀蘇南，除了善本的收集保護工作做得相對好外，各館還積極徵集先賢遺著，如無錫高攀龍「遺集十二卷曾於光緒初年刊行於世」，「原版藏東林書院，旋歸忠憲公祠內，惟事隔數十年，輾轉遷移頗多零落，近有高映川君商諸族人，將全部板片移送縣立圖書館庋藏，以垂永久」，保護的基礎上還擬進行復興利用，「高氏尚擬將缺殘板片一律補刊以便印刷，籍廣流傳，從此先賢遺著得以永久保存矣」。〔註16〕

可作第一代蘇中圖書館人代表的張謇曾剖心坦言：「鄙人奔走江湖，勞人草草，比年以來，除教育公益外，愧無他業可助邦人」〔註17〕，期望通過圖書館的建立，「以證通我六經諸子之說，以融德藝，以大啓我後進。」〔註18〕文脈永昌，桑梓有幸，如今，蘇中圖書館事業終於邁進了大啓後進的時代。回溯百年前，第一代蘇中圖書館人在傳承民族文化及福澤桑梓上譜寫的無量功德永遠值得我們感激與緬懷。

（該文與嚴婷婷合作，發表於《圖書館理論與實踐》2006 年第 5 期）

〔註15〕鄒華享、施金炎：《中國近現代圖書館事業大事記》，湖南人民出版社 1988 年版，309 頁。

〔註16〕《無錫縣立圖書館收藏先賢書板》，《申報》1919 年 10 月 16 日。

〔註17〕李希泌、張椒華：《中國古代藏書與近代圖書館史料（春秋至五四前後）》，中華書局 1982 年版，279 頁。

〔註18〕李希泌、張椒華：《中國古代藏書與近代圖書館史料（春秋至五四前後）》，中華書局 1982 年版，279 頁。

外引外生〔註1〕：無奈與選擇——兼評近代蘇中地區戲劇、曲藝發展模式

　　蘇中地區的戲劇、曲藝在中國戲劇、曲藝史上一直佔有重要的地位，揚州、泰州兩座千年古城的存在為這片土地提供了產生豐富戲劇、曲藝產品的空間，尤其是揚州，一度成為中國東南沿海地區文化藝術的中心，帶動了戲劇、曲藝文化的極端繁榮。清季，南通的崛起，使得蘇中戲劇、曲藝空間再次擴展。但是由於整個近代蘇中區域整體經濟處於持續衰落的趨勢影響，蘇中戲劇、曲藝也失去了東南地區中心的地位。在這個過程中，蘇中地區存在著外引外生、內引內生、外生內引、內生外引 4 種發展模式，其中外引外生模式是為主流。

一、外引外生

　　清代前、中期，揚州為蘇中中心城市，鹽業經濟的發達造就的昌盛文化氛圍極大的刺激了蘇中地區戲劇、曲藝的發展，達到了蘇中地區歷史的頂峰。鴉片戰爭後，社會政治經濟變化紛繁，蘇中地區的戲劇、曲藝發展進入了一個以外引外生模式為主的發展階段。所謂外引，是指晚清至民國初年，蘇中戲劇、曲藝界大批藝人與戲劇、曲藝類型走出蘇中，在近至鎮江、天長、鹽城、淮安、南京，遠至上海等地，如此廣闊的一個舞臺中展示自己的現象；所謂外生，是指在蘇中戲劇、曲藝界外引過程中，不斷吸收其他地區甚至國

〔註 1〕　本文發展模式中的所謂「引」，是指戲劇、曲藝內容向某一區域進行流動的空間指向。所謂「生」，是指戲劇、曲藝內容的新生或變化。所謂「內」、「外」是指以蘇中地區為集聚核指向系。

外戲劇、曲藝流派影響，生成新的戲劇、曲藝形式與內涵的過程。外引外生是該階段蘇中戲劇、曲藝發展的主流模式，在全國範圍有一定的典型性。

外引外生模式在蘇中地區有一個長期的持續表現過程。乾隆 55 年（1790年），高朗亭在揚州「以安慶花部，合京、秦兩腔，名其班曰三慶」〔註 2〕進京演出。乾隆 58 年（1793 年），又一揚州花部「集秀揚部」進京。嘉慶年間，揚州的「四喜」、「和春」、「春臺」三徽班先後進京，與先期的「三慶班」合稱「四大徽班」，這些活動被人統稱爲「徽班進京」，從揚州北上的徽班後來爲京劇的產生作出了重要的作用，從而拉開了蘇中戲劇、曲藝外引外生發展的序幕。著名作家、學者曹聚仁曾評價：「我們該明白京戲源於徽班，而四大徽班乃是從揚州去的，並非北方的戲。」〔註 3〕關於揚州的戲劇地位，有人這樣評價：「京劇發源於徽班，而徽腔又發祥於揚州，揚州才是中國數百年來中國戲劇的淵藪。」〔註 4〕

儘管這次徽班進京距離清季有約半個世紀的時間，但它的影響一直持續到了新中國建國前，所謂外引外生模式也即從此一發不可收拾。

揚州是蘇中外引外生的主要發生地。清初，康熙、乾隆不斷南巡，加上揚州鹽業經濟的極端繁榮，揚州一躍成爲與北京並列的全國兩大戲劇中心，蘇中地區尤其是揚州和泰州等地，戲劇活動十分活躍。晚清，隨著鹽法改制的實施與鹽商的破產，蘇中戲劇、曲藝的外引外生進入了顛峰。

筆者就以花鼓戲、香火戲、揚州清曲、揚州評書等戲劇、曲藝形式來說明蘇中外引外生模式的內容，揚州、泰州地方戲種花鼓戲是一種以舞爲主、以唱爲輔的農民過節自娛表演，辛亥革命前，僅在揚州城內有 10 多個半業餘的戲班，一直沒有形成自己的獨立的戲種。民國 6 年（1917 年）7 月，揚州花鼓應約在上海大世界遊樂場演出，演出中，藝人陸長山等採用揚州清曲的聲調演唱了《洋煙自歎》、《小尼姑下山》、《活捉張三郎》等曲目，大受觀眾歡迎。受到啓發的花鼓戲人開始有意識的吸收揚州清曲的曲牌及曲目，增添伴奏樂曲，又因爲它的唱腔柔婉細膩，故被人稱爲「小開口」。民國 9 年（1920年），在鎮江龍雲樓首次進行了公演。同年，揚州、鎮江兩地的花鼓藝人又應

〔註 2〕《揚州畫舫錄》卷 5。也有學者稱「三慶班」由「春江」、「宜慶」、「和慶」3個安慶徽班組成。

〔註 3〕王偉康：《〈揚州畫舫錄〉中的戲曲文化試探》，見《文化史論》2002 年第 7期，54 頁。

〔註 4〕韋明鏵：《廣陵絕唱》，白花文藝出版社 2003 年第 1 版，99 頁。

杭州美記公司遊藝場的邀請去演出，爲此，兩地藝人特地組成 16 人的鳳鳴社。兩年後，該社再次赴杭州演出，並第一次掛出了「揚州新戲」的牌子。民國 10 年（1921 年）6 月 1 日，揚州擅長清曲的花鼓戲人王長青、陸長山、呂正才等也應邀赴上海大世界公演。從此揚州、泰州等地花鼓戲人不斷被邀請去上海等地演出，甚至民國 20 年（1931 年）還出現在漢口的「新世場」。在演出過程中，花鼓戲原有的音樂逐步被揚州清曲曲牌所代替，成爲花鼓戲固定的曲牌。由於在大城市演出，因而爲迎合觀眾需要，又吸收了京劇的化妝、行頭、劇目等藝術形式，從此，在外地尤其是在上海的揚州花鼓戲改名爲「維揚文戲」，民國 14 年（1925 年）前，維揚文戲由男性演唱，後來開始培養女藝徒，相繼出現了新新社、民鳴社、永樂社、霞字班、鸞字班等維揚戲科班，新新社培養了「七貞一鳳」，民鳴社有「十香」、「十六玉」等，永樂有「四秀」等，她們都是有一定名氣的女藝人，維揚班的活動領域也擴大到長三角及安徽部分地區。

清末民初蘇北、蘇中農民、漁民爲了謝神、祝願、祈禱豐年，在春種秋收季節經常在迎神賽會上演出小戲，演出者都要點燃香火，所以人們又稱之爲『香火戲』。」﹝註 5﹞其中的主要曲調〔七字調〕、〔十字調〕因爲演奏時只用鑼鼓伴奏，唱腔高昂，也被稱爲「大開口」。揚州的「大開口」因爲被清政府認爲曾經幫助太平天國反清，而加以驅逐，「大開口」藝人流落於鄉村之中。辛亥革命後，「大開口」開始進入上海。「有記載的正式演出是江都樊川鎮楊五等一班人演於上海南市方浜路齊雲樓茶館。」﹝註 6﹞「民國八年（1919）前後，香火戲藝人周松亭、姚干卿、卞忠發、丁寶珊等也進入上海演出；同年崔少華、胡玉海、劉捷三、祁金山等也相繼去滬。」﹝註 7﹞「1923 年，年僅 24 歲的潘喜雲湊了一個戲班子，由揚州出發，一路上在江南各地演出，最後進入了上海……他們身著大蟒大靠，用大鑼、大鼓伴奏，首先在閘北、虹口的茶樓酒座，演出各類請神戲（即香火戲──筆者注）。」﹝註 8﹞「潘小喜子

﹝註 5﹞《揚劇在上海》，見《上海文史資料選輯》，第 62 輯（戲曲專輯）（戲曲精英下），358～359 頁。
﹝註 6﹞ 江蘇戲曲志編輯委員會編：《江蘇戲曲志・揚州卷》，江蘇戲劇、曲藝出版社 1997 年版，88 頁。
﹝註 7﹞ 江蘇戲曲志編輯委員會編：《江蘇戲曲志・揚州卷》，江蘇戲劇、曲藝出版社 1997 年版，88 頁。
﹝註 8﹞《揚劇在上海》，見《上海文史資料選輯》，第 62 輯（戲曲專輯）（戲曲精英下），358 頁。

（即潘喜雲——筆者注）在齊雲樓演出期間，因唱做俱佳，營業興旺，老闆遂將茶館改爲『喜雲樓戲園』。」〔註9〕此後，越來越多的蘇中香火戲藝人進入上海獻藝，「香火戲藝人陳洪杏、陳洪桃、胡玉海（小皮匠）、程俊於（俊小六子）、徐菊生、熊偉文（熊小八子）等名角相繼來滬，彙集虹口、閘北，形成陣容堅強的維揚大班，盛極一時。維揚大班演出的主要劇目有《魏徵斬龍》、《包公》、《斬經堂》、《掃松下書》、《楊家將》等。」〔註10〕到民國15年（1926年）左右，上海的揚州香火戲班已經有13個之多。民國20年（1931年）香火戲改稱爲「維揚大班」，表演手法劇目已經較原來的香火戲大爲不同。與此同時，它也流傳到南京、安徽蕪湖、湖北漢口。

蘇中花鼓戲與香火戲外引進入上海後，都有了很大的改變，外生成了蘇中地區所沒有的新形式，而且這種新的形式還在不斷的交融與變化。「大、小開口」在上海演出，都遇到了自身特色的限制。如「大開口」的唱腔粗獷高亢，加上鑼鼓伴奏，在進入城市室內劇場演出時，往往使聽眾有不適的感覺。一開始嘗試以聯唱的方式即將唱一句敲一下改爲唱幾句敲一下，但是依然沒有從根本上解決問題。「小開口」也囿於其僅有「三小生」（小生、小旦、小丑）的行當而無法排演大戲。爲了在上海這個大舞臺吸引到更多的觀眾，同是揚州人、同講揚州話的「大、小開口」逐漸開始合流。「大、小開口」的藝人開始互相進入對方的演出，同時一些頭面演員還以聯姻的方式不斷加強著這種聯繫，如陳宏桃與許桂芬，潘喜雲與潘玉蘭、十齡童與新巧貞等。民國12年（1923年）秋，「大、小開口」以「維揚戲」（後又稱「揚州戲」）名稱在上海聚寶樓演出。民國十六年（1927年）農曆三月二十六日，上海維揚伶界聯誼會成立。「大小開口」藝人之間的聯繫更加緊密。民國20年（1931年），「大、小開口」在上海聚寶樓共同演出《十美圖》，這應該是揚州花鼓戲與香火戲藝人的第一次合作。到民國25年（1936年）「維揚戲」（即揚劇——筆者注）已經基本外生成型，「以『小開口』爲基礎，『大開口』的一些曲調都被吸收、融合而成爲維揚戲音樂的組成部分。」〔註11〕30年代成立於

〔註9〕 江蘇戲曲志編輯委員會編：《江蘇戲曲志·揚州卷》，江蘇戲劇、曲藝出版社1997年版，88頁。

〔註10〕《揚劇在上海》，見《上海文史資料選輯》，第62輯（戲曲專輯）（戲曲精英下），359頁。

〔註11〕 江蘇戲劇志編輯委員會編：《江蘇戲劇志 揚州卷》，江蘇戲劇、曲藝出版社1997年版，90頁。

上海的維揚戲劇公會對這種融合起到了推波助瀾的作用。許多藝人對維揚戲進行了大膽的創新，如金運貴創造了「自由調」，即金調。「金調深沉、醇厚而又清新，能緊密結合劇情，使得唱腔變化多樣，腔中有字，字中有腔，說中帶唱，唱中夾說，因而深受廣大觀眾歡迎。她打破了傳統的七字句、十字句的束縛，根據劇情編寫唱詞，又注意句尾押韻，使唱詞前後連貫，意思完整，又富有音樂感，聽起來如敘如訴，情真意切，委婉動人，能充分抒發角色的內在感情。」〔註12〕樂師江騰蛟在維揚戲音樂方面不斷革新促進了維揚戲的發展，他創造文場鬧臺的形式。後來「揚劇著名表演藝術家金運貴、著名演員許桂芬、王秀蘭、林玉英、黃秀花、石玉紅、葆金樓、王美雲等均曾得到江騰蛟的悉心口傳，為後來揚劇的創新發展，各人流派的形成打下了良好的基礎。」〔註13〕

當時維揚戲班發展達到了 34 副之多，擁有完整的行當與近 500 個劇目，並廣泛流傳於上海、鎮江、南京等地。時人曾評價進入上海的揚州戲劇是「上海遊藝場中最能代表各地方的民眾藝術的東西」〔註14〕。「揚劇在上海逐步發展後，曾在上海通商劇場、楚城大戲院、維揚大戲院、太原坊劇院、揚州大舞臺、先施樂園、永安天韻樓、大世界等許多劇場演出，可見其影響之大。」〔註15〕

揚州清曲藝人也大量湧入上海，「揚州清曲以它那古老的形式、傳統的內容，引起了人們的共鳴。這種情況與當時揚劇不在揚州復興，反而在上海復興的情況很彷彿──在故鄉揚州顯得蕭條冷落的清曲，這時卻在上海開始了一個小小的、畸形的『中興』時期。」〔註16〕「清末，隨著大批蘇北人南遷上海，把揚州清曲帶到滬地，在十里洋場中又出現了一批名家，如黎子雲、尹巴老子、王萬青等。他們演唱的清曲唱段《黛玉悲秋》、《秦雪梅弔喪》、《寶玉哭靈》等，不但受歡迎，而且由百代唱片公司灌製了唱片發行。」〔註17〕

〔註12〕《揚劇在上海》，《上海文史資料選輯》，第 62 輯（戲曲專輯）（戲曲精英下），
361 頁。

〔註13〕《揚劇在上海》，《上海文史資料選輯》，第 62 輯（戲曲專輯）（戲曲精英下），
363 頁。

〔註14〕韋明鏵：《維揚優伶》，福建人民出版社 1999 版，第 199 頁。

〔註15〕《揚劇在上海》，《上海文史資料選輯》，第 62 輯（戲曲專輯）（戲曲精英下），
361 頁。

〔註16〕韋人、韋明鏵：《揚州曲藝史話》，中國曲藝出版社 1985 年版，163 頁。

〔註17〕曹健民主編：《中國全史 26 曲藝史‧繪畫史‧書法史》，經濟日報出版社 1999
年版，493 頁。

清曲並廣泛的與揚劇進行交流切磋，有了新的內容。

清雍正、乾隆年間，揚州是全國的評話中心，近代學者胡士瑩在《話本小說概論》中評價：「繼承宋元講史的評話，在清代特別發達，最初中心是在揚州。其後全國有不少地方均有以方言敷說的評話，而揚州仍是主要中心。」〔註18〕也有學者認為晚清至民國初揚州仍是評話的中心。但是民國中期後，揚州等地的評話大家紛紛前往上海、南京、鎮江等地，尤以南京為最多，近代揚州的兩大評書家王少堂、康又華都長期在南京說書，這些地方的揚州評話演出一時盛過揚州本地，成為新的揚州評話演出中心，王少堂在上海等地的聲望不亞於揚州。抗戰初期，在鎮江的揚州評話藝人行會組織，在說書時加以『抵制日貨』節目，並組織評話藝人義演捐獻，方式為每人說一段。演出所得，悉數捐獻給十九路軍。「對這次義演，揚州評話演員王筱堂後來回憶說：『不僅體現了鎮江的揚州評話界藝人的愛國之心，也是揚州評話二三百年的歷史上，還沒有過這麼多的各派名流同臺獻藝盛大場面。」〔註19〕從沒有過的「這麼多的各派名流同臺獻藝盛大場面」出現在鎮江，也印證了外引之烈。

二、內引內生、內生外引、外生內引

內引內生長期以來一直是蘇中地區戲劇、曲藝發展的主要模式，即以清代前中期而言，蘇中地區戲劇、曲藝之發達多為內引內生之果，這個階段也是蘇中戲劇、曲藝內引內生模式的黃金階段。以戲劇為例，清中葉，大批外地戲劇品種進入揚州，並以「雅部」與「花部」薈萃揚州劇場，「雅部」包括來自南方的崑腔，「花部」則包括來自北京的京腔、陝西的秦腔、山西的梆子腔、湖北的羅羅腔等，這些戲劇形式一併成為揚州戲劇的基礎。百戲之祖的崑曲，據明代戲劇評論家潘之恆《鸞嘯小品》記錄，早在明萬曆年間（1573～1619年），吳地崑曲教師即受聘來揚教習崑曲。延至康乾時期，揚州的崑腔之盛，已經是全國之冠。時有老徐班、老黃班、老張班、老汪班、老程班、老江班、大洪班等被譽為「揚州七大內班」，幾乎囊括了當時崑曲界的全部精英。「乾隆、嘉慶年間，在揚州的職業崑班以整齊的陣容，豐富的劇目，一流

〔註18〕 祁淑惠：《論揚州評話的興衰及藝術探源》，見《藝術百家》2002 年第 3 期，13 頁。

〔註19〕 曹健民主編：《中國全史 26‧曲藝史‧繪畫史‧書法史》，經濟日報出版社 1999 年版，535 頁。

的表演，活躍於揚州舞臺數十年，成為揚州戲劇活動達到全盛的重要標誌之一；其整體水平已與崑曲發祥地蘇州不相上下，人們談到崑曲成就時，都是蘇、揚並稱。」〔註20〕大量湧現的崑曲新曲目以揚州為主的蘇中地區人文地理景觀作為內容，甚至很多崑劇唱腔說白都以揚州話作為基準。《繡襦記・教歌》中的阿二、《兒孫福・勢僧》中的和尚、《紅梨記・醉皂》中的陸鳳萱，說的都是揚州白。「揚州化」給予崑曲更加豐富的內涵與生命力。再如曲藝的傀儡，即木偶劇來看，除部分本地裏下河提線傀儡外，在清康熙至乾隆年間由陝西、安徽等省流傳而來的傀儡戲成為揚州主要的木偶形式。「鳳陽人……圍布作房，支以一木，以五指云三寸傀儡，」〔註21〕這樣的景況在當時的揚州街頭隨處可見。

　　內引內生模式的出現是在蘇中地區經濟文化高度繁榮的基礎上，中心城市揚州展現出極大的戲劇、曲藝吸引力的情況下發生的，此時的揚州類似於清晚期、民國時期的上海，各種戲劇、曲藝流派在蘇中（重點在揚州）進行交融學習，產生出新的戲劇、曲藝品種與流派。乾隆南巡時，揚州不僅是全國的戲劇表演中心之一，也是戲劇作家和演員最集中的城市之一。晚清至民國，蘇中地區內引內生模式依然存在，最典型的莫過於裏下河徽班，道光、咸豐年間，揚州徽商紛紛破產，加上太平天國影響，失去財力支持的揚州徽班除部分留在揚州外，相當一部分離開揚州城，進入了蘇中裏下河地區，在這裡，徽班受到地方因素的影響，發生了較大的變化。除了繼承原來徽班的藝術因素外，還迎合觀眾興趣，增加了武戲比重，文戲也追求武唱。同進入上海的「大開口」相反，這樣改變的目的是為了在鄉鎮的廟臺、廣場上演出時能夠被遠處的觀眾看見、聽見。在這樣的演出形式上，裏下河徽班「參照秦腔、崑曲的角色家門，對自身所承襲的揚州徽班的角色家門進行了調整，從而形成以『生』為中心，分生、且、淨、丑四大門類、分工細緻的角色家門序列。」〔註22〕在很多角色的配置上，也與傳統的揚州徽班有很大的不同。在裏下河徽班的發展過程中，還不直覺的受到了新興京劇的影響，最後在民國20年（1931年）前後，衍變為了京劇班社或地方戲班社。但是此時的內引

〔註20〕　江蘇戲劇志編輯委員會編：《江蘇戲劇志・揚州卷》，江蘇戲劇、曲藝出版社，
　　　　　1997年版，11頁。
〔註21〕　李斗：《揚州畫舫錄》，卷五。
〔註22〕　江蘇戲劇志編輯委員會編：《江蘇戲劇志・揚州卷》，江蘇戲劇、曲藝出版社
　　　　　1997年版，112頁。

內生，無論是在規模、層次還是影響上都已經是強差人意，逐漸消亡。

內生外引模式是蘇中地區近代戲劇、曲藝發展模式的另一個模式。這種模式自明代以來就一直存在，如揚州小調，自明代即流傳全國，受其影響的曲藝品種有浙江的杭劇、廣東的粵劇、福建的閩劇、河南的章丘梆子與大調、雲南的揚琴與花燈戲、廣西的文場戲、東北的二人轉、湖北恩施揚琴等。這種模式在清晚期及民國時期依然存在，在戲劇方面，揚州等地在徽班進京的傳統上，還大力向外地尤其是北京輸送優伶，時人記載「優童打扮是蘇、揚小民，從糧艘至天津，老優買之，教歌舞以媚人者。妖態豔妝，逾於秦樓楚館。」〔註23〕這優童中誕生了許多戲劇名家，如高朗亭、楊鳴玉、梅巧玲、梅蘭芳等，這種輸送直到太平天國定都南京並控制揚州後，「蘇、揚幼稚，不復販鬻都中，」〔註24〕可見晚清後，內生外引的規模與質量在不斷的下降。又如約形成於清代康熙、雍正年間的揚州亂彈，亦稱「揚州梆子」，「郡城花部，皆係土人，謂之本地亂彈，此土班也。至城外邵伯、宜陵、馬家橋、僧道橋、月來集、陳家集人，自集成班，戲文亦間用元人百種，而音節服飾極俚，謂之草臺戲。此又土班之甚也。」〔註25〕「揚州亂彈興起之初，所歌當爲本地流行的〔銀絞絲〕、〔四大景〕、〔補缸調〕、〔鮮花調〕、〔鳳陽歌〕、〔花鼓曲〕、〔五更轉〕、〔探親調〕等以琵琶、弦子、月琴、檀板合動而歌的雜曲小調。」〔註26〕揚州亂彈藝術的元素最後大部分被揚州徽班所吸收，而流傳至各地，如浙江紹劇中的「揚路」、福州戲劇中的「揚歌」，都有揚州亂彈的聲腔。揚州清曲也是同樣，「揚州清曲在乾隆朝以後，逐漸進入頹勢。但是隨運河、長江流傳大江南北的明清俗曲，尤以道咸年間在各地均有了地方化的發展。各地所形成的曲種所唱的曲牌，演唱的方式，與李斗在《揚州畫舫錄》中所述差之不多。即：『小唱以琵琶、弦子、月琴、檀板合動而歌，最先有〔銀紐絲〕、〔四大景〕、〔倒扳槳〕、〔剪靛花〕爲最佳。』在伴奏樂器上，許多地方又增加了揚琴，而〔銀紐絲〕、〔倒扳槳〕、〔剪靛花〕等曲牌，則可從沿長江的漢口漢灘小曲（後發展爲湖北小曲）、湖南絲絃、廣西文場、廣東粵曲、

〔註23〕《燕京雜記》，見揚州市檔案局、地方志辦公室編：《落日輝煌話揚州》，2000年內部版，183 頁。

〔註24〕《懷芳記》，轉引同上。

〔註25〕李斗：《揚州畫舫錄》，卷五。

〔註26〕江蘇戲劇志編輯委員會編：《江蘇戲劇志·揚州卷》，江蘇戲劇、曲藝出版社1997 年版，81 頁。

四川清音，沿運河的徐州琴書、安徽琴書、山東臨清小曲、山東琴書、北京的單弦牌子曲，沿黃河的陝西曲子、陝北榆林小曲、甘肅的蘭州鼓子、青海的平弦等曲種中找到。反之，從這些眾多明清俗曲腔戲劇種的曲牌、伴奏樂器、乃至演唱曲目至今可窺見揚州清曲的影響。」〔註27〕

內生外引模式產生的前提是蘇中戲劇、曲藝相對周邊的繁榮豐富，戲劇、曲藝品種與流派向周邊的擴散與影響。它與外引外生模式所根本區別的是戲劇、曲藝產品的創造是在蘇中本地，是以成品形式強勢向外輸送，在其他接受外引的地區沒有形成能夠改變這種戲劇、曲藝產品的環境下，外引的戲劇、曲藝產品保持了一個較長期的穩定狀態。

近代蘇中地區也存在外生內引模式，民國7年（1918年）與民國10年（1921年），上海京劇演員王鴻壽兩次來揚州演出，並多次進入裏下河地區演出。揚州廣陵舞臺也經常有來自於上海與北京的京劇演出。來自蘇南的「常錫文劇」也出現在泰州的靖江等地。民國24年（1935年），揚州貧兒院遊樂場曾上演常錫文劇《呆徒富貴》，民國27年，又在揚州大舞臺上演《驚天動天》。

無論是外引外生、內引內生、內生外引，都主要集中在揚州，當南通在近代逐漸崛起後，其戲劇、曲藝外生內引模式表現得更為明顯一些。民國初期，南通城在張謇的規劃與努力下，現代化建設走在全國其他同級城市的前列，一批現代化的文化場館的建設為南通的戲劇、曲藝發展提供了舞臺。民國7年（1918年），南通建成西公園劇場。民國8年（1919年），南通更俗劇場建成。同年，當時的京劇名家梅蘭芳、歐陽予倩等被張謇邀請來南通演出，演出的劇目有《黛玉葬花》、《寶蟾送酒》等。此後，著名京劇演員程硯秋、楊小樓、姜妙香、時慧寶、王鳳卿、余叔岩、蓋叫天、克秀山、郝壽臣、譚富英等皆來南通演出，一時間南通的京劇活動名揚大江南北。張謇還延聘歐陽予倩作南通伶工學社的校長，通過學校形式培養專業的戲劇人才，開全國首創。除了京劇外，南通其他的戲劇、曲藝活動也被帶動起來。如話劇：如皋師範教師黃家瑞（同盟會成員）在民國元年（1912）組織學生排演的《慶祝武昌起義成功》是話劇在南通乃至蘇中地區的最早出現，而話劇更為南通人所接受是在歐陽予倩來通後，隨團帶來春柳社演員吳我尊等。在每場京劇演出結束後，再演話劇，每星期有三四次，演過《家庭恩仇記》、《恨海》、《黑奴籲天錄》等劇目。而且歐陽予倩在南通還積極關注於南通學校的話劇活動，

〔註27〕 蔡源莉、吳文科：《中國曲藝史》，文化藝術出版社1998年版，第109頁。

這些都爲南通話劇發展開創了良好的開局。南通在民國初期的這一系列內引活動，是與張謇個人努力聯繫在一起的，也是張謇提倡的南通「兩翼齊飛」戰略的重要組成部分，張謇認爲「戲劇不僅繁榮實業，抑且補助教育之不足」，〔註28〕「改良社會，文字不及戲劇之捷；提倡美術，工藝不及戲劇之便。」〔註29〕這便是張謇借助戲劇改造南通社會的特殊背景與目的，帶有濃厚的名人帶動因素，是在南通整個城市的現代化規劃下實施的有目的的主觀性極強的戲劇、曲藝發展外生內引模式，所以這種模式的社會基礎比較薄弱，一旦張謇過世，南通現代化走入低潮，這種特殊的外生內引模式也自然消亡了。

無論揚州、泰州，還是南通，整個蘇中地區的外生內引模式基本是以失敗而告終的，曇花一現的隨風而逝。

三、主流與回歸

從花鼓戲、香火戲、揚州清曲、揚州評書等蘇中地區近代主要戲劇、曲藝品種的外引外生狀況來看，外引外生模式已經成爲蘇中近代戲劇、曲藝發展的主流模式，這種模式的形成與發展是有其深刻背景與規律的，具體表現在幾個特徵中。

（一）其外引的區域有明顯的區域指向性

儘管在蘇中戲劇、曲藝的外引上，蘇南、上海、以及安徽或者更廣大的範圍內皆有所表現，但是最爲集中與顯著的顯然是上海。晚清開始，上海逐漸成長起來，代替揚州、蘇州等老牌都市成爲中國第一大城市，城市規模與人口的擴張產生對戲劇、曲藝品種的旺盛需求，並從而成爲中國東南沿海一帶的戲劇、曲藝中心。「整個上海社會經濟比較繁榮的三十年代，上海的戲曲演出劇場有一百幾十所，觀眾席位總數達十萬個以上。」〔註30〕在這種情況下，鄰近區域的蘇中戲劇、曲藝品種大量湧入，理所當然。出現這種情況還有另一個背景就是蘇中地區大量人口向上海的遷移，揚州、南通、泰州等地大量勞動力資源以及士紳階層進入上海，加上淮安、鹽城等地，在上海形成

〔註28〕南通市文聯戲劇資料整理組整理：《京劇改革的先驅》，江蘇人民出版社 1982 年版，89 頁。
〔註29〕曹叢坡：《張謇全集》第 4 卷，原句不通，江蘇古籍出版社 1994 年，289 頁。
〔註30〕許敏：《上海舞臺布景起源》，見上海市文史研究館編：《海上春秋》，上海書店 1992 年版，117 頁。

了一個人數龐大的「江北人」群體，這個群體的人數，不下幾百萬，成爲上海人口構成的基本支柱之一。這些人，雖然離開了家鄉，但是依然留戀於家鄉的戲劇、曲藝品種，從而在上海形成了一個基本並且巨大的對於蘇中戲劇、曲藝的需求，這是蘇中戲劇、曲藝外引的根源所在。在出現了一定程度的戲劇、曲藝繁榮的局面下，蘇中藝人更加頻繁的向上海輸送，加速了這種外引的過程，使得外引由無目的的行爲轉爲有目的的行爲。南通里下河徽班的演員和創建於民國 8 年（1919 年）的全國第一所戲曲學校南通伶工學社的畢業生先後有 100 餘人，謀生計於上海及全國各地，即爲其例。不僅是蘇中地區，蘇北、浙江等地的戲劇、曲藝藝人也彙集於上海街頭。換句話說，揚州等蘇中中心城市的衰落也從側面加速了這種外引的形成。與雍正、乾隆年間的「徽班進京」不同，那時候的外引更多的是戲劇、曲藝交流性質的。該階段的外引則更多的是流亡性質。

除了外地人口向上海流動外，還有一個重要的原因可作這種指向性的注解。清王朝對於戲劇、曲藝是嚴格管制的，有種種的懲罰利刃高懸於藝人之首。如「雍正三年時所頒《大清律例按語·刑律案犯》中規定：『凡有狂妄之徒，因事造謠，捏成歌曲，沿街唱和，及以鄙俚褻慢之詞刊刻傳播者，內外各地方官及時察拿，坐以不應重罪；若係妖言惑眾，仍照律科斷。』」〔註31〕禁止夜戲，《大清律例》規定：「城市鄉村，如有當街搭臺懸燈，唱演夜戲者，將爲首之人，照違制律杖一百，枷號一個月。」〔註 32〕清代婦女是可以以曲藝爲業的，但是僅限於瞽姬，即盲女。女子從事曲藝爲社會所普遍接受還是民國建立之後。這些規定對戲劇、曲藝的發展有一定的影響。具體到蘇中地區，同治七年（1868 年），江蘇巡撫丁日昌下令查禁所謂的「淫詞小說」，其中牽涉揚州的有「揚州評話《清風閘》、《綠牡丹》，揚州弦詞《雙珠鳳》、《倭袍（記）》。」揚州清曲中有「揚州小調歎十聲、楊柳青、五更尼姑、鬧五更、歎五更、十送郎、怨五更、妓女歎五更、百花名、活捉鮮花、王大娘補缸、寡婦思夫、係叔武鮮花、剪剪花、小尼姑下山、四季小郎、四季相思、十二月花名、湘江浪、十二杯酒、賣油郎、南京調」等。〔註 33〕清政府還以揚州香火戲藝人幫助太平天國反清爲藉口，禁演香火戲，導致大批藝人逃往舟山、

〔註31〕 譚帆：《優伶傳》，上海文藝出版社 1995 年版，142 頁。
〔註32〕 譚帆：《優伶傳》，上海文藝出版社 1995 年版，142 頁。
〔註33〕 韋人、韋明鏵：《揚州曲藝史話》，中國曲藝出版社 1985 年版，161～162 頁。

川沙、崇明、吳淞、浦東等地，並於宣統末年（1911）前後開始進入上海。在另一個揚州戲劇、曲藝流向地南京，也存在著類似的情況。1929 年、1937 年南京地方當局曾經兩度以「油頭粉面，有傷風化」爲由，禁演揚州戲 60 年。

　　反觀上海，由於租界的存在以及旺盛的文化需求，很大程度上於戲劇曲藝發展以一個寬鬆的環境。如租界所體現的近代西方資本主義社會制度和價值觀念、寬鬆的道德約束與評判標準、男女平等的風習等有利於晚清上海戲曲突破中國傳統的束縛。其表現是觀眾、演員隊伍性別結構發生變化，女演員登臺演出和女觀眾加入戲曲娛樂消費隊伍的趨勢日益明顯。上海租界的戲園「客之招妓同觀者，入夜尤多。紅箋粉出，翠袖姍來，麼弦脆管中，雜以鬢影夜香，左顧右盼，眞覺會心不遠。」〔註 34〕上海租界還首開男女合演的風氣。「劇場之男女合演，昔時以爲有傷風化，懸爲厲禁。迨至清光緒季年，公共租界大新舞街丹鳳茶園主人王君援泰西戲班男女合演之例，稟呈公廨及工部局。始經請得照會，准予馳禁。」〔註 35〕同爲戲劇、曲藝文化北方中心的北京則落後一步。1900 年北京「看戲總算是不規矩的行爲，所以彼時內城絕對不許開戲館，夫人女子絕對不許看戲……」〔註 36〕甚至在辛亥革命後，「（北京）當局以戲園男女混雜，有傷風化，遂禁止男女合演，實行男女座。」〔註 37〕

　　一方面是嚴刑峻法，一方面是寬鬆的表演環境，這也是是外引的一個重要原因。

（二）外引具有單一性

　　從蘇中地區豐富多彩的文化品種來看，文學、音樂、舞蹈、書法、繪畫等文化品種外引表現不太明顯，外引主要集中於戲劇曲藝類。這一方面與清代蘇中尤其是揚州鹽商、揚州官場的普遍愛好有關，儘管揚州鹽商在其他領域也對揚州文化有所貢獻，但今天看來，最大的實體貢獻莫過於戲劇、曲藝與園林。而且這兩者是有機結合在一起的，大鹽商的園林中都設有戲臺，如江春的江園（淨香園）與康山別業；馬氏兄弟的玲瓏山館；亢氏的亢園；喬氏的喬園；汪玉樞的西園曲水等，時人曾如此形容洪徵治的倚虹園：「園倚虹

〔註 34〕　徐柯：《清稗類鈔》，中華書局 1986 年版，5047 頁。
〔註 35〕　海上漱石生：《上海梨園變遷志》，《戲劇月刊》第 2 卷第 2 期，1930 年。
〔註 36〕　齊如山：《齊如山回憶錄》，中國戲劇出版社 1992 年版，338 頁。
〔註 37〕　海上漱石生：《上海梨園變遷志》，《戲劇月刊》第 2 卷第 2 期，1930 年。

橋偶問津，鬧處笙歌宜遠聽。」「花木正佳二月景，人家疑住武陵溪。笙歌隔水翻嫌鬧，池館藏筠致可題。」〔註38〕形容鄭俠如的休園歌廳：「二進皆樓，紅燈千盞，男女樂各一部，俱十五六歲妙年」〔註39〕。以兩淮鹽務衙門爲首的揚州官場中，戲劇、曲藝也是官員們普遍的愛好。另一方面與當時整個社會環境的變遷有關係，晚清開始，西方社會戲劇、曲藝開始逐漸影響我國，以上海爲中心的東南沿海最早接受到這種輻射，電影、現代交際舞蹈的出現在很大程度上轉移了民眾的視線。另外，上海地區集中了全國當時的文化精英，尤其是在文學、音樂、繪畫等方面更是開創了自成一體的海派風格，在這種蘇中地區較上海的弱發達背景下，蘇中整體文化在這種層面很難與上海的文化競爭，所以外引的文化類型必須是具備競爭力的類型才能站住腳。在同時期的許多城市只有稀少的劇種、曲種時，蘇中地區就已經出現了亂彈戲、香火戲、花鼓戲、雜耍戲、隔壁戲、傀儡戲、髦兒戲、評話、道情、清曲等多種戲劇、曲藝類型。揚州清代初期與中期經濟的發達，爲這些戲劇、曲藝的出現與生存發展奠定了基礎。除了戲劇與曲藝，蘇中地區很難有其他的文化類型能夠在上海有一席之地，這就是外引戲劇、曲藝品種的單一性所在。以文學爲例，晚清至建國階段，蘇中文壇依然繁盛，但繁盛的景象僅僅局限於當地，即與相鄰的蘇南比較也有欠缺，僅僅在散文方面有朱自清的美文以及一批鴛鴦蝴蝶派小說家有全國影響，而這些小說家成名之作皆發表於上海，如李涵秋的《廣陵潮》、劉鐵冷的《鐵冷叢譚》、《鐵冷碎墨》等，嚴格講，除了戲劇曲藝之外的蘇中其他文化類型，也在試圖積極外引入上海，但是結果往往被大城市的文化品種所同化，不再作爲一個獨立的地方流派而存在。戲劇與曲藝，由於它長期的流傳形式以及教傳方式的限制，可以保證在一個相當長的時間內維持其人員與表演風格的穩定，較其他文化品種更容易保持自己的區域特色，這也是外引之後再外生的一個基本前提。

（三）外生具有一定的封閉性

蘇中戲劇、曲藝在上海等地的外生，基本是依靠原來的蘇中藝人完成的，或者說是以原來的蘇中藝人爲核心完成的，雖然吸收了其他的藝術因素，但是主要還是以蘇中本地的藝術因素爲主。以「維揚文戲」來看，它主要是揚州清曲與揚州花鼓戲的結合。這種封閉性也不僅是蘇中戲劇曲藝獨有，淮調

〔註38〕 李斗：《揚州畫舫錄》卷 10 虹橋錄上。
〔註39〕 李斗：《揚州畫舫錄》卷 8 城西錄。

進入上海後，爲了生存，也有合流的情況，「東路淮調是指鹽阜地區藝人們唱的雛形拉調、下河調；西路淮調指的是淮安、淮陰一帶藝人唱的『淮蹦子』調。」〔註 40〕東西路淮調在上海實現了合流。蘇中藝人也有轉行加入其他地區戲劇、曲藝演出團體的，「揚州曾有些徽劇藝人來滬演出失敗，其中一部分便加入了淮劇行列」〔註 41〕，但這種情況不多見。民國十六年（1927 年），上海維揚伶界聯誼會在維揚大班崔少華、潘喜雲、吳再喜、周松亭等人發起下成立並組織在閘北義和戲園舉行三天義演，當天即發生了藝人王月華被當地惡霸殺害的事件，這在一定程度上反映了外地藝人在上海的受欺凌地位，同時也極大的刺激了在滬的揚州伶人，增強了他們的凝聚力，客觀上也促進了「大、小開口」的合流。民國二十五年（1936 年）上海維揚伶界聯誼會改名爲「上海維揚戲公會」，一方面是爲了符合「大、小開口」已經合流的形勢，更主要的則是爲了加強團結的需要。外生的封閉性表明在上海等地的蘇中戲劇、曲藝團體還具有較強的組織團體性，並且沒有全部爲新環境所改變。這種封閉性的存在，一方面是演出的需要，另一方面也是爲了生存的考驗。

四、外引外生模式的影響是深遠的

對於蘇中地區來說，外引外生模式的出現意味著一個時代的結束，它的出現透露出蘇中地區沒落的悲哀。與上海相比，蘇中地區自晚清開始發展環境一直不如上海及相鄰的蘇南地區，戲劇、曲藝界的外引是被迫的，由於蘇中戲劇、曲藝市場的萎縮，大批藝人起初是抱著謀生的目的出去的，並在他鄉創造出新的戲劇、曲藝品種，這種現象加劇了蘇中戲劇、曲藝的衰落。解放前夕的蘇中戲劇、曲藝界曾一度出現深刻的危機。以評話爲例，「著名藝人仲松岩衣食無著，病死街頭；楊嘯臣貧病交加，雙目失明；很多藝人被迫改行，另謀生計。」〔註 42〕揚州清曲藝人狀況也很淒慘。無名氏《揚州辛亥歌謠（十古怪）》之八：「八古怪，老面皮，敲盤奏曲聲咿咿。傳家本是揚關吏，混入官場逐馬蹄。千家酬應婚喪祭，侯門奔走真非易！蜜騙生涯總讓伊，九流

〔註 40〕《淮劇在上海的落戶和發展》,《上海文史資料選輯》,第 62 輯（戲曲專輯）（戲曲精英下）, 333 頁。

〔註 41〕《淮劇在上海的落戶和發展》,《上海文史資料選輯》,第 62 輯（戲曲專輯）（戲曲精英下）, 331 頁。

〔註 42〕韋人、韋明鏵:《揚州曲藝史話》,中國曲藝出版社,1985 年版,14 頁。

三教尤通氣。到處人稱二太爺，從今潛約風流替，雞鳴即起專謀利。」〔註43〕形象的刻畫了清曲藝人的艱難生活。直到抗戰時期，才有清曲藝人結束流浪賣唱，可以在茶館賣唱。經濟的衰退帶來戲劇、曲藝的衰退，而戲劇、曲藝的衰退又增添了蘇中地區城市的衰敗，這種影響已經超脫了戲劇、曲藝研究的範疇。

　　對於上海等接受外引的城市與地區來說，以揚州為首的蘇中戲劇、曲藝的進入極大的豐富了城市市民生活，尤其是上海，多種形式的外埠戲劇、曲藝的進入對城市的貢獻是積極的。蘇中戲劇、曲藝在很長的一個歷史階段都處於全國領先的地位，特別是到了清代初期與中期，因為揚州的存在，蘇中戲劇、曲藝較周邊地區豐富發達，外引後，對鎮江等城市來說，本地的戲劇、曲藝得到了極大的豐富，戲劇、曲藝窪地現象消失。

　　在當時來看，外引外生的現象是一種比較畸形的戲劇、曲藝發展模式，這種兩頭在外的戲劇、曲藝發展模式脫離本埠，缺乏區域人員、因素的融會，但是在上海等特定的大城市中，這種模式卻具有頑強的適應力與生命力。它所外生的戲劇、曲藝品種，在經過長時間的洗禮後，不但生存下來，而且又重新回歸本埠，並在本埠得以流傳，如揚劇如今的主要市場仍是以揚州為主的蘇中區域，這種現象既說明了外生戲劇、曲藝形式的價值，也證實了蘇中戲劇、曲藝外引後本土戲劇、曲藝的虛弱。

　　在某種程度上內引外生模式可以被看成是內引內生模式到外引外生模式的過渡。這種過渡的界定邊緣很模糊，4 種模式在有的時間段是同時存在的，它們的影響也是相互的。無論是內引內生、內生外引還是外生內引，這 3 種模式的存在對外引外生模式產生了一定的逆反作用，但是這種逆反作用受制於整個蘇中區域的衰落，因而沒有能夠阻止外引外生的發展。外引外生，無奈下的歷史選擇，卻也為後人留下了意外的成果。

（該文與楊效筠合作，發表於《戲曲藝術》2005 年第 3 期）

〔註43〕 韋人、韋明鏵：《揚州曲藝史話》，中國曲藝出版社，1985 年版，164～165 頁。

揚州建設「世界名城」的新追求

2000 年 10 月，江澤民同志爲家鄉題詞「把揚州建設成爲古代文化與現代文明交相輝映的名城」。十幾年來，在揚州市委、市政府的領導下，揚州實現了城市建設工作的突破，成爲中國城市建設的一面旗幟。2012 年 5 月，江蘇省委書記羅志軍同志赴揚州視察時指出，「揚州城已是名符其實的江蘇名城、中國名城，要樹立更高的目標追求，努力打造世界性名城。」建設「世界名城」的目標，是江蘇省委省政府基於全球城市發展趨勢，結合江蘇省情實際，對揚州城市未來發展高瞻遠矚的目標定位。揚州建設「世界城市」，是中國城市建設「世界名城」的原創行爲，需要對揚州建設「世界名城」的元理論首先進行研究。

一、「世界名城」的概念闡述

所謂「世界名城」，目前學術界還沒有權威的評判定義與評判標準。一般而言，公認的「世界名城」是定性的概念，具有兩個參照指標，即世界級的美譽度與世界認可度。所謂世界級的美譽度，是指這個城市享有在世界範圍內獲得公眾信任、好感、接納和歡迎的名城聲譽。所謂世界級的認可度，是指這個城市具有在世界範圍內普遍地被承認的名城地位。這種世界級的美譽度與認可度是通過世界級的影響力與表現力而得以展示的。

「世界名城」首先是一個經濟範疇的概念，經濟奠定城市文化發展與延續的基礎。沒有經濟基礎，建設不了世界名城。但與目前流行的「世界城市」概念不同，「世界名城」所需要的經濟基礎並非世界城市概念所要求達到世界經濟中心城市的強度，而是一種與城市發展相契合的經濟發展程度。「世界名

城」之所以稱爲名城，其本質是城市的文化，文化爲「世界名城」之魂。從某種程度上說，「世界名城」其本質體現在這座城市是世界文化體系的重要節點、世界文化活動的中心，發揮著世界級的城市文化影響力、表現力。

文化影響力是城市在文化領域的價值取向的能力與權力，其包含文化話語權與文化軟實力兩方面。所謂世界級的城市文化話語權，即該城市在世界範圍內所具有的文化主導地位與權力。所謂世界級的城市文化軟實力，即該城市在文化領域所擁有的國際地位與其所體現的意識形態、文化價值觀、市民文明程度、傳媒宣傳等方面的綜合實力。文化表現力是指城市通過塑造表述的積極作爲，在城市文化環境、文化內涵、文明程度、社會風尚等領域得到認可的表現。所謂世界級的名城文化表現力，即該城市在這些領域的表現力在世界範圍內受到認可，並影響世界。

世界名城並沒有權威定義，也沒有權威的分類，就具有世界級美譽度及世界級認可度的一般性概念而言，目前世界名城可分爲兩個類型。一類是領域型，其中分爲以產業爲主要特色的城市，如波士頓、拉特納普拉等；一是以歷史文化爲主要特色的城市，如馬六甲、聖彼得堡、波士頓、維也納等；一是以風格風貌爲主要特色的城市，如威尼斯等。另一類爲綜合型，即在同時具備歷史文化、產業發展及風格風貌等特色的綜合型城市，如巴黎、倫敦、東京等城市。

國外「世界名城」的建設與發展具有四種普遍規律。一是城市歷史稟賦底蘊厚。哲學家愛默生說：「城市是靠記憶而存在。」無論是領域型「世界名城」，還是綜合型「世界名城」，其城市文化都不是一天兩天形成的，都具有相對長期的歷史積澱。羅馬不是一天建成的，即使是產業型世界名城，也是經過了產業文化的長期積澱。二是城市文化特色明。凡是世界名城都具有鮮明的城市文化特色，如威尼斯的水城城市風貌；維也納的城市建築文化與音樂文化。沒有自己獨特品牌文化的城市，是不可能成爲世界名城的。三是城市文明展示國際化。恩格斯曾這樣評價巴黎的文化表現力，「在這個城市裏，歐洲的文明達到了登峰造極的地步，在這裡匯聚了整個歐洲歷史的神經纖維，每隔一定的時間，從這裡發出震動世界的點擊。」只有擁有世界級表現力的城市，才能在世界範圍內展示自己的城市文化，奠定世界級的文化影響力。四是城市生態可持續。有些城市在歷史上具有世界名城的美譽度與認可度，但是因爲城市的衰落或城市文脈的中斷，泯然眾人。

二、揚州建設「世界名城」的定位、依據與挑戰

「世界名城」一般性的建設模式與特徵不是絕對限制性條件，在共性的基礎上，更要有個性的發揮。揚州在建設「世界名城」的進程中應有自己獨特的城市座標與特色。只有找準自身座標定位，才能發揮城市影響力與表現力的優勢，以最適合揚州城市發展的方式實現建設「世界名城」的目標。揚州是古代文化之城，是一座有著 2500 年建城史的古城，是中國首批 24 座歷史文化名城之一。揚州也是現代文明之城，是中國經濟發展最活躍的城市版塊長三角城市群的重要區域中心城市。中國傳統文化與現代文明在這裡交融，這是揚州區別於純粹以古代文化遺產揚名的世界名城與純粹以現代文明立世的世界名城的特點。基於這種特點，揚州建設「世界名城」的座標定位必然是「古代文化與現代文明交相輝映的世界文化名城」。

（一）揚州「世界名城」有三個座標定位原則

1.「立足揚州，面向世界」的揚州特色原則

揚州建設「世界名城」，除了具備「世界名城」的一般特徵外，還需要體現揚州的特色。揚州建設「世界名城」是一個辨證統一的過程，要區別於其他「世界名城」，要吸收借鑒他們的優點，但絕不能照抄。無論以民族、國度、城市為考量範圍，都不能迴避城市的特色。要在建設「世界名城」的過程中，既不在吸收城市外部文化上自困拒外，也珍惜揚州城市文化精華中固有的崇高自然、灑脫而不拘謹的民族氣質與揚州風格，確立具有揚州特色的建設與發展模式。

2.「以人為本，造福市民」的價值追求原則

「世界名城」建設的主體是廣大揚州市民，最終的受益者也是揚州市民。作為發展中國家的城市，城市建設與發展首要的任務是市民的福祉。城市建設在於提高城市市民生活與發展的質量，是「為了人民群眾」而存在的。「以人為本，造福市民」是揚州建設「世界名城」的根本價值追求。這個價值追求原則要求我們建設「世界名城」應從揚州市情出發，從揚州市民的角度出發。揚州之所以被評為「聯合國人居獎」城市，不是因為揚州經濟建設的成就，而是在改善市民居住條件上的努力，這是一個很明確的價值導向。通過建設「世界名城」的發展，為揚州市民謀得城市環境的改善和享受，提升揚州市民的文明素質與文化修養，獲得更高品質的生活環境，是努力的方向。

3.「發揚文明，貢獻人類」的終極目標原則

從世界人類的發展角度出發，任何「世界名城」的文明發展，其終極目標都是爲了人類文明的傳承與發揚。在全球化的浪潮下，任何城市的發展都不僅僅關係自身。其城市文明的建設與發展也同樣影響著區域文明的發展，影響著國家、民族的文明發展。通過城市文明的建設，以帶動一個更大區域文明的進步與發展，甚至引領整個國家文明的進步，爲人類文明作出世界級的貢獻，是建設「世界名城」的應有之義。「發揚文化，貢獻人類」，這是揚州建設「世界名城」所要遵循的終極目標原則。

（二）揚州建設「世界名城」的依據

揚州建設「世界名城」的依據是世界級的歷史文化底蘊與世界性的城市發展平臺。

1. 世界性的歷史文化底蘊

揚州是建立在 2400 多年歷史底蘊之上的城市。揚州是中國首批 24 座歷史文化名城之一，城市本身積澱了厚重歷史，具有世界性的歷史文化底蘊。揚州城是一座在歷史上數度爲人類文明的發展，爲國際文化的交流作出傑出貢獻的城市。揚州初盛於漢，復盛於唐，再盛於清。唐時即有「揚一益二」之稱，元明清時揚州皆爲全國大都會，至乾隆年，揚州依然躋身全世界十大 50 萬人口城市之列。歷史上的輝煌創造了獨特繽紛、絢麗奪目的揚州城市文化。揚州城市文化是在文學創作、藝術建樹、工藝製作、學術研究、文物積累、典籍流傳等方面都蔚爲大觀、自成體系的文化。歷史上的揚州城市文化也積極輸出，其影響波及於東亞、東南亞地區。如唐代高僧律宗大師鑑眞盲目六次東渡日本，傳播中華文化，這是日本最熱誠最突出的敦聘我國人才的例證之一，也是我國向域外傳播唐代文化最傑出最完美的一次。揚州城市歷史文化的世界級底蘊是毋庸置疑的。

2. 世界性的文化發展舞臺

作爲長三角都市圈北翼的重要節點城市，南京都市圈的重點城市，伴隨著中國新興發展的趨勢，揚州具有了新的發展舞臺。揚州的交通基礎設施顯著進步。21 世紀以來，隨著省委省政府「沿江大開發」、「蘇中崛起」、「南京都市圈」等區域發展戰略的實施，隨著潤揚大橋、寧啓鐵路、揚州泰州機場等系列交通設施的建成，更因爲寧揚輕軌、淮揚鎮鐵路、寧啓鐵路升級、五

峰山過江通道、「一環八射」高速網等新一輪城市基礎設施的推動,揚州與世界的聯繫不斷強化,揚州在全球網絡節點中的城市地位得到了顯著提高。揚州的城市環境顯著提升。近十年間,揚州投入鉅資,先後實施了瘦西湖活水工程、老城區改造與復興、大運河環境整治等工程。因為城市環境的顯著改善,先後獲得了中國文明城市、聯合國人居獎、中國人居環境獎、中國環境保護模範城市、國家園林城市等殊榮。正在打造生態市的揚州,宜居宜業的人文傳統得到了有效的保護和恢復。2011 年,揚州大市範圍內的人均 GDP 已接近 8000 美元。主城區人均 GDP 已經超過 11000 美元,超過中等收入和高收入國家的分界線。這些數據為揚州搭建世界性的城市發展舞臺創造了基礎。

(三)揚州建設「世界名城」面臨的挑戰

揚州建設「世界名城」面臨四大挑戰。

1. 城市發展特色不明顯,面貌趨同。

揚州建設「世界名城」需要有揚州特色的具有世界性的文化價值觀念的確立與輸出。民族特色的文化,才是世界的,但沒有世界性的文化價值的民族特色文化是沒有世界性的吸引力與生命力的,不能引領世界風尚的。長期以來,揚州的文化建設缺乏核心價值觀的確定,沒有創造出新的符合當今時代的具有世界生命力的文化形態與影響。

2. 同質態城市競爭激烈。

從城市發展規律上來看,世界各個區域城市的發展經歷著「分散—集聚—區域聯合」的過程,目前城市群(帶)的區域聯合發展成為趨勢。但在這種區域聯合發展的城市群(帶)中,城市的競爭更加激烈。相比較以往獨個城市的個性生態,目前的城市群(帶)的生態不利於單個城市保持特色風格,同質態趨勢嚴重。以揚州為例,面臨南京都市圈內南京、鎮江兩座歷史文化名城的競爭,還面臨長三角內蘇州、嘉興、紹興等特質相似的城市的競爭,特色難以突出,競爭壓力巨大。

3. 當代城市產業發展世界化水平不夠。

揚州的產品與服務貿易長期處於逆差狀態,處於世界產業鏈的末端。承擔的多是展演平臺的角色,缺少世界級的品牌。揚州資源豐富、人文昌盛,但資源沒有得到有效整合和開發利用,產業發展與世界名城的要求差距很大,如何把揚州城市的特質與產業的特色結合起來,在開發中保護,在發展中傳承,並名播海外,還需要探索新的路徑。

4. 傳統城市文化符號的消亡趨勢

在文化全球化（globlized cultures）的浪潮下，在城市「融合」與「互異」兩種作用的影響下，弱勢的城市傳統符號呈現消失的趨勢。在局部地區，強勢城市文化對弱勢城市文化的侵襲與滲透已經是不爭的事實。作爲發展中國家，中國城市在文化全球化浪潮的衝擊下，就傳統文化符號消亡的歷史進程來看，確實有著慘痛的教訓。

（四）揚州建設「世界名城」的制約

與眾多「世界名城」相比，揚州建設「世界名城」，目前存在兩個主要的制約因素。

1. 世界城市網絡地位的制約

2001 年，英國學者泰勒（Taylor，P.J.）提出了「世界城市網絡」概念，認爲在當今時代，全球任何城市都不再是靜態的獨立的發展個體，而是已經被網絡化組織起來。全球所有城市從本質上認同所有城市都受全球化、網絡化的影響，都有潛力進入全球網絡。而這些網絡的頂級節點城市超越了國家影響的界限，成爲具有世界級的影響力與表現力的名城。網絡節點是分層次的，隨著網絡節點層次的下降，節點城市的影響力與表現力也逐漸下降。同樣可以運用世界城市網絡概念闡述城市文化的世界化發展。因爲行政地位及交通基礎的限制，揚州在全球城市網絡的節點地位並不高，在國內，處於三級城市之中，這就對揚州建設「世界名城」形成了一定的制約。

2. 文化全球化的制約

文化全球化的進程，會導致外來城市文化與本土城市文化之間的矛盾和衝突。這一方面由於城市文化力的強勢與弱勢，在城市文化交流中的主動與被動，在文化傳播技術上的先進與落後等方面的差異，會導致城市文化交流在事實上的不平等，甚至出現城市文化入侵和城市文化殖民主義現象。另一方面，害怕和拒斥城市文化交流，固守本地城市文化，以仇視的心態面對外來文化，也會引發本地城市文化與外來城市文化之間的矛盾和衝突。如把一種文化價值觀、文化模式普遍化、或向其他民族滲透的過程中，在強勢文化的影響下，處於弱勢地位的城市文化內涵會不斷被淡化。客觀而論，以西方文化爲主流的世界文化潮流確實具有相對的強勢地位，揚州在進行城市文化交流時，不可避免地要面對這種強勢文化的壓力。

三、揚州建設「世界名城」的可能路徑

就「世界名城」建設的模式而言，存在著多種模式。其中最為主流的是兩種：一種是強化國際因素和市場力量的「自然發育模式」，一種是依託政府意志與力量的「規劃推動模式」。21 世紀之後，中國城市品牌建設呈現方興未艾的熱潮。「文化興市」、「文化強市」、「文化立市」等口號不斷湧現。在城市品牌建設的規劃中，一些概念性目標也屢見文件。如上海、北京建設「世界城市」、南京建設「世界歷史文化名城」等。在這股潮流中，有學者曾經將中國城市文化建設分為三種類型：一是將歷史作為城市文化的標誌和引領，如曲阜、平遙等城市；一是在歷史與文化的感受中尋找城市的意蘊，如蘇州、上海等城市；一是所謂古都與現代文明交融的城市，如南京、北京等城市。這些城市都在世界範圍內進行品牌建設的目標與考量標準。就這些城市品牌建設的模式而言，大多採取了以政府為主導，進行社會動員的模式。一些一、二線城市還通過一些具有世界級影響力的活動作為其城市文化建設的助推器，開展工作。如北京奧運會、上海世博會、南京青奧會、廣州亞運會等都對當地城市的影響力與表現力有巨大的推動作用。從揚州的市情實際出發，建設「世界名城」，必須採取「自然發育模式」與「規劃推動模式」兩種模式結合的工作思路，一方面通過政府的規劃去推動，另一方面也需要促進城市自然的發育。

（一）政府設計層面的制度規劃

城市文化建設在很大程度上依據於合理的規劃設計。在建設「世界名城」的進程中，需要通過規劃引導方式，合理有序地達到建設「世界名城」的目標。結合揚州「十二五」規劃及文化類分項規劃，政府規劃部門要超前設計建設「世界名城」發展的中長遠期規劃，為揚州世界級文化影響力、表現力的建設打造有內涵、有追求、可實現、可持續的設計，指引具體實踐的操作。1995 年，倫敦制定了「倫敦榮耀計劃」，以確保倫敦為歐洲唯一世界城市為目標。紐約制定了《紐約 2030》規劃，悉尼制定了《可持續發展的悉尼 2030 年遠景規劃》，都對城市未來數十年的前景發展進行了指導性與目標性規劃。借鑒這些「世界名城」的城市規劃，揚州建設「世界名城」，除了要制定「五年規劃」外，還需要有十年、二十年期限的中長期規劃，才能在一個較為寬廣的歷史平臺上，更有高度地展望與設計城市的未來發展。

制度文化力是人類在社會實踐中組建的各種行為規範、準則及各種組織形式所構成的文化力量。良好的制度環境本身就是創新的產物，而其中很重要的就是創新型的政府，只有創新型政府，才會形成創新型的制度、創新型的文化。制度創新應該是需要優先解決的問題，也是在自主創新上取得突破的關鍵所在。應當從體制改革、機制完善、政策扶持、人才培養、作風建設等方面形成鼓勵和支持自主創新的良好文化和制度環境。通過制度創新，將揚州建設「世界名城」的文化發展過程由項目驅動、活動驅動的跨越發展轉向常態發展模式。

（二）強化市民的「世界名城」認同

城市認同是一個城市市民集體價值觀、世界觀、文明觀的體現。當市民認可這個觀念集合體的時候，城市才能產生最大的影響力與表現力。但市民對城市的認同並非與生俱來的，這個認同的過程需要底蘊的積累與適度科學的引導。同樣，建設「世界名城」，不僅需要城市決策與宣傳部門的主張與作為，也需要全體市民的共同認可，才能真正實現建設「世界名城」的目標。揚州，作為中國歷史文化名城的概念，已經深入世人之心，也是揚州市民骨子裏的共同意識。以文化為魂，建設「世界名城」，在揚州市民群體中具有相對厚重的認同基礎。在此基礎上，要加強市民文化水平與文明程度的提升，深入開展現代文明教育，普及科學文化知識，塑造現代市民精神。在市民群體中自覺樹立起「世界名城」市民的自律要求。隨著城市經濟的發展、人口遷徙的頻率加大，新揚州人在市民中的比例逐年增加，並且成為揚州建設「世界名城」的重要力量，通過各種工作方式，加強薰陶與培養，建立他們對揚州城市的喜愛與認同感，也是十分重要的工作。

（三）綜合平臺的城市文化表現力

當前時代，信息化已經成為世界各個城市的「神經中樞」，每個城市度是世界信息網絡的一個節點，信息技術帶動和加速了物資流、人才流、信息流、資本流和技術流的集聚與傳播。就其強度而言，超越了以往任何一個時代，傳統社會已經轉型為信息社會。隨著信息技術的繼續高速發展與新信息技術的出現，信息化將成為人類交流最主要的媒介，也成為世界各個城市展示的最主要的媒介。目前，各個世界主要城市都推出了以發展信息化推動城市建設為目標的基礎性戰略，如紐約的「互聯城市」（connected city）計劃、倫敦

的「互聯經濟」計劃（connected economy）、新加坡的「智慧國 2015」計劃
（iN2015），都是為了將信息技術與城市發展進行融合嫁接，以信息技術的進
步促進城市的建設發展。中國各個城市也廣泛開始了「數字城市」的規劃與
建設，而「數字揚州」作為全國率先進行試點建設的信息化城市規劃，已經
奠定了堅實的基礎。在此基礎上建構信息時代的新媒體平臺，具有較為成熟
的經驗與可能性。雲媒體等新興技術的出現與運用也為揚州城市的宣傳開闢
了新的載體。揚州要充分運用傳播技術的先進成果，利用各種技術，實現後
發崛起的宣傳效應。

　　「世界名城」的表現力需要一個世界級的表現平臺。揚州決策與宣傳部
門要突破以往將揚州作為中國名城的宣傳定位，以全球視野，立足揚州建設
「世界名城」的出發點，重新確立「世界級」的宣傳理念與思路。「世界級」
宣傳理念的確立，需要實現三個轉變：一、宣傳廣角由「中國名城」宣傳向
「世界名城」宣傳的轉變；二、宣傳平臺由「中國名城」宣傳向「世界名城」
宣傳的轉變；三、宣傳內容由「中國名城」向「世界名城」宣傳的轉變。用
世界的視野去解讀揚州，理解揚州。

（四）保持與發揚揚州城市風格

　　城市精神是城市市民精神面貌的集中體現。從一個城市的城市精神可以
看出一個城市文化的風骨。「世界名城」需要世界級的城市精神。「崇文尚德、
開明開放、創新創造、仁愛愛人」是揚州創建「世界名城」的城市精神。揚
州城市風格則具有地域性、集聚性、延續性、動態性、包容性等特徵，揚州
建設「世界名城」進行的座標定位也是圍繞這些特徵進行的，必須堅持這些
特徵並將其發揚光大。

1. 揚州建設「世界名城」必須突出城市的地域性

　　城市的地域性是指能夠反映城市精神、城市特質的特徵，是歷史形成的
該城市有別於其他城市的主體風格和氣質。人類開始出現是分地域的，相對
隔絕的地域造就了不同風格、特殊的地域文化，這也是城市的母體。只有世
界性，沒有地域性的城市不可能成為「世界名城」。世界性是地域性精英代表
的綜合，「世界名城」是世界城市地域精英代表的綜合。城市的地域性體現在
深厚的歷史積澱、鮮明的文化特色、強烈的城市個性、高尚的文化品位等方
面。揚州城市的地域性主要表現在以東方文化中的中國傳統文化為根本，以

淮揚文化爲母體，以揚州都市文化爲核心的文化特色上。揚州城市所引領的淮揚文化以揚州市區爲中心，輻射影響江蘇中部及安徽部分地區，是江蘇省四大主流文化派別（淮揚文化、六朝文化、吳文化、淮海文化）之一。突出揚州城市的地域性，是建設「世界名城」的必須。

2. 揚州建設「世界名城」必須強化揚州城市的集聚性

城市具有集聚功能，是各種要素的集中。集聚的過程必然使得各種文化資源、符號、產業產生融合、提升的效果，在城市這個載體上，發揮更加集聚性的功能。揚州不僅人傑，而且地靈，揚州文化貫通南秀北雄、享有優越地理，有著高度集聚優越度。揚州由於地處南北要衝，「瀰迤平原，南馳蒼梧、漲海，北走紫塞、雁門，柂以漕渠，軸以昆崗。重江復關之敎，四會五達之莊。」城市也自然而然具有南秀北雄、兼收並蓄的風格。綜觀整個中國古代，南北的貨物交流不是通過深入對方腹地而實現的，而是通過揚州這個中轉地來完成的。自揚州入江，東連大海，可通日本；溯江西上，至九江而南，可達南昌；沿贛江、北江轉向交州、廣州，可遠航東南亞、東亞各國；自九江向西，經鄂州（今武昌）西通巴蜀。貨物流、信息流、人流的中轉帶來城市的繁榮。「廣陵當南北大衝，百貨所集。」最能說明揚州這種特點的典型就是揚州園林，集北雄南秀於一身的揚州園林既有北方皇家園林的雍容華貴氣派，也有江南私家別業的雅致。揚州城市的歷史演變進程充滿了各種文化流派、文化團體、文化名流的交流與融會。強化揚州城市的集聚性，是建設「世界名城」的必須。

3. 揚州建設「世界名城」必須保持揚州城市的延續性

城市的發展是具有延續性的，在歷史的演進過程中，通過物質及非物質的載體，將城市傳承下去。城市的價值，更是這種延續性的體現。揚州是一個通史性的城市，這爲揚州城市的延續性奠定了基礎。淮揚美食、揚州小調、揚州評書、揚州盆景、揚州三把刀、揚州清曲、揚州雕版印刷、揚劇、揚州園林、揚州玉器、揚州漆器、揚州玩具、揚州木偶劇……這一大串爭奇鬥豔的傳統文化奇葩，是揚州的精髓之所在，也是揚州這座歷史文化名城永遠的魅力所在。揚州的祖先 2500 年所創造的這些成果，被一代代的揚州人謹慎的流傳了下來，強大的傳統文化脈絡賦予了揚州文化深厚的歷史底蘊。揚州文化還是注重生態的文化，在歷代揚州人的努力下，即使經過了那麼多的天災人禍，依然爲我們留下了一座人與自然和諧並存的美麗城市。揚州的美麗是

天下無雙的,「紅映樓臺綠饒城」,「淺深紅樹見揚州」遍及全城的楊柳唱響了綠楊城郭是揚州,瓊花和芍藥更是成了揚州的化身。保持傳統,平衡生態的可持續度是揚州得以傳承的原因。保持揚州城市的延續性,是建設「世界名城」的必須。

4. 揚州建設「世界名城」必須促進揚州城市的動態性

城市是歷史形成的,也是不斷發展演變的歷史產物,凡是具有強烈生命力與創新力的城市都具有強烈的動態性。這種動態性也是城市發展的必要保證。失去動態性的城市是僵硬的死城市。放眼世界,「世界名城」並非一成不變,從數千年前的名城到今天的廢墟或平庸之城者,比比皆是。而從名不見經傳到今天具有世界影響力與表現力的城市也有很多,如迪拜、聖保羅等。原因在於其城市動態性活力的衰減與增強。而城市動態性活力的強弱,與城市基礎設施、網絡地位、市民精神、文化傳統、國際交流有著密切的關係。揚州城市的形成史是高度動態化的歷史。揚州城開放的交流歷史造就了揚州城市的動態活力。促進揚州城市的動態性,是建設「世界名城」的必須。

5. 揚州建設「世界名城」必須保護揚州城市的包容性

城市是一個多種文化的共存體。包容性是城市充滿活力的表徵之一,凡是具備世界級影響力與表現力的城市,無一不是包容性發達的城市。人類文化本身就具有多元性,是人類社會進步的基礎。一方面,只有地域性,沒有世界性的城市也不可能成為「世界名城」。正是在這種多元的相互混合、相互作用下,才使得城市的發展具有生命力與創新力。另一方面,世界性的城市市民需要世界性多元的交流。美國作家 A‧J‧雅各布斯(A‧J‧Jacobs)曾說:「多樣性是城市的天性,城市的多樣性,不管是什麼樣的,都與一個事實有關,即,城市擁有眾多人口,人們的興趣、品味、需求、感覺和偏好五花八門、千姿百態。」揚州城有包容性的傳統,處於楚尾吳頭的揚州,擅舟楫之便,得人文之勝,一直為中華文化的淵藪之區,固然有其歷史地理因素的影響,而更主要的實在於揚州城市的包容傳統導致。在國內,揚州歷來為文人、學者嚮往之地。如唐一代,據不完全統計,即有盧照鄰、駱賓王、孟浩然、王昌齡、李白、崔顥、高適、劉禹錫、杜牧、皮日休等一百數十名知名人士到過揚州,以各自的文化背景薈萃於揚州。4 大名著中有 3 部與揚州有關,國劇京劇的形成即是在揚州城鹽商經濟的發達下催生的。「(揚州)服食、器用、園亭、燕樂同於王者,傳之京師及四方,成為風俗。」說揚州文化萃東

南絲毫不爲過。在國際上，揚州也積極吸收外域文化，唐代時，揚州曾同時居住數千「胡商」（波斯商人），宋代咸淳年間，伊斯蘭教創始人穆罕默德第十六世裔孫普哈丁來揚州傳教十餘年，最後葬於揚州。此後，揚州文化在醫藥、舞蹈、建築、音樂、美術、工藝等方面融入了阿拉伯文化的因素。保護揚州城市的包容性，是建設「世界名城」的必須。

城市與文明是同一事物的兩個不同的側面。高速發展的現代文明爲揚州建設「世界名城」創造了現實條件。「交相輝映」爲揚州建設「世界名城」的發展的目標，這個目標要求推動揚州古代文化與現代文明的完美結合，體現揚州濃鬱的城市風采與魅力。最終建設一座世界級的具有鮮明特色、獨特魅力、豐富內涵和高尚品位有中國特色、揚州特點的「世界名城」。

（該文發表於《城市》2014 年第 9 期）

新市民的聚融與歷史文化名城類城市的現代復興——以揚州市爲例

　　上世紀 80 年代，通過商業／工業的資本投資或通過土地經營，一股城市改造與提升的熱潮在英國倫敦、利物浦、曼徹斯特等城市興起。2002 年 11 月 30 日，在英國伯明翰召開的城市峰會上，提出了城市復興、再生與可持續性發展的口號。所謂的「城市復興」，又稱再城市化（Re-Urbanization），其內涵爲再造城市社區活力，尋求重新整合現代生活諸種要素（如家居、工作、購物、休閒等），在更大的區域開放性空間範圍內以交通線相連，重構一個緊湊、方便宜行的鄰里社區。讓自然回歸城市，使城市重獲新生。此後，城市復興成爲一個炙手可熱的議題而廣受關注。

　　處於工業化中後期的中國，也廣泛地捲進了這股潮流，與歐洲城市復興將人吸引到市中心、使中產階級回歸的目標所不同的是，中國的城市復興更主要的關注於「城市重建」，即以城市經濟的恢復與發展、城市的繁榮與進步作爲城市復興的主要標誌。其中尤以歷史悠久聞名、史上幾度發達的城市最爲典型。揚州，作爲中國第一批歷史文化名城，初興於漢、再盛於唐、三興於清。但隨著鹽法改革、太平天國運動、黃河改道等事件的影響，揚州喪失商業中轉集散地地位，資本大量外流。1912 年津浦鐵路貫通使揚州區位邊緣化，徹底結束了揚州在中國經濟版圖中的區域中心地位。

　　城市的復興除了資本要素，還需要勞動力的大量投入。進入揚州的外來勞動力個體，無論是否入戶，皆是新揚州市民。

一、兩個可以預見的可能：揚州的新復興可能與新市民的聚融可能

（一）揚州的復興歷史與現實可能

本世紀初，隨著省委省政府「沿江大開發」、「蘇中崛起」、「寧鎮揚都市圈」等區域發展戰略的實施，揚州全面發展的步伐不斷提速，新復興成爲可能。

1. 揚州三度復興的歷史因素與條件

考論揚州未來新復興的歷史可能，首先要研判揚州歷史上三度輝煌的歷史因素與條件。綜合國內外學者意見，揚州城在漢、唐、清三代的鼎盛發展，主要具備了以下幾種歷史條件的全部或部分：獨特的區位優勢；優越的人文地理環境；多元的商業文化；雄厚的地方財力；優越的政策條件。

漢代初興，邗溝的開鑿使揚州具備了溝通淮泗、連接吳越的便利；優越的自然條件使揚州成爲農業經濟發達的區域；劉濞煮鹽鑄銅而來的巨大財富使揚州由一個軍事要塞轉身爲當時屈指可數的商貿重鎮。朱自清在《中國歌謠》中談到：「大約從兩漢以來，《禹貢》所說的揚州，漸漸地成爲富庶之區。……西漢的揚州已成爲中外互市之所。」唐朝再興，繼隋煬帝大運河聯繫南北後，揚州地利優勢天下無雙。「唐世鹽鐵轉運使在揚州，盡干利權，判官多至數十人，商賈如織。故諺稱『揚一益二』，謂天下之盛，揚爲一而蜀次之也。杜牧之有『春風十里珠簾』之句，張祜詩云『十里長街市井連，月明橋上看神仙。人生只合揚州死，禪智山上好墓田。』王建詩云：『夜市千燈照碧雲，高樓紅袖客紛紛。如今不似時平日，猶自笙歌徹曉聞！』徐凝詩云：『天下三分明月夜，二分無賴是揚州。』其盛可知矣。」〔註1〕清中期，「揚州自古繁華地，當南北水陸之衝，舟車輻輳。」〔註2〕

2. 揚州新復興的現實條件

比照以往揚州復興的歷史條件，今天揚州的客觀條件較往代皆有翻天覆地的進步，但相對優勢卻不盡人意。

就區位優勢而言，揚州地處蘇中，自大運河運輸地位的下降及鐵路、

〔註1〕《唐揚州之盛》，洪邁：《容齋隨筆》卷九，北京中華書局 2005 年版。

〔註2〕孫嘉淦：《南遊記》，〔清〕張潮：《虞初新志》卷十七，河北人民出版社 1985 年版。

高速客運、航運、海運系統的完善，揚州與蘇南及沿海發達地區、重點樞紐地區的區位差距有加大的趨勢。爲此，揚州近幾年積極實施了交通提升工程，先後興建了潤揚長江大橋、寧啓鐵路及以西北繞城公路、沿江高等級公路爲首的城市高速高等級公路網絡。在未來幾年，揚州還將繼續構建以揚州泰州機場、寧揚輕軌、淮揚鎮鐵路、寧啓鐵路升級、五峰山過江通道、揚州港「一港三區」擴建、一環七射的高速網絡爲主要內容的交通工程。這些工程的完工，將大大提升揚州的區位品級，使揚州成爲省內乃至長三角內的重要節點城市，爲揚州新復興奠定基礎。揚州優越的人文地理環境這幾年得到了穩妥的保護與積極的發揚。在實施了瘦西湖活水、老城區改造與復興、大運河環境整治與提升等工程後，揚州宜居宜業的人文傳統得到了有效的保護與恢復。聯合國人居獎、中國人居環境獎、中國環境保護模範城市、國家園林城市等榮譽是揚州在走向新復興道路中堅實的腳印。揚州自古爲商業都會，限於城市地位的等級，近代揚州的商業，落後於近鄰蘇南城市。但隨新世紀揚州商業的不斷升級與擴容，揚州再拾江北門戶市場的重任，成爲了不折不扣的江北第一商圈，對周邊的泰州、鎮江、淮安等地形成了一定的輻射，但由於市場容量的規模不大，市民消費能力有限，揚州與滬、寧、蘇等城市的市場規模的集聚度尚存在著差距。揚州民富程度在長三角地區處於後位，政府財力也較蘇南城市薄弱，尤其是經濟危機的影響下，相對周邊地區的相對高稅率對城市經濟活力有一定的影響。就政策而言，進入新世紀以來，揚州先後獲批建設國家級出口加工區、國家級高新區及若干省級經濟開發區，一些產業國家基地和江蘇信息產業基地等載體的出現也極大地提升了揚州產業集群的實力，但與周邊城市尤其是蘇南城市相比，差距仍然存在。

綜上，限於城市地位，揚州較周邊城市並無特殊優勢，這也決定了揚州新復興概念的內涵與以往不同。揚州新復興的概念，並非要重新回復到以往「揚一益二」的世界超級大都市行列，而是在「城市重建」的框架內，在經濟發展的基礎上，實現社會與自然的和諧，實現對揚州歷史文化的傳承與發揚，實現城市品位的歷史跨越。其所要達到的民生目標，是宜居宜業。而在城市地位上的目標，則是成爲長三角地區充滿生機與活力、有鮮明特色的區域中心城市，這個復興的揚州，經濟發達、文脈悠久、人民富裕、社會和諧，市格健全。

（二）揚州新市民的聚融可能

1. 揚州的城市復興與包容傳統

財富與文化是人創造的，揚州作為三度輝煌的城市，其吸引外來勞動力的力度與廣度在中國歷史上曾引領神州風騷。即如有清一代，「揚州治濱大江，為南北縮轂，兼以鹽策，期會攘攘往來，而談經講藝之士亦日以眾。」〔註3〕揚州匯聚了四方之民，「四方豪商大商，鱗集麇至，僑寄戶居者，不下數十萬。」〔註4〕「四方賢士大夫無不至此。」〔註5〕甚至出現了「商旅什九，土著什一」〔註6〕的外來人口數倍於本地土著的盛況。即使是三次輝煌頂峰之外的其他歷史時期，揚州對外來勞動力的吸引與其他城市相比也是佼佼者。宋時，「揚州常節制淮南十二郡之地，自淮水以南、大江之東，南至五嶺蜀漢，十一路百州遷涉貿易之人，往往皆出其下，舟車南北日夜灌輸京師者居天下之七。」〔註7〕元代揚州「商賈雲集，舟楫溯江，遠及長沙。」〔註8〕明朝時，揚州「聚四方之民。」〔註9〕「內商多徽、歙及山、陝之寓籍淮揚者。」〔註10〕「西北商賈在揚者數百人。」〔註11〕

揚州，始終作為一個包容神州萬象之氣的城市而存在。地處江北卻代表江南，「南秀北雄」的揚州城市神韻與文化是千百萬新老揚州人共同的貢獻。沒有外來人口的補充，揚州歷史的三次輝煌是不可能實現的。

2. 揚州的新復興需要新揚州市民。

揚州城的新復興將創造大量的各種層次的就業崗位，僅僅依靠揚州自身的勞動力資源是無法滿足需要的，亟需大量域外新鮮的勞動力的加盟，這是保證揚州新復興的基本要素。

按照聯合國的有關規定，如果一個城市 60 歲以上的人口所佔比重達到 10%，即可劃入老齡化城市。照此標準，揚州市在上世紀 90 年代末就已經進

〔註3〕　〔清〕阿克當阿：《嘉慶重修揚州府志》，揚州廣陵書社2006年版。
〔註4〕　〔清〕衛哲治：《乾隆淮安府志》卷十三，上海圖書館刻本。
〔註5〕　〔清〕李斗：《揚州畫舫錄》，北京中華書局2007年版。
〔註6〕　〔清〕崔華：《康熙揚州府志》，齊魯書社1996年版。
〔註7〕　〔北宋〕沈括：《平山堂記》。
〔註8〕　〔元〕姚燧：《牧庵集》卷二十三，北京中華書局1985年版。
〔註9〕　〔明〕楊洵：《萬曆揚州府志·序》，刻本。
〔註10〕　〔明〕楊洵：《萬曆揚州府志》卷十一，刻本。
〔註11〕　〔清〕阿克當阿：《嘉慶重修揚州府志》卷52，揚州廣陵書社2006年版。

入老齡化城市。2005 年後，揚州市老齡化人口數量進入高速發展期。2007 年末，揚州市 60 歲以上人口達 77.97 萬人，在全市總人口中所佔比重達到 17%，比劃分標準高出了 7 個百分點，增速逐年加快。揚州新復興的目標與揚州老齡化社會的現實也需要吸收大量外來勞動力。

3. 新揚州人群體的兩大過程：聚生、融並

揚州城市的新復興，從物質建設方面而言，將會體現在城市規模的擴容、城市產業經濟的提升、城市商業環境的優化等方面；從精神建設方面而言，將體現在市民社會的理性化、城市精神的開放化、城市運營規則的合理化等方面。這一切都需要我們的城市打開胸襟，吸收外來勞動力，擴大消費規模，提升城市檔次。歷史傳統與現實他例提示我們，外來勞動力的大量引進是一個城市實現復興之路不可迴避的必然條件。

作爲進入揚州的外來勞動力群體，它與城市的聯繫程度有兩個層次。

一是外來勞動力群體的聚生過程。在一個城市復興發展的開始階段，由於就業、運輸、商貿所創造的機會，大量的外來人口開始進入，初期表現爲在城市各個相對集中的勞動領域開始聚生出原生地域相對集中的外來人群體。在資源性城市中，外來人群體主要集中於資源密集型企業中；在商貿服務性城市中，外來人群體主要集中於商務服務業中；在新興綜合城市，則主要集中於科技企事業、勞動力密集型企業、商務服務業等領域。二是外來人口的融並過程。由聚生到融並，體現在城市外來人口對所處城市的認同感不斷加深，通過自身努力，在城市管理框架內，實現自身身份的轉變，由外來人成爲城市的新市民。這種融並不是戶籍的符號轉換，而應體現在享受與原市民同等的政府服務、基礎設施、公用事業、公共教育、公共醫療衛生、公共環保等方面的義務與權利，實現由城市的過客向城市主人的轉變。就揚州而言，改革開放之後的 20 年間，揚州外來勞動力群體主要集中於紡織服裝、機械電子等工廠及商業服務業中。近幾年，除以上領域外，揚州外來人群體逐漸向高科技產業、教育文化、行政管理、公共管理等領域擴展，進而滲透入揚城的各個方面。

聚生與融並過程中的外來勞動力群體，雖然同爲所在城市作貢獻，但兩個層次存在著不同的內涵。聚生階段的外來勞動力群體，並不是新市民，其流動性強，與城市融合聯繫較差，對城市的認同感淡漠。而融並的新市民，則成爲所在城市中新的一分子，對城市認同感較強，與城市利益直接相關。

無論是聚生還是融並，在主客觀條件下，外來勞動力群體與原市民之間的矛盾仍將長期存在。即使是成為了新的市民，其與原市民之間的隔閡與矛盾也將持續較長時間。

二、對新揚州市民與揚州新復興的分析

（一）新揚州人的聚融程度

改革開放以來，揚州人口呈不斷增長的態勢，這是一個城市復興的基本條件。下面列表對揚州市近三十年來的常住人口趨勢進行分析。

表：揚州改革開放以來常住人口增加年度分析表〔註12〕

年　代	大　市	較上年增加	市　區	較上年增加	市區增加人口占大市比重（%）
1979～1989 年*	416.96	3.089	93.12	1.08	36.8
1990～1999 年*	442.83	1.423	103.36	0.84	59.2
2000 年	450.62	3.23	108.56	1.7	52.6
2001 年	451.59	0.97	109.66	1.1	113.4
2002 年	452.22	0.63	110.76	1.1	174.6
2003 年	453.61	1.39	112.51	1.75	125.9
2004 年	454.29	0.58	113.85	1.34	231
2005 年	456.31	2.02	115.65	1.8	89.1
2006 年	458.64	2.33	116.81	1.16	48.8
2007 年	459.25	0.61	—	—	—

*為年平均數據。

從數據分析，無論是以大市還是市區為單位，揚州人口總的趨勢是增長的，但考慮到自 2002 年開始，揚州大市的自然增長開始為負數的因素，該表所反映的數據並不能完全說明 2002 年後揚州人口增長的情況。如 2007 年，揚州市出生人口為 2.65 萬人，死亡人口為 2.77 萬人，全市遷入人口為 7.88 萬人，遷出人口為 7.18 萬人，淨遷入 0.7 萬人。這樣來看，2002 年後，揚州大市每年淨增人口都較 2002 年之前有所增加，市區人口的增長則更明顯，但是

〔註12〕數據來源於揚州市歷年統計公報與年鑒。

比照整個人口基數而言，揚州市的人口增長速度是低速穩定的。就各縣市而言，除部分縣市外，也基本爲淨增長。如 2006 年，揚州所屬 7 個縣市區除高郵市省際間遷移流動趨勢爲淨流出外，其他縣市區均爲淨流入。2007 年除寶應縣爲淨流出，高郵市基本持平外，其他市、區均爲淨流入。揚州常住人口數量的增長，也反映了揚州外來勞動力群體的增長。

新揚州市民不僅數量在增長，其質量也在提升。由於揚州復興戰略的逐漸實施，尤其是本世紀以來，隨著「沿江大開發」及長三角產業北移趨勢的加快，以化工、船舶、機械電子、新光源爲主要支柱、以國家出口加工區及若干省級經濟開發區爲載體的揚州工業經濟與科技水平不斷升上新的臺階。新揚州市民由以往主要集中於勞動密集型及商貿服務等領域，逐漸向科教文衛等領域擴展，其群體素質也大大提升。

（二）新揚州人聚融的價值指引

經過幾年的建設，今天的揚州已經初步具備現代大都市的框架與基礎。在以下幾方面，對於外來勞動力群體有著相對的吸引力。

1. 宜居的城市環境

揚州城市環境優美，自然條件優越，自古就是人居佳地。2006 年，揚州又成爲江蘇省第一個聯合國人居獎城市，城市環境在省內乃至長三角地區皆屬上流。隨著「一體兩翼」城市格局的拉開，揚州城市體量不斷擴容，城市承載度增強，2009 年市區人口突破 110 萬，具備了吸引新揚州市民入戶的物質條件。

2. 便利的交通

揚州地處江蘇中部，隨著近幾年交通建設的進步，再次成爲溝通南北的江北橋頭堡，交通的便利使勞動力資源的轉移與消化更加方便。

3. 較發達的產業基礎

揚州已經形成石油化工、汽車船舶、機械電子、新光源、新能源等幾大數百億產業集群，工業產值突破 5 千億，爲各方面各層次的新揚州市民提供了發展的舞臺。

4. 友好的城市氛圍

揚州傳統的移民城市性質與開放包容的城市文化造就了友好的城市氛圍。揚州人友善不排外，這在很大程度上便於新老揚州市民的融合。

5. 名城的品牌效應

揚州作爲中國著名的歷史文化名城，享有很高的知名度與美譽度，這也是吸引新揚州市民入戶的原因之一。

也正基於以上原因，新揚州市民期待並努力實現著自己人生的夢想與抱負，他們相信，在揚州，他們的努力可以得到滿意的回報，他們的揚州夢可以實現。

（三）新揚州人聚融的挑戰

1. 區域勞動力競爭的挑戰

揚州地處江蘇省中部，長江北岸，西接安徽，社會經濟發展程度介於蘇南、蘇北中間，在吸引外來勞動力群體聚融方面也有其特殊的表現。

揚州這幾年，已經構建了比較完善的產業結構，第三產業發達，對長三角地區外的皖、豫、贛等省勞動力有一定的吸引力。揚州工業規模與發展水平不斷提升，工業發展速度最近幾年不斷位居長三角城市群首位，這爲揚州吸納外來勞動力擴大了可能。以揚州「三把刀」領銜的揚州服務業在長三角地區特色鮮明、有較強的品牌優勢，也是吸納外來勞動力的平臺。揚州緊鄰勞動力輸出地，近水樓臺先得月。揚州與蘇北淮安、鹽城、連雲港、徐州、宿遷等地緊鄰，這些地區擁有豐富的勞動力可供轉移。揚州與安徽、江西、河南等勞動力大省也相近，便利這些省份的勞動力向揚州轉移。據揚州市公安局 2005 年調查數據顯示，在揚州的暫住人口籍貫中，以安徽省所佔比例最高，達到 30.74%。近代陳去病在《五石脂》中談到「揚州之盛，實徽商開之。」證明安徽有向揚州轉移勞動力的傳統。其次爲河南省，占 9.1%。超過 5%的還有湖北省和四川省（均占 8.51%）、黑龍江省和江西省（均占 6.06%）以及浙江省（占 5.19%），這 7 個省合計占到 74.46%。揚州所屬的高郵、寶應等縣市也很多人首選揚州作爲外出就業與置業的目標。從理論上而言，揚州應是一個不缺勞動力的城市。

區域競爭激烈，揚州不占上風。對勞動力的爭奪在長三角地區已呈白熱狀態。揚州南鄰上海、蘇南經濟發達地區，在工資水平、就業機會、交通等方面皆不能與之相比，隨著長江南北交通的貫通，北方勞動力進入上海、蘇南的渠道更加便捷，揚州成爲其轉移的中轉站。社會調查顯示，相當多的外省暫住人口，在揚州短暫停留後，紛紛轉移蘇南。揚州目前暫住人口約近 40 萬，5 年間，只增長了幾萬人。而蘇南蘇州的暫住人口由 2003 年的 86 萬劇增

到 2007 年的 378 萬人，5 年間，增長了近 300 萬人，年均增長 34.5%。截止 2007 年底，成為新蘇州市民的入戶人員達到了 585 萬人，新老蘇州市民之比為 94：100。客觀而論，揚州目前的勞動力吸納程度只與蘇南部分縣級市在一個等級。在高層次勞動力人口上，這樣的趨勢更加明顯。2006 年，南京引進各類人才近 7 萬人，其中急需的高層次留學歸國人員 1408 人，為揚州的十餘倍。2007 年，蘇州引進各類人才 7.6 萬人，其中博士 1408 人，碩士 2984 人，留學歸國人員 533 名，皆高出揚州一個數量等級。揚州不但在高層次勞動力人口引進上較上海、蘇南等發達地區差距巨大外，本地高層次勞動力也大量向外轉移。以揚州大學為例，每年畢業的千餘博士、碩士等高級人才，大部分選擇上海、北京、蘇南作為理想發展地區，留在揚州的只是小部分。

2. 城市資源供應的挑戰

當代中國正在進入城市社會，建國時，中國城市化水平為 10%左右，1978 年，只有 17%左右。但從 1978 年到 2008 年的 30 年間，中國城市化水平猛增為 46%，年均增加一個百分點。揚州的新復興所帶來的外來勞動力的進入，在為揚州復興帶來希望與能力的同時，也給揚州城市建設與環境帶來了嚴峻的考驗。

揚州市區面積 1100 平方公里。根據《揚州市城市化「十一五」發展規劃》的目標，揚州市區在 2010 年底，將建設成大城市，城市化率 55%以上，中心建成區面積達到 100 平方公里以上，中心區人口達到 100 萬人以上。實際揚州城市目前規劃已經遠遠超過了此份規劃，以揚州廣陵新城為龍頭的城市東部新區規劃面積就達到近 50 平方公里，全市已經納入市區建設區規劃的總面積是 420 平方公里，占市區總面積的 1／2 弱，是目前揚州市區實際建成區面積 5 倍。實際揚州市區人口百萬的目標已經提前達到，市區面積百平方公里的目標也將提前實現。

從 1999 年到 2003 年五年間，揚州市農村勞動力轉移人數分別為 87.01 萬人、87.32 萬人、89.38 萬人、95.44 萬人和 104.17 萬人，年均遞增 4 萬多人。揚州目前城市化率為 50%，未來兩年內，揚州還將有 5%的農村人口成為城市居民，其中 3%（約 13.5 萬人）將轉移進入揚州市區。按照目前的城市建設規模的城市環境承載度，揚州在接受這些本地勞動力轉移的基礎上，再大量吸納外來勞動力，城市資源將十分緊缺，尤其是在金融危機的 2009、2010 年間，矛盾將更加突出。合理協調城市復興過程中人與自然的關係，將是今後的重大課題。

3. 揚州新復興決定新揚州市民群體聚融的新內涵

揚州新復興的內涵決定了新揚州市民聚融的內涵。揚州的新復興，與以往歷史輝煌不同，主要表現於注重內在的和諧與城市的全面發展，也使新揚州市民的構成具有了新的特徵，不再是簡單的歷史循環。

以往揚州的輝煌主要是建立在繁華的商業文化基礎之上。漢代揚州，爲區域商業中心，富甲一方。唐代揚州是國際性大都市，世界商業匯聚之所。清代揚州，鹽商文化創造的城市繁華達到畸形頂峰。新復興的揚州，應該是一座工商並重，經濟文化發達的現代綜合性城市，與以往商業消費性城市的定位有本質區別。新復興的揚州將通過集群產業產生大量的工業就業機會，吸納大批新揚州市民，使技術工人群體成爲新揚州市民的中堅力量。新復興要求揚州不斷提升城市品位與適度擴大城市規模。這將爲揚州第三產業帶來新的發展空間。隨之而來的是揚州科教文衛事業的全面發展，這將吸引更高層次的外來勞動力入戶揚州，提升新揚州市民群體的綜合素質。揚州城市建設不與其他城市比規模、比高樓，而是比秀氣比文氣比大氣，隨著揚州城市品牌美譽度與城市宜居度的提升，來揚旅遊、度假的人數將穩步增長，乃至產生養老於揚州的群體，他們也是新揚州市民中值得關注的部分。

三、加快新揚州市民的聚融，迎接揚州新復興的偉大時代

要加快新揚州市民的聚融過程，需要在戶籍政策、文化思想意識、社會等三個層面進行突破。

（一）戶籍政策層面

全球城市正面臨著第六次城市革命的風暴，以爲人服務爲宗旨，實現城市與市民的和諧共存共榮是城市未來的走向。作爲積極準備接納新揚州市民的揚州，應在以下方面實現政策上的轉變。

政府職能部門徹底轉變觀念，通過各種創造性的政策調控，化解新市民與城市發展的矛盾，促進新市民與揚州社會的緊密融並。「泰山不讓土壤，故能成其大。」揚州應積極實施人才引進戰略，加大引進力度，創造寬鬆的人才空間，依託已經形成規模的幾大產業集群引進外來勞動力，實現人才的對口交接與勞動力使用的最大效益。努力提升揚州的城市競爭力，城市競爭力也是城市吸引力。城市的建設也是城市軟實力的體現，也是城市吸引外來勞

動力的招牌。合理控制城市規模、科學進行戶籍管理。在城市規劃建設上，應注重對土地資源的保護與集約利用。在戶籍管理上，對揚州本地緊缺的勞動力應採取變通手段，不僅爲企事業單位的高層次勞動資本開綠燈，也應爲自主創業、投資揚州的外來人口敞開大門。在目前的揚州城市規模現狀下，對外來人口入戶，應根據具體情況，制定靈活措施，保證新揚州市民的生活、就業、醫療、衛生、教育等基本權利向市民靠齊。目前，我國上海、北京、深圳以及省內的蘇州等城市已經或正在考慮實施居住證制度。只要外來人口有穩定工作和固定住所，而且有意願，就可以申請居住證。居住證制度要擺脫暫住證過於強調管理的缺陷，強調管理和服務功能的統一。獲得居住證的人員同樣可以享受子女就學、辦理社保金、享受醫療保險政策等「市民」待遇。揚州在這一方面走在全國前列，已經出臺相關政策，規定有穩定職業、合法收入和固定場所，辦理《暫住登記證》後守法居住 3 年以上的外來人員，可換發《外來人員居住證》，享受市民待遇。《外來人員居住證》有效期可定爲 5 至 8 年，對持有《外來人員居住證》的人員，相關職能部門在證照、擇業、購房、子女入學等方面，將爲其提供與城市居民同等的服務。但同時還應溝通居住證與戶口准入的對接，在適當的條件下，應該允許滿足更多的外來人口獲得揚州市戶籍。

（二）文化思想意識層面

文化是城市的根、城市的魂。城市復興不僅是經濟的復興，更是城市文化、城市精神的復興。就這個認識而言，揚州新復興的過程中，揚州城市文化與城市精神將是重要內容，這也要求新揚州市民在聚融揚州社會的過程中，必須接受揚州城市文化與城市精神的薰陶。

揚州城市傳統文化具有雅、博、通的特點，具體到今天的揚州城市精神就是文明進步、開放包容、創業創新、自強不息、敬業奉獻。通過對揚州傳統文化的學習與感染，可以使新揚州市民盡快的感受與共鑄新的揚州城市精神。揚州的城市文化與精神是長期以來新老揚州市民的創造，也是今天新老揚州市民實現揚州新復興的寶貴精神財富與不竭的精神動力之源。從提升城市競爭力的角度來說，揚州的核心競爭力就是城市文化與城市精神。放眼長三角，揚州儘管在經濟排行上難稱巨頭，但在城市文化上，絕對是一流水準。這也是我們城市新復興過程中展現城市軟實力的最大寶庫。

揚州的新復興是對揚州城市歷史進步的新要求，是對城市文化脈絡的續

承與光大，這就要求有一個講文明、有文化、綜合素質高的市民群體作支撐。雖然高素質人才在新揚州市民群體中的比例將隨著揚州新復興的步伐不斷提升，但普通勞動力群體仍占主要部分，相對揚州原市民群體而言，新揚州市民群體的平均素質較低。政府也需要通過新市民文化講壇、新市民課堂以及開辦新揚州人文化補習班等多種公共教育形式，提升新揚州市民的綜合素質。

（三）社會層面

僅靠商業策略，無法解決城市復興的全部問題。揚州的新復興，應以人為本，創造一個為人民謀求最大利益的和諧社會環境。揚州市政府不僅是原揚州市民的利益代言人，也要成為新揚州市民的利益代言人。

新復興的揚州城應該更加人道化，「民為邦本，本固邦寧」實質也可稱為「民是市本，本固市興。」城市的建設永遠是為市民服務的，在揚州新復興的歷史過程中，揚州市政府應關注新揚州市民群體，充分認識新揚州市民在揚州新復興進程中的積極作用並合理引導與發揮其能量。

政府要創造寬鬆環境，通過輿論宣傳等手段、採取社會公益等社會公共行為，努力構建和諧的社會環境，使新揚州市民享受同等市民情感待遇。切忌採取國內某些城市對外來群體的歧視與打擊策略，激化社會矛盾。應使社會形成良好公正的輿論與意識氛圍，客觀看待新揚州市民群體中的某些落後現象，承認這些現象的暫時存在，但不誇大與歪曲，積極採取措施對其進行改造；充分肯定新揚州市民群體的優秀方面，鼓勵新揚州市民群體中的優秀份子投身揚州經濟文化建設的同時，也投身揚州城市政治建設中來，參政議政，從城市的被管理者向管理者層次提升。政府要為新揚州市民群體提供言論平臺，溝通新老揚州市民之間的聯繫，妥善化解新老揚州市民之間的矛盾，維護外來勞動資本的合法權益，打造「人居揚州」、「和諧揚州」、「開放揚州」品牌。建立新揚州市民融並揚州社會的有效平臺。

隨著揚州區位與城市地位的相對下降，新復興的揚州很難達到歷史中鼎盛時揚州的相對歷史地位，但揚州新復興的規模、層次與內涵將絕對超越前人的成就。揚州的新復興沒有新揚州市民的參與是不可能完成的，未來的新揚州屬於原揚州市民，也屬於新揚州市民，屬於為這個城市奉獻智力與汗水的所有人。在新揚州市民聚融的過程中，揚州城也將迎來自己的新復興。

（該文發表於《現代城市研究》2009 年第 9 期）

近代地方性社團的興起與分析
——以江蘇蘇中地區爲例

晚清新政後，清廷逐漸放開對民間辦社的控制。辛亥革命後，《中華民國臨時約法》規定了人民有「結社之自由」，第一次賦予人民結社的合法權利，各類政治、教育、文學、工商、科技、宗教等社團組織益發群起。江蘇蘇中地區（揚州、南通、泰州三市）地處江蘇中部，濱江達海，是上海、蘇南等近代化先發區與蘇北等近代化相對滯後區的過渡地帶，其近代地方性社團的發展歷史具有很強的典型意義。

一、近代蘇中地方性社團的興起

19 世紀末期，蘇中地區曾短暫出現過一些近代社團，如南通抗倭民團、通州農會（1894 年）、揚州醫時學會（1898 年）等，但存續時間太短，沒有太多影響。20 世紀開始，蘇中近代地方性社團才開始大量出現，大致情況如下：

（一）政治類社團

康有爲曾說：「嘗考泰西所以富強之由，皆由學會講求之力。」〔註 1〕譚嗣同：「今日救亡保命，至急不可緩之上策，無過於學會者。」〔註 2〕這些所

〔註 1〕 傅金鐸、張連月：《中國政黨——中國社團概論》，北京華文出版社 2002 年版，第 16 頁。

〔註 2〕 傅金鐸、張連月：《中國政黨——中國社團概論》，北京華文出版社 2002 年版，第 17 頁。

謂的學會都是具有政治性質的社團組織。民初，全國的政治性社團有 300 個左右〔註3〕。「五四運動」中，在各類新思潮與學說的刺激下，政治類社團數量發展至高峰。大革命、抗戰及解放戰爭期間，政治社團的數量皆有所增加。

光緒三十三年（1907 年），興化農會等農會組織在蘇中地區逐漸成立，是蘇中地區最早出現的政治類社團。光緒三十四年（1908 年），在國會請願的熱潮中，立憲派領袖張謇等人在南通建成籌備自治公所預備會，並被選爲議長。這是全國第二、江蘇首家的地方性籌備自治公所預備會〔註4〕。民國成立後，一系列政治社團在蘇中地區建立起來。1920 年，張謇之子張孝若成立了自「袁世凱取消民治機關以後」的「第一個人民自動所組成的團體」〔註5〕——南通縣自治會。

20 世紀二三十年代至 1949 年前，國民黨、共產黨在蘇中地區也建立了各自的政治性社團組織。

國民黨在蘇中地區主要建有三民主義青年團、童子軍等組織的分設機構。1939 年，三民主義青年團江蘇省江都分團、南通分團成立。至 1948 年 9、10 月間，逐漸消亡。國民黨還領導著一些工會社團，如 1927 年成立的江都縣總工會（下轄泰縣、寶應、高郵、泰興、儀徵等分會或籌設分會），1946 年 9 月該會僅在江都縣城區（今揚州市區）即有會員 2846 人，1848 年底達到 4412 人。1928 年成立的南通縣總工會（下轄如皋、海門等分會或籌設分會），至 1947 年春，有會員 2.95 萬人。

中國共產黨的共產主義青年團及革命青年社等外圍組織社團也在蘇中地區紛紛建立。1926 年，位於南通的江蘇省第一代用師範學校內成立了蘇中地區第一個共產主義青年團支部。同時，在中共的領導下，蘇中地區也活躍著一批青年社團〔註6〕以及工農社團。這些青年社團有青年聯合會、青年抗日救國會（青年抗敵協會）等。蘇中第四行政區、華中第一行政區、華中第三行政區、蘇皖邊區第一、二行政區分別於 1932、1943、1945、1946 與 1949 年成立青聯會。

〔註 3〕 傅金鐸、張連月：《中國政黨——中國社團概論》，北京華文出版社 2002 年版，第 17 頁。

〔註 4〕 傅金鐸、張連月：《中國政黨——中國社團概論》，北京華文出版社 2002 年版，第 148 頁。

〔註 5〕 傅金鐸、張連月：《中國政黨——中國社團概論》，北京華文出版社 2002 年版，第 147 頁。

〔註 6〕 去除共青團、少先隊、兒童團等組織。

1938年，江都一些進步青年和工人成立了江都民眾抗日同盟，同年，江都郭村青年抗日救亡團成立，該團成員大部加入了共產黨。泰興縣青年戰時工作團也同年成立。1939年，儀徵縣青年抗敵協會成立。1940年，靖江、泰興、江都青抗會陸續成立，1944年，興化等縣也成立青抗會。共產黨領導的工人政治類社團數量更多，如1927年成立的如皋縣如城黃包車等行業工會、南通大生一廠工會；1928年成立的南通印刷業工會、南通縣店員工會、南通縣黃包車工會；1930年成立的啓東縣工會；1940年成立的黃橋工人抗日聯合會、南通餘西工人抗日協會；1941年成立的南通石港工人抗日協會；1943年成立的寶應射陽木業工人抗日聯合會、寶應射陽工人抗日聯合會、南通三餘工人抗日協會；1944年成立的江都眞武區工人抗日聯合會；1945年成立的蘇中第4行政區職工會、泰興黃橋市職工總會、南通縣職工工會籌備委員會、寶應縣職工總會、如皋職工總會、泰興城職工總會、姜堰區工人聯合會；1946年成立的南通六甲鎮工會、高郵總工會、南通金沙鎮工會等。在農民社團方面，1926年2月，如皋的鄂家埭、六甲、芹湖等地建立農民運動委員會，對外稱農民協會。次年秋，南通東鄉的土地會改爲農民協會。如皋在江園，海門在曹家鎮（今啓東境內），崇明外沙（今啓東）在圩角鎮，組織成立農民協會。此後，蘇中地區農民協會陸續建立。1940年，如皋盧港農民抗日協會成立，在其影響下，如皋江安、石莊等區初步建立農民抗日協會（簡稱農抗會）。次年8月，在抗日民主政權轄區的如皋成立鄉農抗會32個，保農抗會224個。揚州、泰州等地也在同期建立大量的農抗會。

此外，還存在一些較爲獨立的政治類社團，其中以學生聯合會最有影響力。1915年，南通各校學生建立了學生聯合會。1919年5月8日，揚州學生聯合會成立。民間還有一些自發性的工會農會，代表者如1919年成立的儀徵十二圩鹽業、船業工會；1921年成立的江都藥業工友聯合會；1925年成立的工人進德會〔註7〕；1926年成立的南通縣縫業職業工會；1927年成立的南通縣理髮業職業工會；1930年成立的泰興口岸搬運業工會等。

政治類社團是蘇中地區地方性社團的最主要組成部分，也是最活躍的部分，總數逾200個。蘇中地區處於「五四運動」的活躍區域，也是抗戰、解放戰爭的重要戰場，政治類社團的出現趨勢與全國趨勢是一致的。

〔註7〕 民國14年（1925年）3月下旬，南通紡織專門學校學生邱會培根據工人要求，幫助建立組織，取名工人進德會，參加者有大生一廠、資生鐵廠、廣生油廠、復新麵粉廠、阜生繭廠的工人。

（二）商會類社團

戊戌變法時期，維新派提出了建立商會的主張，光緒皇帝飭令在沿海地區籌辦商會。光緒二十九年（1903 年），清政府設立的商部簡明章程規定：「凡屬商務繁富之區，不論係會垣、係城埠，宜設立商務總會。」〔註8〕蘇中地區地處沿海，加上揚州悠久的商業結社傳統與南通近代化的高速啓動帶來的商業氛圍，爲商會類社團的出現奠定了基礎。

清光緒二十八年（1902 年），通州工商界組建商務總會，是蘇中地區最早的商會社團，也是全國較早的幾個商務社團之一。光緒三十年（1904 年）8月，通（州）崇（明）海（門）花布總會成立，該總會在通州、海門、崇明等地設有分會。兩年後，該花布總會改名爲通崇海商務總會。同年，揚州由畢序、王輔按照清農工商部的規章，聯合 42 個行業並籌備建立總商會。次年，揚州商務總會成立。宣統二年（1910 年），通州、崇明、海門、泰縣、泰興 5縣聯合組建了通崇海泰商務總會，該會與上海、南京、蘇州總商會並列爲江蘇四總會之一。

民國建立後，蘇中地區的商會在原有的基礎上進行了一些名稱與功能的改變。1913 年，通崇海泰商務總會改名爲總商會，原有管轄範圍不變。並於1923 年在總商會內設立棉業公會，負責棉業的改進。1927 年，總商會解散，南通縣設立商會整理委員會。次年，揚州商務總會改稱江都縣商會。1931 年3 月 8 日，成立南通縣商會。抗戰期間，蘇中的南通、揚州等地先後成立僞商會。解放戰爭期間，各地又恢復了各商會或商務整理委員會的設置。

蘇中地區的商會一般爲其會員謀求經營、生產利益，同時兼辦各行業的開業、變更、閉歇等事宜。關於商會的權限，民國期間，江蘇省政府曾經向工商、司法兩部進行諮詢，得到的答覆是商會雖在地位上較同級行政組織爲低，但實際權力則足以與後者分庭抗禮。如在會長或處（商事公斷處）長處事不公時，地方長官無權干涉。只有法院才有權干涉；商會也不接受地方行政的任何調處、命令等。具體到蘇中地區，在近代化工商業起步較緩慢的揚州，商會在與地方政府的對抗中處於下風。然在張謇工商業集團的強大氣勢下，南通地區的商會一直具有凌駕於地方政府之上的部分特權。

〔註 8〕 傅金鐸、張連月：《中國政黨——中國社團概論》，北京華文出版社 2002 年版，第 180 頁。

（三）科文衛體類社團

近代國人對於西方先進科學文化學術衛生體育等領域的羨慕與嚮往，構成了中國近代科文衛體社團誕生的原動力。中華民國的成立為這些社團的蓬勃興起創造了條件，這類社團的成立出現了一次高峰。抗戰勝利後，此類社團又有所恢復。

清末至中華人民共和國成立前，蘇中地區也應時而生了不少此類社團。科技類社團有揚州醫時學會（清末）、江都醫藥改進會（30 年代初）、南通紡織學會（1933 年）、南通醫學學會（1934 年）等；文化類社團有揚州冶春後社（清末民初）、南通師範爝火社（不詳）、南通縣中芒種文學社（不詳）、南通春泥社（不詳）等；衛生類社團有中國紅十字會揚州分會（1912 年）、中國紅十字會南通分會（1927 年）、中國紅十字會泰興分會（1932 年）、泰興醫師公會（1946 年）、泰興中醫師公會（1947 年）等；體育類社團有南通縣民眾體育協進會（1929 年）、南通新光業餘體育會（1933 年）、瓜洲國術研究會（1935年）、中華體育協會南通支會（1948 年）等。

（四）宗教類社團

宗教社團作為一種獨特的社團組織而存在，佛教、道教、伊斯蘭教、天主教、基督教（新教）是中國流行的 5 大宗教，在蘇中地區，這五種宗教也廣泛地流傳。西漢時，原始道教就已經出現於蘇中地區；東漢末葉，佛教開始傳入；唐中期，伊斯蘭教傳入；元中期，天主教傳入；清咸豐、同治年間，基督教（新教）進入蘇中地區。在歷史上，除了天主教與基督教，其他宗教組織曾經不斷的進行結社活動，進入 20 世紀以來，蘇中地區宗教結社傳統依舊，主要宗教社團名稱、會址及創辦年代大致為：佛教的中國佛教會南通分部（南通 1912 年）、南通佛教會（法輪寺 1928 年）、江都縣佛教會（揚州旌忠寺 1929 年）、江北佛學總會（日偽）〔註9〕（南通 1941 年）、中國佛教會南通縣支會（南通 1946 年）、中國佛教會江都縣支會（揚州旌忠寺 1946 年）、中國佛教會泰興支會（白蓮寺 1946 年）、中國佛教會高郵支會（善因寺 1947年）等；道教的泰州道教會（上眞殿 1917 年）、南通縣道教會（八仙宮 1934年）、寶應縣佛教會附屬道教組（東都天廟 1947 年）、江都縣道教會（邵伯羅令堂 1947 年）；伊斯蘭教的回教聯合會揚州支部（揚州仙鶴寺 1913 年）、中

〔註 9〕 該會由日本僧人於日軍佔領南通縣城期間成立。

國回民協會寶應縣支會（寶應 1929 年）、江都縣回教總會（揚州抗戰期間）、
南通回民協會（南通抗戰勝利後）、中國回教協會江都縣支會（馬監巷清眞寺
1946 年）、中國回民青年會江都縣支會（馬監巷清眞寺 1947 年）等。

二、近代蘇中地區社團的分析

近代是中國民族矛盾與階級矛盾激烈的歷史時期，在這系列激烈交鋒的
過程中，社會也不斷向前進步。中國近代化歷程的啓動使得社團組織具有過
渡性、反帝反封建性與不斷進步性等特徵。這是近代蘇中地區社團與中國社
團的普遍特徵，但蘇中地區社團還具有特殊的表現形式。

（一）近代蘇中地區的社團組織具有該時期中國社團的普遍特徵。

過渡性的蘇中社團：對於社團概念的界定，學術界說法不一，一般認爲
其是由「有著相似的社會形象和共同的利益追求的一部分人所形成的有著一
定的組織形式的社會組織。」〔註 10〕從這個角度來講，在近代意義的社團出
現前，還存在著古代社團組織，近代社團是從古代社團演變而來的。鴉片戰
爭以前，蘇中地區已經存在古代社團組織。明清兩代，蘇中地區古代社團曾
經一度興盛，經濟界有各類鹽、棉、土布、漕運等行幫；在揚州、南通等城
市，還有數目眾多的外地同鄉組織，如揚州徽商會館等；軍事類則有民間鄉
團等；文化類則有各類詩文畫琴社等。相比較古代社團，近代蘇中地區社團
的過渡性表現在三個方面。首先，近代蘇中地區社團還帶有古代社團殘餘，
如社團組織不穩定、規章不完善、成員較繁雜等方面。其次，在組成區域上，
近代蘇中地區社團還較爲分散，一般以地緣關係爲紐帶。除了個別社團，如
通崇海泰總商會外，大型的跨區域社團組織極少。再次，近代蘇中社團起步
之初也受到了政府強權的干涉，民間結社的強烈意願時常被政府所強姦，有
些民間結社願望則被直接扼殺。如 1927 年 10 月，以餘東行政局公安股長的
身份任南通縣總工會籌備委員兼組織部長的中共黨員唐楚雲幫助國民黨組建
南通縣總工會籌備委員會。唐利用其合法身份派遣中共黨員到大生一廠、資
生鐵廠開展工人運動。後因國民黨右派加強控制，縣總工會籌備委員會逐步
成爲監視共產黨員活動、壓制工人運動，名義替工人說話，實際爲資本家辦

〔註 10〕傅金鐸、張連月：《中國政黨——中國社團概論》，北京華文出版社 2002 年版，
　　　　第 2 頁。

事的機構。而成立於抗戰期間的泰興青年戰時工作團，於 1939 年被國民黨勒令解散。

反帝反封建性的蘇中社團：清末民初、新文化運動以及後來的抗日戰爭，都是蘇中地區社團大發展的時期，促成這種發展的社會內因就是反帝反封建的社會潮流。如 1912 年，南通婦女組織成立放足委員會、婦女不纏足會。1925 年 3 月下旬，南通紡織專門學校學生邱會培根據工人要求，幫助建立組織，取名工人進德會，參加者有大生一廠、資生鐵廠、廣生油廠、復新麵粉廠、阜生繭廠的工人，該會以唐閘為活動中心，發動工人為維護自身利益同業主、資本家開展鬥爭。農村中廣大的農民社團也掀起過巨大的反帝反封建浪潮，泰興、泰縣、如皋等地農協於 1928 年發動了有 2 萬人參加的「五一」暴動。「五卅運動」發生後，6 月 10 日，揚州旅外學生聯合會、江都縣教育會、地方學校聯合會、第一區教育會、平民教育促進會等發起的江都（揚州）外交後援會成立並積極為「五卅運動」募捐、呼號。「五四運動」中，揚州、南通等地的學生聯合會作為蘇中地區學生運動的主要組織者，立下了汗馬功勞。各工會、商會也與學聯一起為「五四運動」在蘇中地區的發展作出貢獻。抗戰階段，蘇中地區成立了許多民間抗日社團，如 1931 年 9 月下旬，揚州成立了江都青年反日會。10 月上旬，泰縣時敏中學成立反日救國會，並向富戶募捐。該會還到各商店查封日貨。1932 年靖江青年學生的「鐵血團」、1942 年的「讀書會」等組織，都作出了轟轟烈烈的抗日貢獻。

不斷進步性的蘇中社團：儘管存在著過渡性，但是與全國其他地區一樣，近代蘇中地區社團在半個世紀的時間內不斷對自身建設進行完善，主要表現以下幾個方面。首先是社團宗旨的目標性較以往有了很大的明確。相較以往，近代蘇中地區社團在成立時普遍注意社團宗旨的明確性，並且這種宗旨一般屬於長期目標，因而使得其能在一個較長的時期內保持其凝聚力。這一點不但是一個社團建立的理由與發展方向，很大程度上也是維繫社團存在的基礎。如 1930 年 8 月，塾師韓春日在泰興縣口岸發動龍窩碼頭搬運工成立的「口岸搬運業協會」，其宗旨為：「承擔裝卸貨物，統一勞務，分配收入。」這類宗旨僅僅是完全業務上的，隨著民族矛盾、階級矛盾逐漸深化，政治性要求逐漸滲入到各社團的宗旨中來。1927 年秋，南通大生一廠工人成立工會，工會在中共黨員陸景槐的指導和幫助下，向資本家提出「承認工人利益和合法地位，增加工資，縮短工時，改善工人生活，反對裁減工人」的政治要求。「五

四運動」後即成立的南通學生會，其宗旨爲「團結全體學生維護國家利權」。宗旨的政治化傾向成爲時代趨勢。近代蘇中地區社團的不斷進步性還表現在社團的規章制度、約束機制的不斷完善上。近代蘇中地區社團普遍制定了較爲詳盡的規章，委員制被採用，工會、農會、商會等各類社團都有自己的委員會，不再是一人堂，家長制。如 1930 年，儀徵十二圩鹽工自發組織的「十二圩鹽舖業工會」，設 23 名委員，1 名總幹事，文娛宣傳、組織幹事各 2 名。這種委員制的實施效果値得討論，但就表象而論，已經是社會的、也是社團自身建設的大進步。其中一些制度完善的蘇中地區社團，還配有執行、監察等委員會機構，如 1928 年由揚州商務總會所改稱的江都縣商會。規章制度與約束機制的不斷完善，保證了社團成員的相對穩定，爲社團的發展奠定了良好的成員基礎。

（二）近代蘇中地區社團在具有近代中國社團普遍特徵的同時，還有著自己鮮明的地域特色。

近代蘇中地區社團的人數眾多、種類齊全。近代蘇中地區社團雖然沒有形成像南學會、湘學會那樣有全國影響與規模的社團，但就地域本身來說，蘇中地區社團規模不可謂不大，擁有上千、上萬成員的大社團已經比比皆是。成員逾萬者即有通崇海泰商務總會（數萬人）、興化縣農抗會（25000 多人）、泰縣農抗會（26000 多人）、蘇中第 3 行政區青年解放團（1 萬多人）、南通縣總工會（29500 多人）等。近代蘇中地區社團涉及政治類、教育類、慈善類、軍事類、宗教類、國防類、進德類等諸多類型，遍地開花，繽紛萬象。可以說，人數的眾多與類型的多樣是蘇中社團發展的一個地域特色。

近代蘇中地區社團對蘇中地區的政治生活有著重大的影響作用，在特定歷史時期甚至主宰過蘇中地區的政治活動。從 1920 年江都藥業工友聯合會因店東拒絕承認聯合會會章而爆發罷工開始，蘇中地區工會組織的罷工便長期存在。並且在形式與內容上不斷升級，從一開始的追求工人合法權益到逐漸關注政治。罷市出現的頻率較罷工少，但在一些重大的政治時刻，蘇中地區的商會組織也表現出了強烈的政治熱情。以學生爲主要力量的青年社團，一直是政治風潮的弄潮兒，罷學也是經常出現的形式。1928 年發生在蘇中地區的「五一」暴動，是農會組織的第一次力量展示。這些活動在第一、二次國內革命時期、抗戰、解放戰爭等歷史階段都掀起過高潮。

在罷工、罷市、罷學等活動外，近代蘇中地區各社團還積極採取常規活

動以擴大自身的影響。青年、政治類社團通過各類講演、文學活動對國民進行教育。農民社團通過農業互助等形式增加農民收入及加強農民互助。宗教社團則通過佈道、禮拜等活動吸引信徒對神的信仰。對社會影響最大的近代蘇中地區社團是通崇海泰商務總會，該商會及其附屬各縣商務分會是清末新政政治經濟改革的成果，它是江蘇四大商會之一，長期爲張謇等人控制。在張謇的操縱下，該商會積極聯絡工商、調查商情、主辦銀行專科學校，並且受理商事糾紛，在 1914 年於如皋、海門等縣成立了商事工斷處。更有甚者，該商會還插手製造不平等的商業貿易。「大生各廠的棉紗既以本銷爲命脈，如有外地廠商上產的棉紗運通傾銷，它（通崇海泰商務總會——作者）就利用地方勢力千方百計加以阻撓。如 1913 年，江南紗廠受時局影響，棉紗在當地滯銷，就向通海一帶推銷。那時南通紗莊不多，訂購客紗數量有限，大生協理張就運用他擔任通崇海泰總商會會長職權，聯絡通、海貨物稅所加以硬性限制，規定通海地區各紗莊一律停止購辦客紗兩個月，已訂購的客紗先裝運十分之五，俟現存大生紗售出四成以後再行裝運。」〔註 11〕而隨後成立的南通縣自治會在實際操作中已然超越了一般社團組織的權限，在其成立後，通過了大批涉及地方財政、城建、經濟等方面的議案並付諸實施，連「縣長也須向自治會報告工作，儼然地方最高權力機關。」〔註 12〕

近代蘇中地區社團在各種大的政治運動時期，還具有聯合與相互呼應的特點。以五卅運動爲例，1925 年 6 月 7 日，揚州學生聯合會決定：通函揚州總工會，注意如何維持工人生活；通函揚州商會，注意經濟絕交，提倡國貨。6 月 25 日，揚州學生聯合會再派學生代表與商會會長交涉，決議：「全城罷業一天；聯合募捐接濟上海工人 10 萬元；當眾宣誓永遠幫助學生愛國運動，負責制止各商號再進英、日貨。6 月 30 日，揚州旅外學生聯合會、江都縣教育會、地方學校聯合會、第一區市教育會、平民教育促進會等社團聯合成立的江都外交後援會組織了萬人大遊行，同時工人罷工，學界臂纏黑紗，商界及其他團體手持白旗，軍警倒槍致哀。」不難看出，在這場運動中，青年、學生、工商業等社團聯合在一起，相互呼應，通過各自領域的作爲爲一個政治

〔註 11〕 常宗虎：《南通現代化：1895~1938》，中國社會科學出版社 1998 年版，第 147 頁。

〔註 12〕 常宗虎：《南通現代化：1895~1938》，中國社會科學出版社 1998 年版，第 140 頁。

風潮而激動。這樣類似的聯合還有很多，是近代蘇中地區社團活動的一大特色。

　　歷經半個世紀的發展，近代蘇中地區社團爲蘇中地區的政治、文化、社會、經濟等諸方面生活增添了豐富的色彩。中華人民共和國建立後，蘇中地區的社團發展也進入了一個新的天地。

　　（該文發表於《揚州大學學報》（人文社會科學版）2017 年第 3 期）

區域傳媒史論

論清末民初蘇中地區
報刊事業的起步與發展

　　20 世紀初至 1919 年前，蘇中地區（揚州、南通、泰州）近代報刊事業開始起步並有一定發展。

　　19 世紀 70 年代，近代新聞傳媒已悄然滲透並影響蘇中地區。1875 年 7 月，上海《申報》開始在全國主要城市聘特約記者，揚州成爲其最早聘請特約記者的城市之一。此後，《新聞報》等也紛紛派設駐揚記者、設立售報處。如 1880 年前後，《申報》已在揚城設立三處售報館。〔註1〕《淮南日報》與《廣陵濤》應是蘇中最早出現的近代地產報刊，但除能知曉其創辦於清末外，兩者其餘情況已如滔滔廣陵潮，皆不可考。1905 年，《文明彙報》創刊。將 20 世紀初定爲蘇中近代報刊事業的起點，比較科學。蘇中近代報刊事業的起步較上海遲了約半個世紀。

　　蘇中近代報刊事業是在政治法制環境、地理格局、區域發展等因素影響下起步的。

　　維新失敗後，報禁嚴格。「莠言亂政，最爲生民之害，……仍復報館林立，肆口逞說，捏造謠言，惑世誣民，罔知顧忌，亟應設法禁止。」〔註2〕剛興起的中國近代報刊事業進入暫時的低谷，但低谷中孕育著希望。1901 年清廷宣行「新政」，再破報禁。1906 年清廷稱：「仿行憲政，大權統於朝廷，庶政公

〔註 1〕 王慶雲等：《揚州報刊志》，人民日報出版社 1993 年版，第 13 頁。
〔註 2〕 中國社會科學院編：《新聞研究資料（第 12 輯）》，展望出版社 1982 年版，第 294 頁。

諸輿論，以立國家萬年有道之基。」〔註3〕一批新聞報刊法律接連出臺。儘管懲處報刊宣傳的「造妖書妖言罪」直至 1910 年依然存在；壓制、打擊、迫害報人的事件時有發生，如《蘇報》案、卞小吾案等。但從整體而論，20 世紀初開始，辦報的政治環境寬鬆了，爲蘇中地區近代報刊事業的起步創造了合法空間。

　　蘇中三市處江蘇中部，是溝通江蘇南北的主要板塊，也是長三角的重要一極。清中晚期蘇中曾是全國區域發展的模範。康乾時期的揚州是中國三大都市之一，是中國東南政治經濟文化中心。晚清的南通成爲近代中國的工業中心之一，以其近代市政、文化、教育等建設的成就成爲全國的模範縣。進入 20 世紀，蘇中受太平天國等運動影響，損失嚴重，但因其溝通南北、鄰近寧、滬的地理位置，接受近代變革的輻射較快，間接地促成了蘇中近代報刊事業的起步。

　　蘇中區域近代化發展客觀上培養了蘇中文化事業近代化啓動的呼聲與條件。張謇的努力使南通近代工業化因素迅速成長，帶動其他近代化社會事業發展，爲近代報刊事業的出現打開了局面。揚州失去了以往的規模，但仍然擁有相當數量的士紳群體，具有近代報刊的基本讀者群。因揚州與南京交通方便，而南通與上海隔海交通不便，所以揚州近代報刊事業的起步較南通有所超前。可見，近代工業化的發達與一定數量讀者群體的存在，是促成蘇中近代報刊事業起步的一個重要前提。

　　蘇中近代報刊事業在報刊創辦年代、發行、性質、人員、版面、通聯、印刷、廣告等方面有著自己獨特的軌跡。

　　此十幾年間蘇中共出現了 30 餘種報刊，約占同時期全省報刊數量的 1／5，考慮到蘇中地區面積、人口約爲全省 1／5，這個比例也是適中的。發行年代有史可考者 37 種，1900～1909 年創刊 5 種，占總數的 13.9%，除《星報》發行 5 年外，其餘不詳，但從資料湮沒情況來看，這些報刊發行時間應很短。1910～1919 年創刊 31 種，占 86.1%，不少發行在 2 年以上，最長的《揚州日報》達到了 25 年之久。其原因一是由於清末新政的施行還有一個過程；二是由於民主共和國的建立及更加開放的新聞法令使報社的生存環境得以改善；三是由於改朝換代之間新聞信息量的供需量大大增強，社會於報刊事業的發

〔註 3〕 西北政法學院編：《中國近代法制史資料選輯（第 1 輯）》，西北政法學院編，第 7 頁。

展普遍持支持態度。

　　各種類型期刊都有出現。日報有《淮南日報》等；間日刊有《江北商務報》等；週刊有《邗江週刊》等；旬刊有《文明彙報》等；月刊有《揚州》等。不定期報刊則有《怡情報》等。還出現了類似晚報性質的報紙，如《怡情報》。這些報刊發行量相差較大，多者近千份，少者僅幾份。期發行量在 200份以上的報刊有《皋鳴報》、《通報》、《民聲報》、《揚州日報》、《大江北日報》、《淮揚日報》等。其中《皋鳴報》達到了每期 700～800 份。

　　可知發行區域的報刊中：揚州 19 種；南通 10 餘種；泰州 8 種。基本以本地發行為主，也兼及周邊。如揚州的《大江北日報》於公道鎮設代銷點，每天郵寄代銷。以縣區統計：揚州 14 種；南通 5 種；泰州 2 種；高郵 1 種；興化 1 種；寶應 1 種；如皋 4 種；泰興 5 種。因當時揚州城較南通、泰州高一級別，報刊數多是正常的。但南通、如皋卻遠高於泰州等縣〔註4〕，民初如皋報刊即有「全省六十縣之楷模」〔註5〕之譽，顯示了南通等地近代工業與社會發展的優勢。

　　除《淮南日報》、《廣陵濤》、《文明彙報》不詳外，其經費來源有三種渠道：一是個人獨資或多人合資，19 種，占 63%；二是在個人出資的基礎上接受政府部門或組織的津貼，2 種，占 5.6%；三是完全由政府部門或組織津貼支持，10 種，占 32.4%。這些政府部門或組織中以教育會、通俗教育館、校友會這類文化部門或民間組織為最多，非文化部門贊助的為《共和演說報》（掘港市議會）、《通報》（南通商會）、《揚州日報》（淮南鹽運公署、江都縣政府、江都縣公安局、鹽商同福祥號）、《江淮新報》（淮南鹽運公署）四家。嚴格而論，此時蘇中沒有真正的官辦報紙，被戈公振在《中國報學史》中列為民初揚州知名報紙之一的《揚州日報》是與官方最為密切的，也僅是接受鹽運公署津貼，而並不受其約束。民辦報刊一統天下既說明了民間辦報熱潮的蓬勃興起，也反證蘇中官辦報刊的滯後。

　　各報刊人員較少，一般為 2～10 人左右，如《江淮新報》報館常年職員僅有 2 人〔註6〕。報館人員中，創辦者、主筆、編輯、記者、校對等並非絕對

〔註4〕　泰興縣雖有 5 種報刊，但發行期都十分短暫，社會影響很小。
〔註5〕　中共如皋縣委員會黨史辦公室編：《如皋文史資料（第 4 輯）》，編者 1985 年版，第 1 頁。
〔註6〕　王慶雲等：《揚州報刊志》，人民日報出版社 1993 年版，第 30 頁。

劃分，有的報人集幾者於一身。但一些大報則權責劃分明確。《大江北日報》創辦人朱康因謀社會地位與博取名聲的需要而創辦報紙，先後聘請葉德眞、陸希圃爲主筆；戴有懷、錢蓀平、吳立藩、楊植之、沈銓爲記者；屬少庭爲校對。一些報館中設有經理職位，如如皋縣議會副會長李蓮即兼《皋鳴報》經理一職。經理職位的出現標誌著報刊已經被作爲一種有利可圖的事業來經營了。

　　有紙張碼號資料可查的 17 份報刊中，《揚州日報》曾用過 2K、4K、8K 的碼號，其餘爲 2K5 種；4K6 種；8K3 種；16K2 種；32K1 種。使用 16K 與 32K 的《文明彙報》、《皋鳴報》〔註7〕分別有 30 版和 10 餘頁，從名稱而言是報紙，實質應稱爲刊物。其餘報紙的紙碼主要集中於 2K、4K。隨時間推移，紙碼呈變大的趨勢。版面安排上則形式多樣。一般爲廣告、時評、科普、本埠新聞、外地新聞、雜談、連載小說等。如《文明彙報》第 2 冊文稿目錄爲：《神女權說》、《論徵兵》、《擬五月藏女神廟碑》、《泰西風俗敬》、《地理問答》、《論大家齊心》、《主僕仇》等。〔註8〕其中《主僕仇》爲連載偵探小說。《江北商務報》爲遊戲林、譜作、無線電、花事瑣聞、里巷趣聞、雜俎、小說、文苑、本埠商情、時評等。〔註9〕南通《通報》爲論說、時評、世界新聞、各省新聞、地方新聞、譯叢、詞林等。各報所載大多爲社教、民智一類，而於報刊主要功能新聞傳播卻「惜墨如金」。原因在於落後的通訊方式。1898 年揚州開設郵政分局。3 年後南通州郵政局成立。1882 年上海至揚州、南通等地的電報線開始敷設，在揚州南河下創設官電局。1913 年南通商界集資創辦大聰電話公司。揚州電話局則設立於 1915 年，初爲市內電話，4 年後才開通長途。蘇中近代化通訊事業的起步在全國是比較早的，但設施的利用率較低，如南通直至 1933 年才開始向普通民眾開放電話業務。反映在報刊事業上，約在 1913 年左右，才開始廣泛運用電訊接受外地新聞信息，此之前，僅是轉載《申報》等上海報刊的內容。

　　由於技術與工藝的原因，報刊紙張質量低劣，印刷粗糙。印刷方式以石印、油印居多，少有鉛印。《文明彙報》、《揚州》、《淮南報》等皆初爲油印，

〔註7〕　該報初爲十餘張，1914 年後，因經費問題，改出單張。民國 23 年（1934 年）10 月 10 日復刊後改爲 4K 版。
〔註8〕　藏於南京圖書館。
〔註9〕　藏於揚州市檔案館。

後改石印。但也有一些資金較充裕的大報趕潮流之先，實行鉛印。《大江北日報》先後由揚州貧兒院印刷所、集賢齋印刷所代印。《淮揚日報》創辦人陳臣塑在揚州轅門橋創辦飛獅公司，代印《淮揚日報》，飛獅公司關門後，《淮揚日報》也由揚州貧兒院印刷所印刷，皆為鉛印。《如皋白話報》初為石印，後改鉛印。《皋鳴報》則是自購鉛字印刷機印刷。《通海新報》創刊伊始即為鉛字印刷，先由南通翰墨林印書局承印，後自辦通新印刷公司印刷。

蘇中近代報刊事業在時代轉型下、不斷抉擇中起步的。通過對創辦人（組織）的身份、報刊的名稱、宗旨、內容、經營策略等方面分析，可以找尋其中的一般規律。

報刊創始人有名可查的 21 種報刊中，個人創辦者教師 3 人，商人資本家 1 人，官僚 1 人，知識分子 5 人，另張謇（《通報》）、朱康（《大江北日報》）具有資本家與官僚的雙重身份。這種身份分佈具有明顯的時代特色和內涵。教師是較早接觸並接受新知識、新的社會改良事業的群體之一。如揚州鹽商後代徐公時，擔任安徽旅揚公學首任堂長，具有維新思想，創辦《民聲報》是其政治思想的一種展示。張少齋創辦《揚州日報》前任南京大總統府禁衛團司書。臨時政府解散後回揚任上海《新聞報》駐揚記者，是受到民主革命思想薰陶的新聞業人士。辦《通報》僅是張謇創辦的眾多社會事業中的一件小事，但因其身份，客觀上也起了鼓勵辦報的效果。該報創辦後由南通商會主辦，為張謇地方自治藍圖服務。再來看創辦報刊的組織身份，江蘇省立第七中學、揚州學界、英算專修館校友會、如皋勸學所、如皋教育會、如皋通俗教育館、掘港商學團等皆為民間教育文化團體。揚州學界歷來以好學敏思、激揚國事出名，學生運動在全省乃至全國有一定影響。如皋勸學所、如皋教育會、如皋通俗教育館、掘港商學團都是南通學界、教育界所辦，其中掘港商學團的成員是由通州師範和如皋師範的回鄉學生為主體，包括部分地主、商人子弟在內。如皋勸學所、如皋教育會、如皋通俗教育館則為公益性教育團體。這些團體都屬於較早接觸並接受近代化潮流的團體。

報刊名稱也反映著報刊的旨趣與性質。該階段蘇中報刊名稱主要分為三類。一是以地為名如《淮南日報》、《安宜日報》、《揚州日報》、《揚州》、《邗江週刊》、《淮南報》等；二是以報刊內容為名，如《如皋白話報》、《襟江新聞》、《怡情報》、《江北商務報》等；三是以最具時代特徵的有維新革命等民主氣息的名詞為名，如《文明彙報》、《民氣報》、《民鳴報》、《民聲報》、《共

和演說報》、《自治報》、《江淮新報》等。由於1900年後民主空氣的撲面而來與民國臨時政府建立後新聞輿論的開放，報名的確定也靈活了很多，如《江淮報》改名《民聲報》，用意明顯。

起步的蘇中近代報刊與以往邸報等根本不同的是宗旨，其宗旨大多爲啓迪民智、寓教於樂、傳達政訊、推動社會進步。《民聲報》在《申報》上刊載出版廣告時提出該報宗旨爲「應時務之需要，希言論之自由」、「宣達民聲，期殫天職。」《邗江週刊》在出版啓事中稱該報「說理詳明，記載確實，選擇頗精」，「足以開通風氣，別開生面」。從這兩個宗旨中我們可以看出，報刊主辦者顯然希望自己的報刊能夠達到爲社會服務、爲時代倡言的境界，已經自覺不自覺地顯示了報刊近代化的要求。但在實際操作中，這些宗旨有時還僅是一種說辭，有待於日後的進步。

此時的蘇中近代報刊內容具有一定的時代性並伴生一定的不成熟性。時代性體現在報刊開始履行其監督社會、發揮民主輿論的功能。《揚州日報》仿《申報》「自由談」闢「自由語」欄目，對社會現象進行評論。《星報》鼓吹資產階級立憲運動與地方自治運動，開南通輿論之先聲。《如皋白話報》主張「王子犯法與庶民同罪」、「男女平等、男女並重」、譴責社會不平等現象。《皋鳴報》因爲經常發表抨擊腐敗政治、揭發地方黑惡的文章，從而獲得「炮報」之名。《共和演說報》、《皋鳴報》等都對袁世凱稱帝大肆譴責，痛快淋漓的發揮了近代報刊的社會作用。不成熟性則表現在受社會環境影響，存在著一定的封建性及落後性，如《十里春風報》以社會新聞爲主，不乏誨淫誨盜的內容。不成熟性還表現在鬥爭策略的幼稚上，如發行範圍幾近整個蘇中的《淮南報》，1917年只因刊載了「倪某典產運動警察分所長缺」一事，引發群眾襲擊泰縣知事鄭輔東，而遭勒令封閉。此事發生的深刻背景是中國社會法制的落後，但僅一條眞實的新聞報導就致該報倒臺，也反映了該報應對突發事件時的無措。同年，《自治報》創辦人茅幼安與江都縣知事周光雄發生爭執，被抓進牢房，後經說情才得以保釋。《自治報》也因此停辦。〔註10〕這種現象雖不多見，但也絕非偶然。

報館不再以免費贈送，近代報刊的出現爲廣告（告白）的普及創造了一個契機。廣告成爲各報的主要經濟來源，而讀者群的大小直接影響其廣告的收入。以質量吸引更多讀者成爲各報尤其是商業性報紙的主要選擇。《皋鳴報》

〔註10〕 王慶雲等：《揚州報刊志》，人民日報出版社1993年版，第31頁。

爲迎合社會各階層的口味，每期的評論都有白話文與文言文兩種版本。《怡情報》立足於揚州本地市場，多編揚州本地新聞，尤其致力於辦好副刊，其文字詼諧，妙趣橫生。創辦人之一杜少棠時在其副刊連載小說《青絲發》，一時「揚州小杜」之名滿揚城。在蘇中本埠報刊自身競爭的同時，它們還要面對來自外地尤其是滬、寧等地大報的挑戰。蘇中報刊除部分由報販零售外，大多由訂戶向報社直接訂閱。上海《新聞報》、《申報》、《時事新報》、《時報》，南京《新江蘇報》、《江蘇省報》、《蘇報》等報刊在蘇中各城鎮皆有銷售網絡。

　　蘇中近代報刊職業化進程也在起步。20世紀前的中國，「當時社會上所謂優秀分子，大都醉心科舉，無人肯從事新聞事業。惟落拓文人，疏狂學子，或藉以發抒抑鬱無聊之意思。各埠訪員，人格尤鮮高貴，則亦事不可諱者。」〔註11〕評價雖絕對，但報人社會地位的低下在當時確是不爭的事實。20世紀後狀況有了一定的改變。相比較上海、北京等大城市，後發的蘇中報業一舉跨入職業化行列。揚州籍報業人士樊遁園、劉師培、徐公時、張少齋等四人，辦報時間大致相沿，正可說明該階段報業人員的職業化轉變。樊遁園先後任《鎮江商務報》編輯〔註12〕、《揚子江叢報》及《揚子江白話報》發起人、蕪湖《商務日報》主筆，最後爲淮北票鹽筆墨代表。劉師培先後任《俄事警聞》編輯、《警鐘日報》編輯主任、《國粹學報》主筆、安徽公學、皖江中學等中學歷史或倫理學教員、《民報》撰述、《天義報》（《橫報》）主辦人、端方幕府幕僚、四川國學院教授、《四川學雜誌》主筆、閻錫山的高級顧問等職。徐公時先爲安徽旅揚公學堂長、後爲《江淮報》（《民聲報》）報館主任。張少齋先後擔任南京大總統府禁衛團司書、《揚州日報》創辦人、《新聞報》駐揚記者，期間曾任江都縣商會會長。樊遁園屢受政府、官僚壓制，幾次辦報皆無善終；劉師培雖曾爲報人，但國學爲其致力方向，一生爲政治所奔波。樊、劉爲報業非職業化人物的代表。而徐、張則一生幾近全部精力致力於報業，皆是專職。1912年，徐公時還作爲揚州新聞界代表參加了在上海召開的中國報界俱進會特別大會，更是肯定地證實其職業報人的身份。

　　清末民初的蘇中近代報刊事業最大的亮點體現在：報刊的社會職能得到大大加強，報刊開始發揮輿論監督、開通民智、傳達信息等社會職能。辦報人新聞價值觀的確立。辦報人已經開始獨立地作出對新聞事件的判斷與評

〔註11〕 戈公振：《中國報學史》，中國新聞出版社1985年版，第77頁。
〔註12〕 王慶雲等：《揚州報刊志》，人民日報出版社1993年版，第239頁。

價，大部分報刊的價值觀開始循著民主、法制、公理、道德的方向發展，朝著社會進步的方向前進。與同時期報刊事業先進地區相比，蘇中報刊事業剛剛起步，差距也很明顯，但這並不妨礙它前進的腳步。

（該文發表於《江蘇科技大學學報》(社會科學版) 2011 年第 1 期）

鴻爪芝蕙，不驕其德：建國前
蘇中地區的人民報刊發展歷程簡論

　　1937 年 7 月 7 日，抗日戰爭全面爆發，中華民族以全民族、國家的命運與暴虐的日本法西斯展開了長達 8 年之久的生死決戰。該階段，蘇中地區（揚州、泰州、南通）一直由國、共、日偽三方力量所分割控制，大部分縣城由日偽控制著，共產黨的武裝力量與抗日民主政府和國民黨政權控制著大部分的農村與部分縣城。由於日軍的入侵，大批城市中原先所辦的報刊紛紛停刊、轉移，一時出現了報刊的真空現象。圍繞著宣傳輿論陣地的爭奪，三方力量也作出了各自的努力。日軍控制的汪偽政權先後網羅了一批文化漢奸，創辦了偽報刊。國民黨江蘇省黨部和江蘇省政府也辦了數份報紙。同時還有一些民間抗日組織所辦的報紙。1939 年，新四軍挺進江北，在蘇中地區建立抗日根據地，隨之人民報刊〔註1〕在根據地陸續創辦。

　　19 世紀 30 年代末、40 年代初，是人民報刊在蘇中地區出現的時期，各級黨政機關都創辦了報刊。這也是一個炮火相伴的時期，一個進步與反動因素並存、一個黑暗與希望同在的時期。建國前蘇中地區先後創辦的人民報刊數量達數百種，其中各類黨報、黨刊有 41 種〔註2〕。蘇中區黨委創辦有《抗敵報》、《新時報》等，各分區黨委也辦有機關報。各部隊團體學校也辦有各類報刊雜誌。如抗大九分校（蘇中公學）出版的《學習》報與《學習》雜誌。韜奮書店出版的《江海大眾》、《文綜》、《民間》等。

〔註 1〕 指共產黨各級黨政軍部門所主辦的報刊。
〔註 2〕 江蘇省揚州市地方志編纂委員會：《揚州市志（下冊）》，中國大百科全書出版社 1997 年版，2707 頁。

現將建國前蘇中地區地級黨委所辦報刊情況介紹如下：

報紙：

報刊名	創辦時間	創辦地點或單位	備　註
聯抗報	1940.10	興東泰地委、「聯抗部隊政治部」合辦	1941 年 2 月停刊，10 月復刊。1943 年初停刊，秋，復刊。1944 年 10 月停刊。
東南晨報	1941	蘇中四地委	該報 1938 年創刊於如皋縣東鄉掘港鎮鹽署，後被國民政府江蘇省第四專員公署接辦。1940 年，被中共南通中心縣委接管。1941 年改爲蘇中第四地委機關報。
抗敵報（蘇北、蘇中版）	1951.5	蘇中區黨委	1940 年 10 月由新四軍蘇北指揮部政治部創辦《抗敵報》（蘇北版）。旋由新四軍一師政治部主辦。1941 年 4 月交蘇中區黨委主辦，改爲（蘇中版）。1942 年 11 月停刊。
江潮報	1941.7.1	蘇中三地委	前身爲創辦於 1941 年春的《如西報》。抗戰勝利後，改名《江潮日報》。1945 年 12 月，與《江海報》合併爲《江海導報》。
濱海報	1941.11	蘇中二地委	前身爲《東臺半月刊》。1942 年曾停刊數月。1943 年 12 月 1 日，停刊。
良心報	1941	蘇中三地委	
先鋒報	1941	新四軍三師政治部	
江海報	1942.1.1	蘇中四地委	《群眾報》後併入該報。1945 年與《江潮日報》合併爲《江海導報》。1946 年 11 月 12 日復刊〔註 3〕，1949 年 4 月 11 日停刊。1950 年 4 月停刊。
蘇中報	1943.12.2	蘇中區黨委、二地委	1945 年 10 月 1 日停刊。
前哨報	1942	蘇中一地委	原爲蘇中一分區部隊（18 旅黨委）所辦，1942 年與《湖東報》合併，稱《前哨報》。1944 年 5 月停刊。
湖東報	1942	蘇中一地委	
江濤報	1942	蘇中三地委、通海工委	
群眾報	1944.6.10	蘇中二地委	1944 年 10 月停刊。
人民報	1944.6.11	蘇中一地委（華中二地委、揚州區地委）	抗戰勝利後，《前線報》併入。1949 年 3 月 16 日與《新揚州報》籌備處合併。1949 年 11 月 14 日，停刊。

〔註 3〕 此時爲華中九分區機關報。

江海導報	1945.12.9	蘇皖邊區一地委（華中一地委、蘇中一地委、華中工委一地委）	1945 年，由《江海報》、《江潮日報》合併而成立。
新華日報（華中版）	1945.12.9		1949 年遷泰州，5 月遷南京。
消息報	1946.9	華中九分區	
前線報	1946.11	蘇中一地委	1946 年 11 月 8 日停刊。
蘇北日報	1949.5.1	蘇北區黨委	同年遷泰州，1950 年元旦遷揚州。

刊物：

報刊名	創辦時間	創辦地點或單位	備註
江海大眾	1942	蘇中四地委	夏末停刊。
布爾塞維克	1943.3	蘇中一地委	原為江都縣委所辦，出版 4、5 期後停刊。
江潮大眾	1945	蘇中三地委	1946 年春停刊。
方向	1945.12.20	華中一地委	1950 年 1 月 1 日停刊。
戰鬥	1947.2.5	華中二地委	1949 年 12 月 31 日停刊。
人民畫報	1947.3.10	華中二地委	1950 年 9 月 10 日停刊。
江海前線	1948	蘇北第一軍分區政治部、泰州軍分區	該刊從新 1 期開始由蘇北第一軍分區政治部江海前線社出版，新 28 期 1949 年出版，由蘇北泰州軍分區江海前線出版社出版。
電訊	1949.2.2	揚州市軍管會、揚州市委合辦	1949 年 3 月 15 日停刊。

其他主要黨報黨刊及主辦單位名單如下：

創刊時間	情　況
1938	大眾週刊（江北特委）
1940	靖抗報（靖江縣委）、儀征戰報（儀徵縣委）、靖江報（靖江縣委）、新華社新聞稿（如西縣委）
1941	新儀徵報（儀徵縣委）、戰士報〔註4〕（新四軍一師三旅）
1942	力行週刊（儀徵十二圩秘密支部）、戰鬥報（新四軍一師三旅七團）、種田人報（如皋縣委農抗會）

〔註 4〕後改名《先進報》。

1943	支部看〔註5〕（靖江縣委）、整風（江都縣委）、江都導報（江都縣委）、江都報（江都縣委）、東南報（海啓縣委）、南通報（南通縣委）、江都縣參軍導報（江都縣委）、僞僞報〔註6〕（《申報》）（蘇北版）（新四軍一師一旅）
1944	南通大眾（南通縣委）、如皋大眾（如西縣委）
1945	興化新報〔註7〕（興化縣委）、興化人民（興化縣委）、新寶應報〔註8〕（寶應縣委）、靖江大眾（靖江縣委）、泰興報（泰興縣委）、如皋報（如皋縣委）
1946	紫石大眾〔註9〕（紫石縣委）、海啓大眾〔註10〕（東南縣委）、如東大眾（如東縣委）、泰縣大眾〔註11〕（泰縣縣委）、前線（華中第一軍分區）
1947	高郵導報（高郵縣委）、高郵大眾（高郵縣委）、生根（高郵縣委）、寶應大眾（寶應縣委）、戰友（寶應獨立團；1948年11月後改爲分區五團）、泰興大眾（泰興縣委）、姜城鬥爭報（紫石縣委、姜城區委）、通如大眾（通如工委）、溱潼導報〔註12〕（溱潼縣委）、快報（高郵縣委）
1948	生根報（高郵縣委）、鍛鍊（高郵縣委）、靖泰大眾（靖泰縣委）、江海前線（蘇北第一軍分區政治部；1949年第新28期後改爲蘇北泰州軍分區）
1949	大眾文化（華中九分區文化協會）

　　人民報刊在蘇中地區誕生後，自19世紀末出現的蘇中地區報刊主題出現了重大轉折。「開啓民智、啓迪民生」等主題不知不覺的退出了報刊的主要宗旨，取而代之的是以人民報刊爲主要載體的「抗日救國」、「民族精神」、「統一戰線」等主題。中共蘇中三地委的機關報《江潮報》1943年8月發表了地委副書記許家屯署名社論《從黨報檢討你們的黨性──給三地委全黨同志》，「要求全分區各級黨組織和全體黨員團結一切贊成抗日的民主人士，一同來報導群眾的鬥爭、生活和呼聲，『使黨報進一步與群眾取得血肉的聯繫，使我們的呼聲發出巨響，成爲共鳴』。社論還提出：『開展新聞民兵戰』的號召，要求把黨報發行到每個工作幹部和識字的群眾手裏，在每個村頭建立《江潮壁報》，『做到報紙成爲每個群眾申訴疾苦、反映要求、大膽發言的場所，成

〔註5〕　1944年改爲《支部生活》。
〔註6〕　該報是面對蘇中沿江各縣的敵僞人員的宣傳報紙，多次更換報名，後以《申報》名固定。
〔註7〕　1946年3月，改名《興化人民》。
〔註8〕　該報爲1945年8月下旬接受僞《寶應報》而創辦。
〔註9〕　原爲油印小報《大家看》。
〔註10〕　由《東南報》改名而來。
〔註11〕　初爲《自衛報》，同年冬改此名。
〔註12〕　原名《溱潼快報》，3月，改爲此名，1948年1月改名《翻身報》。

爲群眾手裏的武器，發揮集體戰鬥的力量。』〔註 13〕中共蘇中一地委所辦機關報《前哨報》在 1943 年 9 月 10 日第 58 期《關於〈前哨報〉工作的決定》中：「明確報紙的黨性原則，指出『前哨報爲地委的機關報……』，『他不但是表明與解釋我黨的政策與法令，反映群眾生活與呼聲……而且是代表地委來指導全分區各項工作』，要『加強和提高報紙的黨性』並提出『全黨辦報』的方針。」〔註 14〕又如蘇中二地委機關報《群眾報》創刊號所載地委宣傳部長彭冰山同志所作《群眾報的任務》社論說：「（群眾報）不但要表現並發揚對敵鬥爭的和根據地建設的各種革命的英雄，還要揭發並掃除阻礙和破壞抗戰、破壞根據地建設的各種倒退的反動的思想和傾向。此外，就是暴露敵寇在敵後進行的燒、殺、搶的罪惡和暴行，用以提高群眾的政治覺悟和抗戰情緒，增強群眾的鬥爭意識，以利共同對敵鬥爭。」〔註 15〕中共一地委的機關報《人民報》是以工農幹部、群眾爲主要對象的通俗報紙，創刊號上「小論壇」刊登的《先說幾句》中自述其宗旨：「我們的宗旨是要把報真正辦把老百姓看，最大多數老百姓是工農大眾，所以我們的報紙也就著重在辦把工農大眾看，尤其是一分區各項工作中間出現的許多工農領袖、工農幹部，更是本報最知心的好朋友。」〔註 16〕中共如西縣委所辦的《如皋大眾》的辦報宗旨是從大眾中來，到大眾中去，著重宣傳黨的方針政策、普及科學文化知識、反映工農生產、表揚先進人物等。再看民間抗日人士所辦《救亡日報》被國民黨南通縣黨部勒令停刊時所做的《暫別讀者》社論，表明了其宗旨：「我們的立場，在過去四十期的本報中已經像鐵一樣擺在同胞面前……是非曲直，公道自在人心。發行報紙，只是同人等抗日工作的一部分，它的暫時停刊，絕不是我們工作停頓的表現，而更是以加強我們的戰鬥力。我們在艱難困苦中鬥爭下去。……爲了完成抗日救亡爭取中華民族解放的任務，我們的生命早已置諸事外，即是骨頭燒成灰，我們始終還是抗日的。抗日救亡的任務是一個艱辛的鬥爭，我們將始終不屈地奮鬥下去。」〔註 17〕在「抗日」成爲該階段報刊主流的情況下，也存在一股逆歷史潮流的反動逆流以及一些殖民者的精神鴉片毒流。如受國民黨如皋縣黨部指導監督的《濱海日報》、《前進報》

〔註 13〕 王慶雲、費昌華：《揚州報刊志》，人民日報出版社 1993 年版，101 頁。
〔註 14〕 王慶雲、費昌華：《揚州報刊志》，人民日報出版社 1993 年版，104 頁。
〔註 15〕 王慶雲、費昌華：《揚州報刊志》，人民日報出版社 1993 年版，108 頁。
〔註 16〕 王慶雲、費昌華：《揚州報刊志》，人民日報出版社 1993 年版，109 頁。
〔註 17〕 政協南通市委員會文史編輯部：《南通文史資料選輯（第 5 輯）》，編者 1985 年版，186 頁。

其基本基調是反共反人民的。汪偽第二集團軍暫編陸軍第 34 師政訓處（後稱社會服務處）則倡導「『中日親善，根絕赤禍』之類的賣國言論。」〔註18〕

抗戰階段的蘇中報刊名稱有兩大時代特徵，一是「抗戰」，另一是「新」。所謂「抗戰」者，主要集中在中共所辦報刊，其他黨派也有所標誌。其名稱突出一個「抗戰」的主題，以「抗」、「戰」、「前哨」等字眼為報刊名稱，如：《聯抗報》、《江都戰報》、《儀徵戰報》、《靖抗報》、《青年解放》、《前哨報》、《抗戰文輯》、《民族解放》、《救亡時報》、《前進報》、《自衛報》、《戰報》、《抗敵週刊》、《抗日先鋒報》、《自強晚報》、《每日戰訊》、《救亡》等。而所謂「新」者，實則為偽「新」，日本侵略者佔領區內，汪偽政權所辦報刊紛紛以「新」字命名。如：《寶應新報》、《揚州新報》、《新皋報》、《新泰興》、《靖江新報》、《高郵新報》等。日偽政權妄圖建立所謂「大東亞共榮圈」的野心也在這種報刊的字面上得以暴露。「抗戰」主題的出現揭示了當時的政治環境。而「新」字眼的出現則更有深刻的含義，它體現了日本侵略者從精神層面亡我民族的險惡用心。兩大命名主題的出現，映襯了當時進步與反動、救國與賣國鬥爭的激烈。

屬於各方勢力所辦的報刊基本上是為各方的政治意圖所服務的，但是在個別報刊上，出現了特殊的情況，如《大聲報》，該報由國民黨江蘇省保安第一旅和國民黨如皋縣黨部聯合創辦，是如皋城淪陷後國民黨如皋縣黨部的機關報。但是就是這麼一份縣級國民黨的機關報，在中共地下黨的努力下，其副刊一直保持著抗日進步宣傳的基調。《揚州新報》為日偽刊物，後來主辦者朱康的次子、中共地下黨員朱懋傑（後改名宋原放）在該報做校對時，「在曹國平編的三版『墨華』副刊版面辦了一個『戲劇與文學』專刊，出了二、三期後改為『荒原』副刊，每月二期（每適『荒原』發刊，『墨華』休刊），約請上海的大學和揚州中學的一些進步同學寫過稿。『荒原』副刊每期有『動態』欄目，透露一些知名作家在解放區創作活動的消息。」〔註19〕而由國民黨南通縣黨部提供部分經費的《新通報》，其主編為中共地下黨員李俊民，在他的主持下，該報堅持抗日輿論，貫徹延安電訊精神，甚至發表新四軍四師師長彭雪楓的《論游擊戰》並轉載武漢《新華日報》和上海進步報刊文章。《泰州

〔註18〕政協如皋市委員會文史資料委員會編：《如皋文史資料（第 4 輯）》，編者 1980 年版，16 頁。
〔註19〕王慶雲、費昌華：《揚州報刊志》，人民日報出版社 1993 年版，89 頁。

日報》負責人袁仲仁，是國民黨泰縣縣黨部指派打入汪偽政權的兩面派人物。在這些報刊中，形成了敵中有我，頑中有敵的局面。也充分說明了報刊戰線與其他戰場一樣，存在著激烈的敵我鬥爭。

袁明主辦的《救亡時報》因為積極宣傳和動員軍民抗日救國，而且一字不漏的刊登蘇聯塔斯社電訊，出版發行 40 期後，為國民黨南通縣黨部查封。《新通報》主編李俊民堅持登抗日文章，撰寫言論貫徹延安電訊精神，從而不斷受到國民黨政府的騷擾和破壞，終在 1939 年秋天，國民政府南通專員公署專員吳春科派人洗劫報社後停刊。再如戰爭中日偽對我方報社人員的殺戮：1941 年興化淪陷後，遷至興化的國民黨省政府機關報《蘇報》由於撤退不及，「《蘇報》住（曹家泊）大廟內未撤退人員及廟內和尚、農民，均被日寇殺害。」〔註20〕由於所持宗旨為反動勢力所恨而遭陷害者：主持《揚州新報》副刊「荒原」的朱懋傑，進步身份暴露後，被日本憲兵隊抓捕，因有人通風才得以幸免。《救亡時報》也時刻受到反動勢力的監視，「一天傍晚，敵人的便衣，『黑老鴉』（偽警察）七八個衝進（常為《救亡時報》撰稿者何德龍所開的）德興書店，大肆搜索，由於德龍同志早已作好準備，結果一無所獲，悻悻而去。」〔註21〕時刻處於流動中者：中共蘇中一地委的黨刊《布爾塞維克》「隨時準備應付情況，就把所有刻印工具、油墨紙張等放在一條小船上，隨時可轉移。」〔註22〕因戰爭原因不得不暫時停刊者：如中共蘇中一地委所辦《湖東報》，「1942 年 10 月、11 月間日偽在高郵樊北地區發動幾次『清剿』，《湖東報》曾在 11 月間進行了一次大轉移。從高郵地區轉移到江都一帶，不久敵人的兵力又轉移到江都一帶，形勢緊張，根據地委的指示，報紙暫停出版，報社人員分散隱蔽、就地打埋伏。」〔註23〕又如蘇中二地委的《濱海報》，「1942 年底，因形勢緊張，精簡和疏散人員，《濱海報》停刊幾個月時間。」〔註24〕

〔註20〕 王慶雲、費昌華：《揚州報刊志》，人民日報出版社 1993 年版，87 頁。
〔註21〕 政協南通市委員會文史編輯部：《南通文史資料選輯（第 5 輯）》，編者 1985 年版，209 頁。
〔註22〕 政協南通市委員會文史編輯部：《南通文史資料選輯（第 5 輯）》，編者 1985 年版，106 頁。
〔註23〕 政協南通市委員會文史編輯部：《南通文史資料選輯（第 5 輯）》，編者 1985 年版，104 頁。
〔註24〕 政協南通市委員會文史編輯部：《南通文史資料選輯（第 5 輯）》，編者 1985 年版，103 頁。

　　1945 年 8 月 15 日日本法西斯投降，中國人民抗日戰爭取得最後的勝利，但是新聞戰線的鬥爭並沒有隨著抗日戰爭的結束而結束，而是進入了一個新的鬥爭階段，解放戰爭的進行爲中國的報刊事業的前途提出了新的歷史要求，蘇中地區人民報刊與反動報刊的最後交鋒時刻在暴風雨中來臨了。

　　全國來看，國民黨政府「接受」了大批日僞報刊，高強度高密度的進行反共、反人民的宣傳，爲內戰進行輿論支持。1945 年 9 月，國民黨政府公佈了《管理收復區報紙通訊社雜誌電影廣播事業暫行辦法》，以「接收」日僞宣傳機關爲名，採取蔣僞合流的手段，將許多日僞報刊改頭換面，改成了國民黨的機關報。如上海著名的漢奸報《新中國報》改名後就成了國民黨上海市黨部的機關報《正言報》。「這個國民黨報紙的第一篇社論，還是唱的漢奸報的老調──『中日親善』。」〔註25〕國民黨漢口市黨部的機關報《華中報》也是「接受」的漢奸報《大楚報》而出版的。甚至「國民黨在華北的機關報《華北日報》，使用的還是日僞報社的人員，該報的日文版是由兩個日本特務負責。」〔註26〕同時《申報》、《新聞報》等大批民營報刊，也被國民黨「接收」，成爲其 CC 系控制的宣傳機關。據國民黨內政部統計，「1946 年，國民黨統治區已登記的報紙共九百八十四家，發行量共二百萬份。」〔註27〕

　　中共與民主黨派的報刊爲了國家人民利益、爲了民主，在內戰爆發前做了大量的反內戰宣傳。解放戰爭開始後，中共人民報刊也爲打倒國民黨反動派、建立新中國作了大量的宣傳工作。1945 年 10 月 10 日，人民解放軍所控制的面積已經擴大到熱河、察哈爾兩省全部和河北、綏遠、山西、豫北、淮北、淮南、蘇北、蘇中等大部分地區以及東北部分地區，成爲幾大戰略區，佔有 506 座城市，土地面積約爲全國的 1／4。與此同時，人民報刊有了長足的發展，因而又被某些學者稱爲人民報刊的「黃金發展階段」〔註28〕。

　　出於戰略上的考慮，蘇中根據區的主力部隊曾一度撤退山東，蘇中地區的軍事平衡被打破，國民黨軍隊對蘇中地區進行了大規模殘酷的掃蕩與搜

〔註25〕梁家祿等：《中國新聞業史（古代至一九四九年）》，廣西人民出版社 1984 年版，449 頁。

〔註26〕梁家祿等：《中國新聞業史（古代至一九四九年）》，廣西人民出版社 1984 年版，449 頁。

〔註27〕梁家祿等：《中國新聞業史（古代至一九四九年）》，廣西人民出版社 1984 年版，450 頁。

〔註28〕黃河、張之華：《中國人民軍隊報刊史》，解放軍出版社 1986 年版，171 頁。

索，蘇中人民報刊事業受到一定的影響。具體反映在創刊數不多，原有報刊質量有所下降，發行量有所減少。至 1948 年底，蘇中解放區各刊物都奉命停刊。但很快陸續復刊並逐步發展壯大。該階段，報刊名稱上的一大特色就是人民報刊大多以「大眾」命名，突出了鮮明的人民政權的主題。據統計，該階段以「大眾」命名的報刊達到了 11 種之多，約占中共所辦報刊總數的 1／3，這樣集中的命名景象應該有毛澤東同志在延安文藝座談會上的談話號召「大眾的文化」的背景的。1948 年後，反動報刊強勢地位開始逐步失去，國民黨所辦報刊以詆毀、攻擊人民力量為能事，以壓制民主、炮製輿論為目的，不惜紙張對人民政權、武裝進行攻擊。同時為國民黨統治階級塗脂抹粉，美化其醜陋面孔，掩蓋並為其失敗尋找藉口。如國民黨所屬的堅軍所辦的《前線報》，以反共為其言論之根本。《蘇北日報》則稱其創刊目的在於「宣傳政令，創立民間正確輿論。」〔註29〕實質是成為國民黨的輿論宣傳機器。中共領導的人民報刊，在正面報導解放戰爭的同時，比較注重對於解放區的經濟文化社會建設方面的報導。如中共華中九地委宣傳部編印的《工作者》第二期刊有王野翔的《檢查海門土地改革中發現的問題和意見》一文，就是典型的解放區建設方面的報導。至 1949 年 1 月前後，隨著蘇中地區的解放，人民報刊終於在蘇中大地收穫了勝利的果實。

在抗日戰爭與解放戰爭的進行中，中國共產黨及其領導下的人民報刊，高舉進步旗幟，配合人民戰爭的偉大洪流，向腐朽的反動派報刊宣戰。在鬥爭中成長並壯大起來，推動歷史不可抗拒的進步步伐，成為時代的先聲。

（該文與顧亞欣合作，以題為《新中國成立前蘇中地區的黨辦報刊》，發表於《中國出版》2012 年第 10 期）

〔註29〕王慶雲、費昌華：《揚州報刊志》，人民日報出版社 1993 年版，94 頁。

述論建國前蘇中地區
人民報刊的新聞宗旨

　　建國前蘇中地區（揚州、泰州、南通三市）先後創辦的人民報刊〔註1〕數量達數百種，其中各類黨報、黨刊有 41 種。這些報刊忠實地堅持了中國共產黨對報刊新聞宗旨的要求，在黨與人民政權的偉大事業中，貢獻了自己的力量。

一、首先是堅持人民報刊的「黨性原則」

　　「黨性原則」是中國共產黨黨報理論的核心，至今仍然是中國共產黨的報紙所必須堅持的一個基本原則。建國前的蘇中地區人民報刊是在中國共產黨直接領導下創辦與發展的，黨對報刊具有絕對領導的地位。《前線報》：「更有效的貫徹領導上的方針與任務，也就是說需要著重思想領導。」〔註2〕粟裕在《蘇中報》創刊詞上說得很明確：「《蘇中報》是共產黨所辦的報，是黨報，共產黨的立場，就是她的立場。」除了與黨緊密聯繫，貫徹黨的基本方針路線外，人民報刊還承擔著發布轉載各級黨委指示及通知的任務，成爲廣大幹部群眾、指戰員聽到黨的聲音的重要喉舌。1942 年，中宣部發布《爲改造黨報的通知》：「報紙的主要任務就是要宣傳黨的政策，貫徹黨的政策，反映黨的工作，反映群眾生活」。1948 年，中共中央規定：「各地黨報必須執行毛主席所指示的由各地黨的負責人看大樣制度。每天或每期黨報的大樣須交黨委

〔註1〕 指中國共產黨各級黨政軍部門所主辦的報刊。

〔註2〕 陸陰盧：《貫徹下去報導出來「前線」百期紀念的獻禮》，《前線報》1947 年 9 月 17 日，第 2 版。

負責人或黨委所指定的專人作一次負責的審查，然後付印。」人民報刊還是党進行戰鬥的重要武器，《人民報》：「黨報是黨用來指導工作，指導鬥爭。」〔註3〕人民報刊是具有強烈針對性的戰鬥性報刊，《人民報》：「黨報應該是有戰鬥性的，要有適當正確的自我批評、表揚優點、批評缺點，來指導各方面的工作。」〔註4〕這些都是與其他報刊的本質區別。

二、在堅持黨的領導下，蘇中各人民報刊積極走群眾路線，爲人民服務

《江海導報》：「確立爲工農兵服務的方向：新民主主義的文化，就是工農兵文化，任何有意義的文化與有價值的報紙，都是建立在廣大群眾基礎上面的，沒有工農兵的方向，就失去新民主主義的作用。我們要求分區的每一個文化戰士和智識份子、教育工作者，更好的全心全意爲工農兵服務，創造出無數的優良作品，載於本報，這是本報的唯一方向。」〔註5〕人民報刊以爲人民，更具體而言──爲工農兵服務──爲自己的主導思想。她們以貧雇農的代言人自居，爲廣大群眾的利益發言。「《人民報》是黨報，也是名符其實的人民自己的報。」〔註6〕「黨報要說貧雇農話。」〔註7〕這是與當時的鬥爭環境相聯繫的。1947年9月3日，《人民報》轉載新華社社論《紀念「九一」貫徹爲人民服務的精神》：「我們的新聞工作者在思想上就必須：第一、徹底認清任何與蔣介石反動集團和平共處的思想，在這樣偉大的愛國自衛戰爭中，堅決站在人民方面，敢於爲著與人民公敵蔣介石而犧牲而流血；第二、堅決爲人民、爲農民、爲徹底土地改革與消滅封建剝削服務，堅決爲維護農民的利益而鬥爭。土地改革運動與愛國自衛戰爭，對於我們全中國的新聞工作者，乃是一個思想上深刻的鍛鍊，我們號召每一個同志，無論是解放區的或蔣管區的，國內的或僑胞的，都要在祖國土地改革大浪潮中，在徹底結束蔣介石賣國統治的大事業中，深刻的檢查自己的思想與立場，以便進一步貫徹爲人民服務的精神。」〔註8〕1949年7月7日，《江海報》在紀念「七·七」

〔註3〕吳嘉民：《加強黨報觀念》，《人民報》1947年9月3日，第5版。
〔註4〕《地委關於加強報紙工作開展全黨辦報用報運動的決定》，《人民報》1947年9月3日，第1版。
〔註5〕《本報今後的努力方向》，《江海導報》1947年1月1日，第3版。
〔註6〕吳光明：《更好的爲人民服務》，《人民報》1947年9月3日，第5版。
〔註7〕《江海導報》1947年12月26日，第2版。
〔註8〕《紀念九一貫徹爲人民服務的精神》，《人民報》1947年9月3日，第8版。

增刊中專文談及人民報刊與群眾路線、為人民服務的歷史與經驗，指出：「長期艱苦地戰鬥是為人民服務。長期更艱苦地建設也是為人民服務。」〔註9〕

　　走群眾路線也是客觀文化環境的必然要求。人民政權所控制的範圍內，雖然具有先進的文化思想與文化因素，但相對落後的文化素質氛圍要求人民報刊必須擯棄繁文縟節的辭藻，以大眾化的報導形式面人。而大眾化也是該時期我黨的文藝政策之一，在報刊領域也應得到積極的遵守與發揚。《江海導報》：「大眾化是黨的文藝政策，應該堅決執行，大眾化是共產黨員階級觀念的具體表現，報紙大眾化，是為了更加切合實際需要，提高報紙的實際作用，應決心清除障礙，不斷檢討，防止不正確的思想復辟。」〔註10〕

　　對於群眾路線的堅持，是一個長期的過程。《江海導報》：「解放區的文化事業，是解放區人民事業的重要組織之一，無論在機關裏、學校裏、農村裏，或是兵營裏，一般說：對報紙是相當重視，可是報紙往往落後於群眾運動，還不能滿足群眾的要求，具體反映群眾的鬥爭生活，形成與群眾生活脫離，成為少數人所有，這種對工農兵服務的基本方向不夠重視，是值得今後警惕的。」〔註11〕走群眾路線要求報刊的編輯記者們能夠有正確的階級觀念，對人民群眾，尤其是貧雇農有深刻的階級感情。1947 年 12 月 20 日，《江海導報》曾針對本報對高明鄉的報導失誤，作了專題檢討：「檢查失敗原因在於地主富農思想在報導觀點上的反映。由於記者出身成份及對放手發動群眾事前無正確認識，因此在報導小朱莊第一次鏟浮財及慶祝搬家大會時，充滿了自滿的思想，認為『群眾翻身已差不多了。』雖然當時小朱莊鏟浮財在如皋來說是比較好的，但距離完全徹底尚遠，群眾經濟上尚未完全翻身，這是記者未客觀地報導其所以比較徹底的關鍵、及尚未完全徹底的原因，為追求報導上的『聲勢』，將二十一家地主富農剛鏟出些浮財，寫成已經『掃地出門』。又經過了慶祝初步翻身的勝利。其實從鏟浮財到慶祝大會間相隔不足十天，這樣報導，使人忽視覆查的艱苦複雜長期鬥爭性。這種自滿的思想根源，實在因自己對貧雇農的痛苦認識不足，對農民翻身做主認識不足。」〔註12〕

〔註 9〕《江海報七七紀念增刊》，《江海報》1949 年 7 月 7 日，第 5 版。

〔註10〕《貫徹全黨辦報用報：開展冬季通訊運動》，《江海導報》1948 年 11 月 14 日，第 1 版。

〔註11〕《本報今後的努力方向》，《江海導報》，1947 年 1 月 1 日，第 3 版。

〔註12〕黎洪：《高明鄉四十五天報導檢討（節錄）》，《江海導報》1947 年 12 月 20 日，第 2 版。

本著為人民服務，走大眾化路線的宗旨，人民報刊有著明確的分工。1947年，遵照上級指示，蘇中一地委在《地委關於加強報紙工作開展全黨辦報用報運動的決定》中，對所轄各人民報刊的分工作了具體規定：「確立《人民報》與縣報的分工。（一）《人民報》確立以區鄉連排幹部為對象，內容著重於工作經驗、時事教育。儘量要做到使他們看得懂，必須從工作上時事上幫助幹部的提高，要使他們能有一個明確系統的概念，另編《人民貼報》一種，以簡要通俗綜合的方針，作為對時事宣傳之用。（二）《人民畫報》確定以鄉村幹部及群眾的通俗讀物，內容以畫為主，文字為輔，內容為工作、時事的一般宣傳及文娛材料，各種初步知識的介紹。（三）縣報必須簡短通俗，確定以鄉村幹部及群眾為對象，內容著重於工作情況的傳播，適當表揚人民與幹部中的模範人物，批評工作上的缺點，如有長篇的工作經驗或轉論指示，應刊於縣黨刊，確定縣黨刊係工作通訊性質，或直接寄人民報社。」〔註13〕1948年11月，華中一分區江海報社也改版，以明確所服務的具體對象。「江海導報今後改為八開四版大眾化的報紙，以鄉、村幹部為主要對象，農民畫報則以不識字和文化水平很低的幹群為主。」〔註14〕

三、建國前的蘇中人民報刊，結合政治經濟社會形勢的發展，特別是結合革命運動的進程，在若干不同的階段有各自不同的報導重點

在自衛戰爭時期，人民報刊的主要報導重點一是如何揭露國民黨政府與軍隊的罪行。「蔣介石專制獨裁、出賣民族、發動內戰，危害解放區人民民主和平生活和全國人民利益，蔣軍所到之處，廬舍為虛，其滔天罪行，比之日本帝國主義和汪精衛時代，實有過之而不及。……文化戰士們，不但要如過去那樣的搜集蔣介石的作惡材料，而且能以有效的方式研究多樣的題材，以教育群眾組織群眾，進一步的提高人民對蔣介石政府的仇恨。」〔註15〕重點之二是報導戰爭消息。如1947年2月15日，《人民報》一版就登載有關戰爭消息三則：《興化大捷續報》、《溱潼地武反「掃蕩」初捷》、《一

〔註13〕《地委關於加強紙工作開展全黨辦報用報運動的決定》，《人民報》1947年9月3日，第1版。
〔註14〕《貫徹全黨辦報用報：開展冬季通訊運動》，《江海導報》1948年11月14日，第1版。
〔註15〕《本報今後的努力方向》，《江海導報》1947年1月1日，第3版。

日四捷》〔註16〕。並對戰鬥情況作了詳細的報導。重點之三是對人民政權建設的報導。其中如土地改革。新華社華東分社曾專題開會討論報紙對土地改革的報導問題：提出了針對中心區的6點具體要求；針對收復區的7點要求；以及針對戰區、邊沿區、游擊區的要求。還提出了「分清對象」、「發現新問題」、「多報導群眾場面」、「要有頭有尾的過程」、「典型與一般……相呼應」等5點注意事項。並對記者提出防止「空洞一般化」、「忘記寫新聞」的兩種傾向，提醒記者密切與黨委的聯繫。

　　蘇中地區解放至建國前的一段時期內，人民報刊的報導重點在經濟建設上。1949年7月7日，《江海報》發表《七七紀念增刊》，刊登中共南通區地委會、南通行政區專員公署、南通軍分區司令部、政治部公告：「長期艱苦地戰鬥是為人民服務。長期更艱苦地建設也是為人民服務。二十八年來的光輝歷史和十二年來偉大的人民的勝利，我們應該歡欣鼓舞。但是更重要的，必須牢記毛主席的話：『奪取全國勝利，這只是萬里長征走完了第一步。』殘餘的匪特尚待我們肅清，嚴重的經濟建設任務擺在我們面前，我們必須克服困難，我們必須學會我們不懂的東西，我們一定能夠學會，終於走上建設的大路。」〔註17〕

　　《江海報》曾系統的總結今後的報導重點：「（一）城市以工業生產、工會組織活動、工人支持、工人福利事業、宣傳文化活動為重點，同時要報導青年學生組織團結（學生聯合會、青年團等）與學習，文教事業，治安工作，貿易管理，各項城市建設等工作。（二）農村主要報導支□生產救災、渡荒、準備夏收夏耕，尤其烈軍工屬及民工親屬生產生活困難解決，記工辦法的貫徹，發動與組織婦女投入生產，培養提拔教育幹部，整理組織等動態和經驗，同時也要報導農業生產上的各項建設事業（詳細的報導要點已發）。（三）機關部隊，目前主要報導學習態度問題和經驗，以及機關幹部生產完成榮金自給及工作生活學習正規化的介紹。」〔註18〕

　　在以上重點報導的同時，對於夏徵夏收等年度性熱點，也有集中性的報導安排。「夏徵的任務，是非常光榮而巨大的，黨報需要為它好好服務。」〔註19〕

〔註16〕　《人民報》1947年2月15日，第1版。
〔註17〕　《江海報七七紀念增刊》，《江海報》1949年7月7日，第5版。
〔註18〕　《全黨動手辦好黨報為辦好復刊後的江海報和加強對外報導給通訊員同志的一封信》，《江海報》1949年5月11日，第2版。
〔註19〕　《做好夏徵報導》，《江海導報》1948年6月17日，第1版。

1948 年 6 月 7 日《江海導報》以《做好夏徵報導》為題，提出「為了及時反映各地夏徵動態，交流各地經驗，希望各縣通聯科、各位通訊員同志，很好的報導，隨做隨寫，即知即傳。」〔註20〕而具體報導內容則是：「一、各地如何組織力量，採取哪些有效的方法開展夏徵的宣傳動員？做好各種準備工作的？二、介紹與發揚工作深入細緻耐心的好作風，揭發和批評強迫命令、單純任務觀念的壞作風。三、表揚群眾對政府和軍隊的擁護熱情，及其真誠自覺踴躍繳納公糧的實際情形和反映。（邊區的與中心區的群眾）四、群眾如何從實際出發認真評成？怎樣有分寸的進行減免、和自覺補報田畝的？五、除了一般情形的報導以外，還須選舉一人一村的夏徵工作做得特別好的具體方法介紹。做得特別糟糕的情形及其原因，也要同時反映上來。六、各地群眾，怎樣熱心的保護公糧和轉運公糧的？」〔註21〕

當社會發生一些臨時性的重大災害或事件時，人民報刊也及時轉變報導重點。1949 年 7 月間，南通等地發生重大自然災害。《江海報》及時刊登海門、如東、南通三縣縣委對加強救災防災報導的《通知》：「要各區書區委在思想上重視起來，以突擊救災的精神完成報導任務。並指出『在救災工作中能及時介紹一個重要情況，或寫一個重要稿子，往往會使千萬災胞早日得救。』來說明救災報導的重要性，並提出對區鄉幹部的具體要求，各區主要負責幹部必須親自帶頭寫稿一篇外，要立即組織救災、防災報導。報導內容並規定，除一般介紹情況外，更著重要在反映成績和效果等。並指示寫稿和彙報結合，寫彙報信要寫的詳細。如東縣委通知上規定每（疑少人字）在救災中寫稿八篇，並要求儘量做到工作一做就寫，一寫就寄，時間要力求其快。南通縣委通知並指定各區區書要根據縣委所要瞭解材料，分別不同情況作不同的救災的綜合報導，要用數字文字說明問題。在救災中海門縣委書記郁謙同志在寫信給水災嚴重的□通區負責同志時，根據該區災情與修堤情況，提出具體報導意見。南通縣委書記張紹儀、組織部長巫霄華等已開始帶頭寫稿。」〔註22〕同時，《江海報》還對救災防災報導提出了詳細具體的提綱，如救災防災方面：「（一）有系統的、全面的反映災情（包括受災面積、嚴重程度、對田禾及秋收的影響）。以引起幹群對今年災荒的充分認識，確立持續救災思想。（二）

〔註20〕《做好夏徵報導》，《江海導報》1948 年 6 月 17 日，第 1 版。
〔註21〕《做好夏徵報導》，《江海導報》1948 年 6 月 17 日，第 1 版。
〔註22〕《通、如、海三縣縣委通知各區加強救、防災報導工作》，《江海報》1949 年
7 月 21 日，第 3 版。

大力宣傳群眾的互助團結，全力以赴，克服困難，戰勝天災的成功事例，以鼓舞□□，克服消極悲觀等思想情緒。（三）細膩的反映實際問題的解決，如思想動員，勞力的組織與調度，合理負擔食宿、工資等。要把問題的發生，重要性，解決的過程和結果詳細寫出來。（四）宣傳蘇北頒佈的防汛人員獎勵條例的貫徹執行，及立功運動的開展與效果。（五）防災救災中的保衛，如嚴密組織防奸反特，揭露謠言，暴露敵特陰謀與罪惡。（六）糾紛的合理調解。（七）長遠的防災計劃與行動。（八）總結經驗。」〔註23〕

這種對報導重點的安排，使報導圍繞著政權的爭奪與建設而進行，使當前黨與人民政權的中心任務也同時成為報導的中心任務，這既是現實鬥爭環境的反映與要求，也體現了人民報刊為人民服務的路線宗旨。

四、「全黨辦報用報」

1944年2月16日，《解放日報》在紀念創刊1000期時發表社論，提出了「全黨辦報」的經驗。3月22日，毛澤東在在陝甘寧邊區文化教育工作座談會上的講話中，鼓勵每個單位都辦牆報，「那麼全邊區可以有千把種報紙，這叫做全黨辦報。」〔註24〕1948年4月2日，毛澤東又提出：「我們的報紙也要靠大家來辦，靠全體人民群眾來辦，靠全黨來辦，而不能只靠少數人關起門來辦。」〔註25〕「全黨辦報用報」從此成為中國共產黨提出並實行的號召全體黨組織和黨員參加黨報工作的方針。它主要包括以下內容：黨組織要領導和指導黨報的工作，並善於使用黨報指導各地的工作；黨組織和黨員要關心、閱讀黨報，要為黨報寫文章；黨組織和黨員負有推銷黨報，擴大黨報發行量的責任。

在建國前的蘇中人民報刊事業中，「全黨辦報用報」的方針得到了高度的重視。首先是各級領導的重視。蘇中二地委曾檢討以往「全黨辦報用報」的不足：「首先地委對報紙的關心不夠，黨報委員會未能按時檢查、改造、充實幹部、指導工作。在縣、區黨委亦復如此，有不少是只顧看報，不管其他，有不滿意處，也不隨時提出，缺乏全黨負責、辦報用報的精神。」〔註26〕《江

〔註23〕 《對當前報導上的幾個意見》，《江海報》1949年7月21日，第3版。
〔註24〕 《毛澤東新聞工作文選》，新華出版社1983年版，114～115頁。
〔註25〕 《毛澤東新聞工作文選》，新華出版社1983年版，150頁。
〔註26〕 《地委關於加強報紙工作開展全黨辦報用報運動的決定》，《人民報》1947年9月3日，第1版。

海導報》：「做好黨報發行工作，應引起各級黨委高度重視；切實檢查與克服發行工作上現存的浪費、遲緩、不普遍等不良現象。今後應做到按時送報、按期收報、鄉鄉貼報、村村看報的要求而努力。」〔註 27〕《人民報》：「要求不是抽象的黨報觀念，而是要真正的把黨報成為工作的有力助手，切實運用黨報改造工作。領導機關必須通過黨報來指導布置檢查督促工作。必須重視黨報的各種社論、專論、短評，加以時論，並作為自己的工作方針；對於有指導意義的新聞，亦需從中吸取經驗，對照與檢查自己的工作，凡報上所提出的批評建議，被批評者必須負責答覆，對於報上的時事新聞、述評、時評，則應分析研究，聯繫檢查自己的思想，克服一切對時局的錯誤認識，並作為向幹部教育，向群眾進行宣傳的主要內容。因這一切都是黨對時局的主張與看法。」〔註 28〕1947 年 9 月 13 日，蘇中二地委專門作出《地委關於加強報紙工作開展全黨辦報用報運動的決定》〔註 29〕。華中一分區在第一次宣教大會上，重點布置了「全黨辦報用報」的任務，對「全黨辦報用報」的重要性有系統的總結，並將「全黨辦報用報」具體結合到通訊工作中。「大會確定繼續貫徹全黨辦報用報的方針。指出過去全黨辦報用報思想沒有很好建立。有些同志強調了做實際工作的，毋須多說多講；事務主義的領導作風還沒有轉變；又習慣於游擊環境，自以為是，狹隘的地方觀念還存在，認為不要多去介紹經驗，沒有認識到全黨辦報用報是對黨報負責，寫稿是向黨彙報工作，對黨對人民負責的具體表現，也是改革官僚主義領導作風和研究政策不斷進步的武器。大會確定今後開展黨報通訊運動，全黨必須認識到通訊工作是黨報的耳目，也是黨報工作的起點和基礎，是辦好黨報的首要一環。沒有通訊運動，就不可能將工作情況、群眾呼聲全面的反映出來，報紙就會脫離廣大的群眾。」〔註 30〕

　　各人民報刊也從自身作起，努力自我檢討。《人民報》：「黨報觀念，在全黨還沒有完全確立，甚至個別同志輕視黨報工作，認為『無謊不成書』，以舊

〔註27〕《貫徹全黨辦報用報：開展冬季通訊運動》，《江海導報》1948 年 11 月 14 日，第 1 版。

〔註28〕《地委關於加強報紙工作開展全黨辦報用報運動的決定》，《人民報》1947 年 9 月 3 日，第 1 版。

〔註29〕《地委關於加強報紙工作開展全黨辦報用報運動的決定》，《人民報》1947 年 9 月 3 日，第 1 版。

〔註30〕《貫徹全黨辦報用報：開展冬季通訊運動》，《江海導報》1948 年 11 月 14 日，第 1 版。

式報紙的眼光看黨報，由於這些糊塗觀念，嚴重的障礙著全黨辦報精神的貫徹。」〔註31〕很多報刊表了專題文章，談「全黨辦報用報」的作用。如《前線報》將其與群眾運動相聯繫，明確提出「全黨辦報」是辦好報紙的前提。「要達到這個目的，必須全黨動手，大家來辦好《前線報》，並共同為建設與提高《前線報》而努力！」〔註32〕

為實現「全黨辦報」，各報刊還提出了系列具體的工作方法。如《人民報》：「提倡工農與知識分子合作寫稿，文化高的工農與文化低的工農同志一起寫稿，一個說材料，一個記材料。」〔註33〕《江海導報》的《經驗介紹》欄目刊載了周乃成的文章《怎樣辦報用報？》，很有典型意義：「一、自己動手寫稿，是加強辦報用報觀念的具體表現，除影響與推動其他同志，自己從寫稿收集材料中是會漸漸改變自己不深入細膩的粗糙作風，加強了對問題的分析和研究歸納，將可慢慢學會總結工作，提高自己。二、在工作上，鄉里幹部通過寫信式的寫稿，經常反映工作密切了上下級的聯繫，瞭解到下面工作情況，報紙上報導了本區本鄉工作，更關心看報了。同時也歡喜研究人家報導的工作，更容易接受報紙的指導，發揮了辦報用報的作用。如《東臺大眾》在生救運動中，鄉村幹部很喜歡看，反映很好。」〔註34〕

客觀而論，「全黨辦報用報」運動並未達到所設想的「全黨」要求，但是這個活動的開展確實對蘇中人民報刊的發展起到了積極的作用。

五、批評與自我批評的開展

建國前的蘇中人民報刊有著良好的批評與自我批評作風。首先是各報社歡迎廣大幹部群眾的監督。

1947 年 8 月 25 日，興化縣委召開擴大會議，談及對《人民報》的意見。會後，《人民報》刊登了其中的主要意見。「《人民報》最好像《群眾報》一樣，每期報紙重要的幾篇東西，放在角落上（按即讀報要目之類）使人一拿到報紙就看一下角落，瞭解這期報紙那幾篇是重要東西。《人民報》總是脫在人家後面。《人民報》直截了當的指出問題不夠，如到底怎樣是壞幹部？封建勢力

〔註31〕 《地委關於加強報紙工作開展全黨辦報用報運動的決定》，《人民報》1947 年 9 月 3 日，第 1 版。
〔註32〕 《全黨動手大家辦報》，《前線報》1947 年 9 月 17 日，第 2 版。
〔註33〕 《人民報》1947 年 12 月 13 日，第 2 版。
〔註34〕 周乃成：《怎樣辦報用報》，《江海導報》1948 年 6 月 21 日，第 3 版。

怎樣打垮，都不夠明確，不夠直截了當。鬥爭不尖銳，有些客氣，沒有《江海導報》直截了當。其次，《人民報》的發行工作爲何這樣慢？是區還是鄉里慢？現在我們反而對《江海導報》有興趣。」〔註35〕這次座談會的批評意見，涉及報刊思想、內容、發行等諸方面，反映了幹部群衆對《人民報》的關心愛護與眞誠期望。而《人民報》對這些意見的刊載，也反映了人民報刊對於改變自身缺點，向幹部群衆所要求的目標而努力的姿態。在《前線報》百期紀念刊，《前線報》也刊載了讀者的批評建議：「……我們希望《前線報》要通俗一些，能盡可能做到口語化，以使更多的翻身的農民聽得懂。我們建議發行工作，要訂立收條制度，因爲訂的報紙有時收不到！我們希望編者，多與實際聯繫，了解讀者需要，我們也下決心加強與黨報聯繫，首先保證在朱於鄉把讀報組組織起來。」〔註36〕不僅來自自身幹部群衆的批評，人民報刊也鼓勵與歡迎非黨人士提出意見。粟裕在《蘇中報》創刊時就提出：「我們竭誠希望：全蘇中的非黨人士，到《蘇中報》上來發表意見，並指導和幫助我們的工作。」

其次是不避諱的進行自我批評。

1946 年，《人民報》就設立了《批評與建議》欄目，「每個讀者確立的報紙的關心、幫助與督促的觀念。我們必須肯定的要求：爲了群衆，爲了工作，本分區一定要有一張好報紙。『工欲善其事，必先利其器。』假使辦不好，不是放棄它，厭煩它，而是更加關心，經常寫稿去充實它的內容，經常提意見去督促它改進。報紙辦得好不好，不把它看作是少數編輯同志的事，而是看作是大家的責任。今後報上『批評與建議』一欄，尤其盼望讀者能及時踊躍對報紙提出意見。」〔註37〕《江海導報》設立了《讀者與編者》欄目，也起到了同樣的效果。

1947 年 3 月 3 日，《人民報》轉載新華社社論《學習〈晉綏日報〉的自我批評》：「這種自我批評，不僅各解放區的新聞工作者要學習，而且一切工作部門都應當向它學習，以便更加改進自己的工作。」〔註38〕號召各人民報刊開展自我批評運動。在以往自我批評的基礎上，蘇中各人民報刊更加深刻地開展此一運動。

〔註35〕《人民日報》1947 年 9 月 3 日，第 8 版。
〔註36〕陸陰盧：《前線報百期紀念點滴》，《前線報》1947 年 9 月 17 日，第 2 版。
〔註37〕《人民報》，1946 年 4 月 5 日。
〔註38〕《人民日報》1947 年 9 月 3 日，第 8 版。

　　《江海導報》對自身以往大眾化風格不夠進行了反省：「黨報工作小組深刻檢查出過去不能大眾化的原因：第一是由於方針不夠明確。讀者對象一向以區、鄉幹部爲主，因而即產生了著重區級甚至以區級幹部中知識分子爲主的偏向；第二是由於在全黨沒有造成開展工農通訊運動的風氣。但這不過是客觀上的因素，主要是由於報社內部存在著大眾化的思想障礙：怕麻煩、怕困難，迷戀於小圈子的老一套，對群眾的呼聲，沒有引起警惕並虛心接受，形成『自拉自唱』，並認爲大眾化降低了政治質量與個人前途不利等。」〔註39〕檢討的很深刻，一針見血地指出了大眾化不能有效進行的思想原因，比起以往空對空的喊口號有了很大進步。《江海導報》還全文轉載了《大眾日報》社論《檢查我們的立場和作風》〔註40〕，具有很強的總結意味。《前線》對自身報導水平進行了自我批評：「由於過去是死啃著『傳播勝利消息，振奮人心，激勵鬥志』，因此產生了單純的軍事觀點，只希望頭一條消息是收復了多少城殲滅了多少人，沒得大戰鬥消息，編輯起來就不夠勁，至於如何組織敵我政治經濟變化各方面材料，來幫助讀者對自衛戰爭發展的正確認識，這一點是很差的！」〔註41〕《人民報》總結自己的缺點是：「與本分區群眾之間的聯繫不夠。比方對地方新聞，缺乏作及時的、深入的、完整的報導，沒有認眞使其地方化。」〔註42〕

　　反「客裏空〔註43〕」現象成爲自我批評運動中的一大亮點。在新華社號召的反「客裏空」運動中，蘇中地區的人民報刊也積極行動起來。以《前線》爲例，該報發表了《清算新聞工作者的地主立場「客裏空」現象》一文，介紹晉冀魯豫各分社開展學習檢查運動。〔註44〕同時自我反省，對新聞《黃夏鄉六千群眾示威遊行蔣占區》一文進行檢討，「有兩處與事實不符的地方。一、人數不足六千人。二、不是黃夏一鄉。……總之是誇大場面，追求聲勢。」〔註45〕

〔註39〕　《貫徹全黨辦報用報：開展冬季通訊運動》，《江海導報》1948 年 11 月 14 日，第 1 版。

〔註40〕　《江海導報》1947 年 12 月 26 日，第 2 版。

〔註41〕　《前線》1947 年 9 月 14 日，第 3 版。

〔註42〕　《人民報》1946 年 4 月 5 日。

〔註43〕　是蘇聯一九四二年出版的劇本《前線》中的一個角色。原意爲「喜歡亂嚷的人」，或「好吹噓的人」、「饒舌者」。1944 年，延安《解放日報》在一篇評《前線》的社論中，批判了客裏空。「客裏空」成爲弄虛作假的資產階級惡劣文風的代名詞。

〔註44〕　《前線》1947 年 8 月 27 日，第 2 版。

〔註45〕　《前線》1947 年 9 月 14 日，第 3 版。

　　暫且不論其對新聞報導自我批評的時代局限與正確與否，建國前蘇中人民報刊的批評與自我批評，其所展示出來的誠懇力度，體現了那個時代的人民報刊精神，給人一種震撼的感覺，更使人感覺到那個時代蘇中人民報刊的蓬勃生機與不可戰勝的力量。

　　除了對自身工作的批評與自我批評，蘇中人民報刊也積極對其他工作戰線的不良作風作出及時與嚴肅的批評。《江海報》以《編者的話》形式針對農業工作中的官僚主義進行了批判：「我們感到像這樣的官僚主義作風在各地或多或少的存在著。……我們認為產生這種現象，一方面由於幹部本身群眾觀念不強，作風不好；一方面也出於幹部領導生產的思想還沒有弄通。」〔註46〕

　　這種批評與自我批評的開展以及對各種不良作風的批評報導，在幹部群眾中產生了很大的影響，受到了廣泛的讚譽。也使廣大幹部群眾更加關注與愛護人民報刊，使之成為真正的人民報刊，具體體現在幹部群眾的來稿量不斷增加。如 1947 年 2 月間，各地幹部群眾積極為《人民報》寫稿就達到了 241 篇。

表〔註47〕：

《人民報》1947 年 2 月來稿（單位：篇）																
興化縣									138							
縣直	17	縣站	28	老圩	22	永豐	23	平旺	15	唐港	5	海河	3	合塔	3	草馮	8	其他	4
寶應縣									42							
縣站	13	縣直	4	安豐	11	天平		5		黃浦	5	陶林		2	其他		2
高郵縣									37							
縣站	9	夏集	7	黃邳	13	中堡		2		其他	6						
溱潼									20							
縣站	9	縣直	4	溱北	1	其他		6									
分區及二支社									20							
合計									241							

〔註46〕《編者的話》，《江海報》1949 年 5 月 23 日，第 2 版。
〔註47〕數據由《人民報》1947 年 3 月 5 日第 1 版《二月份來稿統計》整理。

　　很多地方的黨政幹部帶頭寫稿，如寶應縣：「安宜區長趙柏生同志，一面積極領導鬥爭，一面執筆報導，一星期內寫稿三篇，區書羅步高同志，係工農出身，亦寫稿一篇。縣委副書記杜文白同志在《寶應快報》上撰文號召各區鄉幹部執筆報導自己的鬥爭和工作，交流經驗。縣委秘書羅治夫同志，並供給全縣工作情況。其他如縣公安局長、安豐區公安股長以及劉堡區□景海、楊慶倫等，都於頻繁的行動與戰鬥間爲黨報寫稿。」〔註48〕

　　在黨的領導與指導下，堅持走群眾路線、大眾化路線，結合形勢的報導重點，積極推行「全黨辦報用報」的方針，並經常進行批評與自我批評，建國前的蘇中人民報刊正是在這樣的新聞宗旨的貫徹下，得到人民群眾的愛護，成爲黨的宣傳戰鬥的文化武器，成爲人民政權鞏固與建設的輿論幫手。

　　（該文以《革命戰爭年代蘇中地區人民報刊的新聞宗旨》爲題，發表於《南京政治學院學報》2010年第4期，有修改。）

〔註48〕《人民報》1947年2月15日，第2版。

論蘇中地區近代報刊事業的
「黃金期」（1919～1937）

　　「五四」運動期間及以後，20 世紀初起步的蘇中地區（揚州、南通、泰州）近代報刊事業迎來了發展的「黃金期」，新辦報刊數急劇增長，出現了「五四」運動至 1927 年、1928 年至 1937 年的兩次創刊高潮。

　　「五四」運動時的蘇中地區民主活動活躍，刺激了近代報刊事業的發展，出現了第一次創刊高潮，53 種報刊創辦於此時。1927 年，國民軍與孫傳芳在蘇中拉鋸作戰。由於蘇中報刊普遍傾向共和民主，遭受孫的仇恨，普遍受其打擊壓制而出現了暫時的低潮。國民軍控制蘇中後，辦報熱潮又重新勃興，出現了第二次創刊高潮。創辦報刊的數量爲 165 種，年均 18 種。尤其是 1931～1934 年間每年有 10 幾種乃至幾十種報刊出現，成爲蘇中歷史上比較密集的報刊發展期。1930～1935 年間，江蘇省共創辦報刊約 565 種〔註1〕，市均 43.5 種，蘇中每市約爲 43.3 種，與全省持平，其辦報數量位屬全國前列。

　　這時期的蘇中報刊各種類型期刊都有出現，較「五四運動」前有明顯增加，幾乎涵蓋報刊發行的全部形式。發行量上也較「五四運動」前上了一個臺階，期發行量在數百份的報刊屢屢皆是，甚至出現了千份大報。這些既說明辦報水平的提升，也說明社會對報刊的接受與喜愛程度較以往有所加深。除了「揚州城內銷數最多」〔註2〕的《透視報》外，期發行量過千的還有《泰報》等 16 種。500～1000 份／期的報刊有《興化民報》等 20 餘種；100～500 份／期的報刊有《通揚日報》等 30 種。

〔註 1〕　根據中國第二歷史檔案館編：《中華民國史檔案資料彙編（第 2 輯）》（江蘇人民出版社 1981 年出版，第 105、127 頁。）等數據推算。
〔註 2〕　王慶雲、費昌華：《揚州報刊志》，人民日報出版社 1993 年版，39 頁。

其中238種報刊的發行地點（種數）有史可考，分佈如下：揚州（78）、泰州（96）、南通（68）。具體到縣（區）：揚州市區（45）、泰州市區（34）、南通市區（24）、江都（7）、寶應（6）、儀徵（2）、高郵（18）、泰興（8）、姜堰（35）、興化（14）、靖江（4）、如皋（36）、如東（2）、海門（4）、啓東（2）、海安與通州無。與「五四運動」前相比，其發行地點分佈已較平均，發展較爲平衡，而在縣（區）層面上依然存在著較大的差距。限於史料，海安等縣沒有報刊被列入，但結合當時形勢，可以大膽推定近代報刊在該階段所有蘇中的縣都已經存在。不再是「五四運動」前的如皋一枝獨秀，高郵、姜堰、興化等縣也成爲佼佼者。更多的報刊不滿足於本埠發行。《邗江雜誌》於全省設分售處，在鹽城等地設發行處。《鐸聲》發行遠至安徽太平等縣。《寫作與閱讀》從第 2 卷開始由上海新知書店發行全國。《如皋醫學報》「影響日增，國內北京（時稱北平）、武漢、哈爾濱等地的大學每期都要訂購一、二十份不等。國外的新加坡、菲律賓、錫蘭（今稱斯里蘭卡）等國的華僑也來函訂閱。」〔註3〕這種景況比起「五四運動」前，進步是驚人的，蘇中近代報刊在本區域外的影響在逐漸增加。

能查其性質的 232 種報刊中，個人獨資或幾人合資民營的 114 種，占總數的 49%；民營並接受政府部門或組織津貼的 11 種，占 5%；完全由政府部門或組織津貼支持的 37 種，占 17%；官辦 28 種，占 11%，不詳 48 種，占 21%。在性質上與「五四運動」前相比有幾個顯著改變：嚴格意義上的官辦報刊開始出現。如國民黨靖江黨部的《新靖江報》、國民黨靖江「東黨」派的《靖江日報》、國民黨泰縣黨務指導委員會的《進攻週刊》、國民黨泰縣黨務執監委員會的《民眾呼聲》、國民黨江都黨部的《江都日報》、國民黨靖江縣教育局、縣警察局聯合創辦的《新民日報》等。《皋報》初稱《如皋報》，是由國民黨如皋縣黨務指導委員會宣傳部創辦的，編輯部即設在縣黨部內。本爲黨內發行的內部刊物，「1930 年 1 月稍前，經國民黨如皋縣黨務整理委員會決議通過，並報國民黨江蘇省黨部批准，將原來對內的黨報週刊，改爲對外公開發行的日報，定名爲《皋報》。」〔註4〕而且出現了一批依附於官方的民營報刊，如

〔註 3〕 中共如皋縣委員會黨史辦公室、如皋縣編史修志辦公室編：《如皋文史資料（第4輯）》，編者 1985 版，7 頁。
〔註 4〕 中共如皋縣委員會黨史辦公室、如皋縣編史修志辦公室編：《如皋文史資料（第4輯）》，編者 1985 年版，10 頁。

《興化公報》隸屬於國民黨興化縣黨部的閣派，「與院派報紙《平報》針鋒相對互相攻擊，爭奪權力與地盤（地方各機關單位）。」〔註5〕

各報社人員比「五四運動」前也有增加。十幾人乃至數十人的大報社出現了。泰興《民報》的內部工作人員有 11 人。《江都國醫報》則有社長、主編、編輯、醫藥訪事、校對、發行主任等有名可查者 16 人。《醫學月刊》有編輯主任、編輯、特約編輯等 30 餘人。〔註6〕再加上校對、出版、後勤等人員，人員不可謂少。

除去 108 種不知道紙碼大小的報刊外，餘下的 141 種中有 24 種使用過或使用 2K 紙碼，使用過或使用 4K 的則有 73 種之多，可以說，該階段有幾乎一半的報刊採用了 2K 或 4K 的紙碼，代表此時的蘇中報刊開始進入了大報時代，也意味著報刊信息量的增加、服務功能的增強，是報刊事業進步的一個表現。

為適應日趨激烈的報業競爭環境，除專業報刊外，各報刊特別是日報紛紛擴大了新聞版面，增加新聞報導量。如《通揚日報》除了「本埠（姜堰）新聞」外還轉載「中央要聞」、「地方新聞」（包括南京、揚州、泰州、南通等市）。《江淮日報》則有「專電要聞」、「各大埠快信」、「各縣新聞」、「本縣新聞」等欄目。《新民報》共 4 版，其 2、3 版皆為新聞。泰興《民聲》共 4 版，1 版為「言論」、「中外要聞」、「本邑新聞」，2 版為「社會新聞」及其他，新聞也佔了很大比重。《新靖江報》4 版，其中有 2 版用來刊載新聞。又如泰州《江東》，新聞報導涉及泰興、東臺、興化、鹽城、阜寧等 5 縣。在副刊方面，各報也普遍加以充實提高，出現了一批有一定影響、較高檔次的副刊。《導報》的「嚮導」、《快報》的「小茶園」、《姜聲》的「月明之夜」、《正氣日報》的「瘦西湖」、《中華日報》的「烽火」、《江泰日報》的「前路」、《民意日報》的「朝雲」與「新民間」、《新民日報》的「新光」、《興報》的「楚陽聲」〔註7〕、《新靖江報》的「墨海」、《靖江日報》的「江濤」、《江都日報》的「新村」、《寶光報》的「墨藪」、《新揚報》的「自由天」、《如皋導報》的「春泥」、「公有林」等，也出現了《透視報》這樣純粹文娛性質的報刊。各報在接受電訊的基礎上展開了新聞時效性的競賽。一些大報為吸引讀者，不惜在上海等地聘請通訊員，以求最新諮訊。但也存在一些大部分刊登廣告，新聞很少，甚

〔註5〕 王慶雲、費昌華：《揚州報刊志》，人民日報出版社 1993 年版，38 頁。
〔註6〕 王慶雲、費昌華：《揚州報刊志》，人民日報出版社 1993 年版，43 頁。
〔註7〕 抗戰時改為「義勇」。

至於全盤抄襲外埠大報的內容而被稱爲所謂「搬版」的小報。

隨時代進步，石印、鉛印被各報刊廣泛採用。一些報刊是委託專業印刷機構印刷，如《聯友週刊》（揚州印書館、大成印刷所）、《揚州新報》（江陰華通印書館）、《寶光報》（寶應民生工廠印刷部）、《興化公報》（鹽城光華印刷所）、《江都日報》（揚州勝業、集賢齋印刷所）、《泰縣日報》（正泰印刷所）。有一些是自備印刷機，如《泰報》、《江淮日報》、《民鋒日報》、《江泰日報》等。雖然大部分爲鉛印，但因資金、設備等限制，印刷質量很難得到保證。

蘇中近代報刊的「黃金期」也是國民政府各項經濟社會事業達到頂峰的一個階段。報刊廣告作爲經濟社會事業的晴雨錶，在這一階段特別是第 2 次創刊高潮中有了顯著的發展。廣告的經濟價值要高於新聞，所以各報依然在頭版等顯要位置安排廣告，一般直接在各報的第 1 版刊廣告，之後才是新聞、社論等。初期廣告無插圖，純文字的，僅以字體、字號、陰陽文的改變進行簡單加工。30 年代開始出現插圖，圖案大多爲壽星、美女、商品構圖等。廣告的業務承接上，有兩種途徑：一是廣告客戶自己上門；二是通過廣告掮客來招攬業務，如《大江北日報》就是通過這些中介商經常刊登上海大英藥房、五洲藥房的廣告。廣告費是報社的主要經濟來源。官辦報刊由於有政府津貼，對於廣告還不是過於倚重。而私營報刊則更爲關注廣告的收益。曾經有人統計了該階段部分報刊的廣告價格，稱「登一則普通廣告相當於一個月到一個半月的報費。」〔註8〕價格並不昂貴，也反映了廣告業務競爭的激烈。

受新文化運動的影響，此時的蘇中近代報刊事業較以前有了新的內涵和進步，但仍有時代局限性。

從已知資料的辦報主體看，這 202 種報刊有 71 種屬於各種組織所創辦，占總數的 1／3。其中官辦 27 種；文化團體主辦 8 種；教育界、學生界 20 種；醫學界 6 種；中共地下黨組織 2 種〔註9〕；同鄉會 1 種；佛教界 1 種；商會 1 種，官員合辦 1 種，其他 3 種。官辦報刊與醫學專業報刊的出現是蘇中近代報刊在「五四運動」後發展的一大特色。從辦報個人身份來看，教師身份有 3 人；國民黨員 15 人；職員身份 6 人；軍官 1 人；學生 2 人；資本家身份 1 人；律師 1 人。私人辦報蔚然成風成爲不爭的事實。

由於「五四運動」的啓迪，很多報刊的宗旨已不滿足於開啓民智等，而是積極投身輿論監督甚至國家大事的討論。上海「五卅」慘案後，揚州學聯

〔註 8〕 王慶雲、費昌華：《揚州報刊志》，人民日報出版社 1993 年版，326 頁。
〔註 9〕 實質中共地下黨組織還控制不止 1 種的報刊，但其公開辦報組織皆爲其他。

創辦的《臥薪嚐膽》就號召揚州各界以「臥薪嚐膽」的精神將鬥爭「堅持到底」。1931 年「九‧一八」事變後創辦的《聯友週刊》在創刊發行詞中要求有志青年聯合起來堅持抗日主張。中共靖江地下黨控制的《民鋒日報》的創刊宣言更是激動人心：「『民鋒』底解釋，就是爲民前鋒，也就是爲民衝鋒陷陣的意義，他不受任何派別束制，以眞理爲皈依，以爭議爲權衡，而超然的立於維護廣大民眾利益的立場之上。我們底筆，只要能夠替民眾造一分的福利的時候，我們就替他們寫，我們底手，只要能替社會改進一件事的時候，我們就替他們做。」〔註 10〕一些專業報刊雖受專業局限，但也力求能在本專業領域開風氣之先。如《寫作與閱讀》「創刊號」云：「用我們大家的心血點上一個火把，想在照耀下消除這國文教學界的陰霾瘴氣。」〔註 11〕由於報業競爭的日趨激烈，也難免存在以報媚人的報刊，如《透視報》之流，這也是該階段報業競爭的負面影響之一。至於一些官辦報刊的爭鬥更是直接了反映當時軍政派系的鬥爭。

該階段報刊內容精華與糟粕共存，既有近代報刊的時代先進性，也有低級庸俗及逆時代潮流的不和諧音。大部分報刊在傳播知識、開啓民智的功能上得到了加強。發刊於「五四運動」次年的《新心》大量刊登優秀白話文作品，積極傳播新文化、新思想。《平民聲》以反封建、反家長制爲主要內容。《心聲》則著重於普及科普知識等。一些報刊在輿論監督、時政鞭笞等方面爲世人所矚目。揚州秘密共產黨員羅青創辦的《邗濤》專門揭露當時江都縣縣長張士仁與國民黨江都縣黨部的右派代表人物王兆俊、王兆傑等人的劣跡，並直接抨擊「四‧一二」反革命政變後上臺的國民黨右派。揚州《轟報》以無黨派面目出現，專門針砭社會時弊與上層醜聞，頗受讀者歡迎。其創刊號要目有「審縣長」、「朱八戒耀武揚威」、「郭蘭石口中之王敬庭」〔註 12〕等，並對當時的江都縣長馬鎮邦進行批評。《潮橋青年》則揭露軍閥劣紳的罪惡，呼籲農民起來反抗。《如皋小報》的創辦歷程更有針對性。1932 年，「由於國民黨如皋縣教育局長芮佳瑞恃權任用私人，貪污舞弊，他上任僅一年多，竟侵吞教育經費達 2 萬元之巨。針對他的劣跡，如皋縣小教聯遂發起罷教，旋在全縣教育界展開『驅芮』運動。一個多月後，江蘇省教育廳迫於輿論壓力，只得將芮佳瑞撤換，另委陳達來如

〔註 10〕 王慶雲、費昌華：《揚州報刊志》，人民日報出版社 1993 年版，52 頁。
〔註 11〕 王慶雲、費昌華：《揚州報刊志》，人民日報出版社 1993 年版，65 頁。
〔註 12〕 王慶雲、費昌華：《揚州報刊志》，人民日報出版社 1993 年版，63 頁。

接充。可是，陳達在任江都縣教育局長時同樣劣跡昭彰。這就更激起如皋教育界的憤怒，形成『拒陳』高潮。『驅芮拒陳』歷時約 4 個月，小教聯曾編印數期《如皋小報》，除報導『驅芮拒陳』的進展情況外，專門揭露芮、陳二人的醜行。小教聯終獲全勝。《如皋小報》的作用實在不小，它甚至震動了國民黨江蘇省教育廳。」〔註13〕全面抗戰爆發前夕，不少報刊積極投身抗日宣傳，如《臥薪嚐膽》、《圩鐘報》、《聯友週刊》等。此外，部分報刊尤其是官報具有明顯的政治派別傾向，這點在興化、姜堰、泰興等地的官方報刊中比較激烈，這種現象從另一個角度揭示了該階段官方報刊出現的原因。

　　報人擺脫了身份的尷尬定位，成為被社會承認的一種職業。此時的蘇中近代報刊事業已具備職業化性質，但發展不平衡。少數報刊屬於業餘性質，時創時倒，辦辦停停，發行也極不穩定。不過，《揚州新報》、《消閒週刊》、《醫學月刊》、《民鋒日報》、《南通報》、《皋報》等一大批完全或基本職業化的報刊構成了蘇中近代報刊職業化高地，有一些報刊取得了國民黨政府的登記資格，是為完全職業化的報社。構成這個職業化高地的報刊是群體性的，因而完全可以確定該階段近代報刊的職業地位。但較蘇南而言，稍顯落後。如在設備上，蘇南報刊就明顯快一拍。1928 年，《吳縣日報》是當時全國中小城市唯一裝備有印報轉輪機的。〔註14〕「當時蘇州報紙在全省乃至全國的地方報中，無論設備與業務的努力，確實都占第一位。」〔註15〕《錫報》「的國事電訊，除採取晚報外，還有當晚上海《新聞報》來的長途電話報導，所以每天《錫報》的國事通訊總是與上海《申報》、《新聞報》等並駕齊驅，同日見報。」〔註16〕如在本邑範圍內發生臨時重要新聞，《錫報》記者立即出發採訪。「不論子夜還是凌晨，哪怕發生在當晚 12 時後或者凌晨 4 時前，《錫報》總能及時登出，而且非常詳細。」〔註17〕這種職業化的程度在蘇中、蘇北是很難有

〔註13〕中共如皋縣委員會黨史辦公室、如皋縣編史修志辦公室編：《如皋文史資料（第4輯）》，編者 1985 版，11 頁。
〔註14〕政協蘇州市委員會學習與文史委員會編：《蘇州文史資料（1～5 合輯）》，蘇州古吳軒出版社 2002 年版，39 頁。
〔註15〕政協蘇州市委員會學習與文史委員會編：《蘇州文史資料（1～5 合輯）》，蘇州古吳軒出版社 2002 年版，42 頁。
〔註16〕政協無錫市委員會文史資料委員會編：《無錫文史資料（第 20 輯）》，編者 1980 年版，113 頁。
〔註17〕政協無錫市委員會文史資料委員會編：《無錫文史資料（第 20 輯）》，編者 1980 年版，115 頁。

報刊能達到的。但是蘇南近代報刊職業化水平也是不平衡的，如「在外地如有人要發行一張報紙，必須有相當資金置備鉛字、印刷機等，事情並不簡單。可是我常熟印刷所多，可以『委託印刷』。同時印刷所方面如專靠一般的印件單張印刷，常熟地方小，業務並不多。於是拉印報紙，而且降價。……這樣要辦一張報紙是輕而易舉的。」〔註18〕

　　「五四運動」後，報刊的社會環境有了很大的改善，創刊數就印證了這點，但中間也有曲折與反覆。1927 年，蘇中成為南北軍隊爭奪的焦點，蘇中報刊多受孫部摧殘。「1927 年 8 月，上海《申報》駐揚記者許藹如和上海《新聞報》駐揚記者、《揚州日報》社長張少齋，因得悉孫傳芳軍隊將渡江與北伐軍交戰於龍潭，發電稿到上海報館，被孫傳芳所部劉士林下令逮捕，張少齋深夜幸得走脫，許藹如被捕遇難。同年，泰州《泰報》主編李海秋也因刊載新聞觸怒孫傳芳某部被殺害。《江淮日報》因刊載致孫傳芳聯軍投降電而被勒令停刊。」〔註19〕國民黨政權在蘇中的統治穩定後，各項新聞事業立法工作才走上正規。但是欺壓報刊事業的情形不止於蘇中，即在全省也比比皆是。《吳縣日報》報導「榮軍」在閶門外看白戲，與人衝突。不料大批「榮軍」聚集起來，要進城搗毀報館，後經多方斡旋，報館出錢了事。《蘇州明報》報導內戰消息，因用「中原多故」四字為標題。「主編仇昆廠被捕，解淞滬警備司令部監禁數月。仇辦《大華報》時，曾為文抨擊國民黨縣黨部委員而又是吳縣蠡墅鄉惡霸的朱彥亮，蘇州淪陷後仇避難蠡墅附近張家橋，竟被朱指使黨羽所殺。」〔註20〕

　　爭鳴的局面出現了，無論官報還是民報，特別是在實力相當、性質相近的報刊之間尤其激烈，因為對相同讀者群份額的爭奪使得各個報刊不得不激烈競爭。民主氛圍的逐漸放開，社會進步步伐逐漸加快，使社會對報刊的期望值有所上升，對報刊的作用提出了更高的要求。內外因的壓力迫使眾多報刊紛紛採取社評、時論等方式闡述本報觀點，端正本報立場，以獨立的視角去引領讀者。前期報刊主要針對官場腐敗、民生生計等問題進行討論與揭發，後期則以抗戰為著眼點。這方面的代表報刊有《臥薪嚐膽》、《邗濤》、《圩鐘

〔註18〕政協常熟市委員會文史資料委員會編：《文史資料輯存（第 7 輯）》，編者 1980 年版，81 頁。

〔註19〕王慶雲、費昌華：《揚州報刊志》，人民日報出版社 1993 年版，5 頁。

〔註20〕政協蘇州市委員會學習與文史委員會編：《蘇州文史資料（1～5 合輯）》，蘇州古吳軒出版社 2002 年版，44 頁。

報》、《興報》、《聯友週刊》、《民鋒日報》、《新興報》、《泰縣評論》、《轟報》、《血光》等。即使是一些反動報刊也有較鮮明的抗日立場。如攻擊進步團體「春泥社」的《力報》，自 1936 年初開始，每日發表一篇打油詩，自稱為「每日一滴油」〔註 21〕。但也有部分報刊思想停滯不前，甚至倒退。如前面所提到的《透視報》不以新聞為主，多載消閒文字與捧場文章。

「黃金期」的蘇中地區近代報刊事業，翻湧著進步的大潮，但也存在著糟粕乃至反動的逆流，這是時代與社會環境的現實反映。

（該文與顧亞欣合作，發表於《科學‧經濟‧社會》2010 年第 3 期）

〔註21〕 中共如皋縣委員會黨史辦公室、如皋縣編史修志辦公室編：《如皋文史資料（第4 輯）》，編者 1985 版，13 頁。

抗日戰爭中江蘇三種
現代化道路的生命軌跡

　　江蘇作爲中國現代化啓動最早、成果最豐富的地區之一，在抗戰八年中，遭受了重大挫折但也有新的進步。獨立國家資本主義現代化道路全面阻滯而迴光返照；汪僞傀儡現代化道路粉墨登場而徹底破產；新民主主義現代化道路於萌芽中蓬勃興起。

一

　　1937 年 12 月 13 日，國民政府首都南京失陷，次年 5 月 19 日，徐州失守，江蘇全境淪爲敵後。江蘇蓬勃發展的獨立國家資本主義現代化進程至此全面阻滯。

　　在抗戰全面爆發之前，著眼於戰爭的經濟準備，爲保全資源以免資敵用，同時也是順應民間的呼聲，國民政府行政院決定組織監督委員會，策劃組織包括江蘇在內的東部沿海省份企事業單位的內遷工作。這是江蘇資本主義現代化成果的自我救贖。

　　原定內遷之江蘇門類及企業有：

　　紡織：無錫申新三廠、慶豐紡織染廠、麗新紡織染廠、廣勤紡織廠、豫康紡織廠、協新毛織廠、庚豫毛織廠；武進大成紡織染廠、民豐染織廠；南通大生紡織公司第一廠及副廠；江陰利用紡織廠；太倉利泰紡織廠；吳縣蘇綸紡織廠、美綸紡織廠。

　　針織：無錫中華針織廠。

　　繰絲：無錫華新繰絲廠、永泰繰絲廠。

麵粉：無錫廣豐麵粉廠。

造紙：無錫利用造紙廠；吳縣華盛造紙廠。

機器製造：無錫公益鐵工廠、公藝機器廠、廣勤機器廠、震旦機器廠；武進萬盛機器廠、厚生機器廠。

以上準備內遷的企業主要集中於蘇南東部一帶，以無錫爲多。這種安排，也是受形勢逼迫下的考慮。該區域緊靠上海，處戰區邊緣，直接受炮火威脅。並且該區域屬於江蘇乃至華東資本主義現代化工業較爲發達的區域，企業數量佔據江蘇省大半江山。這些預定內遷的企業皆爲技術裝備、規模效益在國內處於領先的企業。但國民政府當局以上海企業爲主要內遷目標，內遷計劃沒有包含蘇南東部大部分區域內的現代化企業，也沒有兼顧到南京、鎮江等蘇南西部地區的企業。對於江蘇的民營企業，國民政府沒有給遷廠經費，各廠只得自己籌措。只能說，這是一份倉促下制定的不完善的內遷計劃。事實上，由於內遷工作決定得遲，交通運輸極端困難，初期動作遲緩，加之吳福等國防工事的迅速陷落，日軍進展速度超過預料，即使這份勉強實施的內遷計劃也沒有全部實現。

基於以上原因，除了設在南京的金陵兵工廠、中央修械所等軍工企業快速搬遷外，江蘇應該遷移的企業大部分沒有能實現內遷的計劃。蘇南的迅速陷落，使內遷工作陷入被動，僅僅遷出公益鐵工廠、震旦機器廠、慶豐紗廠、大成紗廠、蘇綸紗廠等幾家工廠。而這幾家工廠，在遷移過程中，機器材料的損失也很嚴重。一些企業甚至在該階段還加大投資，沒有作必要的轉移，也增加了損失。如南京江南水泥股份有限公司全部廠房設備在 1937 年全部安裝完成，兩條購自丹麥的生產線於 11 月 4 日進行試機，結果該月底，即被日軍侵佔。

企業內遷同時，江蘇的各類事業單位也紛紛內遷，以教育系統爲例：中央大學、金陵大學、南京藥學專科、金陵女子文理學院、中央陸地測量學校、東吳大學、江蘇醫學院、江蘇教育學院、無錫國學專科學校等及各省立各中學也紛紛遷往大後方。世紀之初發展起來的江蘇近代教育菁華不在。

內遷僅僅是江蘇資本主義現代化進程中斷的序曲，在日軍佔領江蘇的過程中，江蘇資本主義現代化事業遭受到了毀滅性的打擊。

爲了動搖中國政府的抵抗決心，摧毀中國經濟的基礎，日軍在戰爭中採取空襲、焚毀等方式對江蘇的企事業單位進行打擊。江蘇絕大部分工廠在日

軍的炮火下毀滅。蘇州、無錫、常州、鎮江、南京、南通、揚州等地的資本主義現代化企業在戰爭初期即遭受日軍飛機的轟炸。如徐州賈汪煤礦在 1938 年 3 月 30 日午後的大轟炸中，被炸毀老礦區房屋 20 餘間，死 14 人。南京永利錏廠遭日機三次轟炸，受彈 87 枚，其氧化部房屋和機件全部被毀。南京下關的發電廠被炸癱瘓，大同麵粉廠被炸毀。很多企業在日軍佔領江蘇各市的過程中被毀。以無錫爲例：全市被燒毀廠房達 28537 間。被毀紗錠 17.4 萬枚，布機 2003 臺，各占戰前該市總數的 66.5％和 53.8％。市內 42 家繅絲廠被摧毀與重創的達 30 家；30 餘家小化工廠全部焚毀。無錫近代紡紗工業的第一廠業勤紗廠與無錫最大的紡織廠申新三廠等企業皆被日軍焚毀。剛於 1935 年底投產的國內首家生產精紡產品的無錫協新毛紡織染公司，在戰爭中破壞嚴重，被迫停產。其他各市情況也大同小異：南京金城機械磚瓦公司、戚墅堰機車廠、豐盛和襪廠、戚墅堰發電廠、常州大成廠、常州火車站、武進電氣公司、江陰華澄布廠等也全部被毀。據國民政府經濟部調查，抗戰中，遭受炮火損失的江蘇企業有 483 家，價值 7713 萬元〔註1〕。僅申新三廠直接經濟損失就達 1034 萬元。剩餘的企業也基本處於停產狀態。往昔熱火朝天的機器工業大生產景象在江蘇不復存在。

日軍佔領各地城市後，常進行掠奪活動，爲掩蓋罪行，就有組織地焚燒各地商業街區。崑山首鎮眞義鎮被燒毀大半鎮。蘇州龍街房屋被毀十分之四。無錫被毀各類房屋 16 萬餘間，彩宮牌樓、倉橋、老北門、卯橋、三里橋、亭子橋等處；新世界至漢昌路之玉和春茶樓、無錫飯店至交際路；漢陽路口至太平巷等；復興路等處「大火七天不滅」。「近郊的洛社、東亭鎮等十數個村莊，也同時被焚。」〔註2〕鎮江被焚約十天，商業區的 35 處繁華地段，「如東塢街、西塢街、日新街、魚巷、山巷、柴炭享、太保巷、中華路、二馬路、南馬路、大江邊、盆湯弄、姚一灣、小營盤、楊家門、五條街、大市口、南門大街」〔註3〕被焚毀。揚州被佔領後，十室九空。徐州豐儲街被焚，20 餘家糧行等被燒毀。江陰被燒毀房屋 30475 間，宜興被燒毀 10 餘萬間。江蘇各地的商業活動陷於停滯。

〔註 1〕 孟國祥、喻德文：《中國抗戰損失與戰後索賠始末》，安徽人民出版社 1995 年版，23 頁。

〔註 2〕 孟國祥、喻德文：《中國抗戰損失與戰後索賠始末》，安徽人民出版社 1995 年版，19 頁。

〔註 3〕 張懌伯：《鎮江淪陷記》，人民出版社 1999 年版，27 頁。

　　經歷了戰火，劫後餘生的江蘇民族工業，在日僞魔掌下，奄奄一息。各行各業都極端蕭條，大部分剩餘企業處於停產與維持生產的狀態。抗戰時期，爲了躲避日僞的壓迫，部分民族企業家將工廠遷往上海租界，如無錫的中華、裕康、成裕、裕泰等廠。也有部分民族企業家在江蘇淪陷區有新的投資。1941年，裕明銀行在揚州開辦，設總行於揚州，分行在泰州，高郵設支行，在上海和曲塘等地有辦事處。1942 年底，翁樞予等人創辦的華美電器廠由上海遷至蘇州橫塘鎮。抗戰中麵粉廠無錫開的最多，「麥產分散，日方統制是有限度的。且統制愈嚴，能生產者就利潤愈大。故無錫等地新粉廠的開設多在 1940年統購麥粉之後。」〔註4〕江陰、常州等地也出現了一些小型的繅絲廠。但較抗戰前，該時期新增民族資本顯是微不足道的。

　　除了工商業，日軍還使江蘇人民的生命財產與社會事業都蒙受了慘重的損失。

　　日軍是沿滬寧線一路屠殺到南京的，在蘇中、蘇北等淪陷區內，除個別城鎮外，日軍逢城就屠，肆無忌憚。日軍在南京進行的大屠殺，就使我至少30 萬同胞遇難。鎮江、無錫等城被屠殺群眾皆在萬人以上，僅在揚州萬福閘、江都仙女廟兩地，日軍就一次殺害群眾千餘人。抗戰初期，江蘇出現了人口銳減的現象，很大原因，是日軍的大屠殺直接造成的。同時，淪陷區內的百姓紛紛向大後方轉移，大批人口淪爲難民。

　　戰爭中，江蘇現代化的其他事業也損毀嚴重。

　　文教機關多不存。1937 年 8 月 5 日，「日軍首次轟炸南京。中央大學圖書館、實驗中學被炸。十九日，日機再度轟炸南京，中大禮堂和牙醫專科學校均遭到破壞。」〔註5〕其他各地也多遭厄難，如江陰，南菁中學教學樓全被炸毀，所藏的 3 萬多冊藏書和刊刻的《皇清經解續編》全部木版，被日軍焚毀。至 1938 年 8 月底，僅江蘇中等學校的財產損失就高達 18998961 元〔註6〕。

　　江蘇爲文化大省，也是文物大省，悠久的歷史文化和民間收藏傳統使江蘇保留著大量的文物古蹟。這些珍貴的歷史遺產成爲侵略者垂涎的目標。江蘇地區的文物除部分毀於日軍戰火外，大部分被掠奪運回日本。就《南京市抗戰時期公私文物損失數量及估價目錄》所公佈的數據，僅南京地區各項公

〔註 4〕　許滌新：《中國資本主義發展史：第三卷》，人民出版社 1993 年版，439 頁。
〔註 5〕　王德滋主編：《南京大學史》，南京大學出版社 1992 年版，153 頁。
〔註 6〕　齊紅深：《日本侵華教育史》，人民教育出版社 2002 年版，350 頁。

私文物損失達 4 萬件〔註7〕。南京淪陷前，國民政府南遷故宮文物還有 2000 多箱未及轉移，也全部落入日軍之手。江蘇各地的歷史古蹟也多遭破壞，僅在宜興一地，就有千餘間大小寺廟被日軍破壞。

江蘇還是中國官私方藏書的中心之一。日本在江蘇掠奪了大量的珍貴書籍，1938 年春，1000 餘日本僧侶和學者來到南京，對搶奪的政府圖書館書籍進行整理編目，在 2300 多名中國勞工打包下，動用了 300 輛卡車才運完。江蘇省立國學圖書館，有藏書 20 多萬冊，多為宋元明清珍本，中有錢塘丁氏藏書 8000 卷，皆被搶或被毀。除了對官方、學校藏書單位的掠奪，民間藏書者也在劫難逃。中央大學孫本文所藏中文圖書 4367 冊，西文圖書 800 冊；金陵大學傀情原所藏中文圖書 5000 冊，西文圖書 3000 冊皆被擄掠一空。江蘇被搶掠的藏書具體數據已難確認，一說南京被日軍掠奪或因日軍掠奪而遺失的圖書達 459579 冊，公共圖書 406461 冊，私人藏書 53118 冊。〔註8〕又有資料稱日方掠奪圖書共 850000 冊，相當於當時整個日本國內圖書館的圖書總藏量。〔註9〕這些書籍，全部運到了日本，成為今天日本諸多研究所、大學圖書館的館藏之物。

因為軍費耗費了日本國庫幾乎一半的外匯儲備，日本急需大量黃金。為日本皇家與政府服務的「金百合」計劃的目標，就是系統地掠奪中國淪陷區內的黃金等硬通貨。僅在南京一地，日軍一次性就掠奪黃金 6000 噸。日軍還對普通百姓的財物進行了搜查與搶奪，甚至於死人口中的金牙也不放過。八國聯軍進入中國，掠奪的是皇家財物，而日軍不但掠奪中國政府的資產，還將中國淪陷區內的民間財物搜刮一空。甚至連中國黑社會所擁有的財物，日本也專門派玉譽義夫來南京等地活動，加以勒索催刮。

戰爭中，江蘇的交通事業遭受重大損失，一方面是敵人的炮火破壞，一方面為了遲滯日軍進攻，各地也紛紛破壞交通設施。如 1937 年 11 月，國民政府軍事委員會為阻滯日軍進攻，下令拆毀鎮江以東鐵路。日軍強佔公路運輸，掠奪運輸設施，各汽車運輸企業紛紛倒閉。日軍還侵佔了江蘇幾乎全部的城市電話設施，破壞了農村鄉鎮電話。

〔註7〕 魏麗莎：《南京文物大劫難》，《東方博物》，16 輯，81 頁。

〔註8〕 李彭元：《抗戰時期日本對我國文化典籍的掠奪》，《四川圖書館學報》1997年第 2 期，73 頁。

〔註9〕 李彭元：《抗戰時期日本對我國文化典籍的掠奪》，《四川圖書館學報》1997年第 2 期，74 頁。

在日軍侵佔江蘇的過程中，獨立國家資本主義現代化事業在江蘇逐漸全面終止。江蘇的資本主義現代化沒有實現自己的歷史使命，是在外力強迫下而被迫中斷的，它的成果也大多毀滅，日本侵華是罪魁禍首。儘管江蘇光復後資本主義現代化有所起色，但已是返照之光。

二

1938 年 3 月 28 日，僞中華民國維新政府在南京成立。1939 年 9 月，日本於南京設立中國派遣軍司令部。次年 3 月，汪精衛僞政府成立，定南京爲「首府」，江蘇成爲日本侵華與汪僞投降賣國的大本營。日僞爲了戰爭的需要，一方面對淪陷區及抗日根據地進行瘋狂掠奪與破壞；一方面通過種種「中日合辦」、「軍管」的方式，力圖使淪陷區走上爲日本侵華而服務的傀儡現代化道路。

日僞佔據了江蘇全部的中心城市與大部分的城鎮，控制著主要的交通幹線。但是在廣大的農村與部分城鎮，還活躍著中國共產黨領導的抗日武裝與政權。在興化等縣城，國民黨江蘇政府還有一定實力。整個江蘇存在中共、日、僞、頑四種軍事與政治力量。

日僞爲徹底消滅反抗力量的社會與經濟基礎，不斷對國民黨控制區和抗日根據地展開各類型、各規模的清鄉和掃蕩。清鄉是爲實現從點到面的佔領，以「徹底整頓佔領地區的治安狀況」、「徹底開發並獲取國防資源」爲目的的軍事、政治、經濟行動。清鄉一般與掃蕩相結合，是日本「以華制華」、「以戰養戰」戰略的具體實施。日僞對江北、江南抗日根據地的大規模掃蕩一般在夏收、秋收時進行，燒殺搶掠。而在清鄉時，採取「軍政並進、剿撫兼施」，編制保甲，強化統治。其密度繁，強度高。1942 年，日僞對蘇中抗日根據地小掃蕩平均每週一次，千人以上大掃蕩平均每半月一次。1943 年對曹甸與鹽阜地區的掃蕩，出動兵力 1.4 萬人，1943 年秋對蘇中大掃蕩出動兵力 1.2 萬人。

爲了維持侵略戰爭，日僞還對佔領區的經濟實行竭澤而漁的掠奪式徵收。「江蘇東臺的牲畜在戰區的全被敵人擄去殺盡，比較偏僻的地方，怕被敵人搜擄，都自動殺盡，耕牛每村難得一兩頭；作物只求自給，怕土匪注意，不多生產，多種短期作物。」〔註 10〕江蘇吳縣、吳江、太倉、崑山、常熟、無錫、常州、江陰、宜興等縣被規定爲日軍軍糧採辦後方，爲保證日軍軍糧

〔註 10〕 中國現代史資料編輯委員會：《抗戰中的中國經濟》，中國現代史資料編輯委員會 1957 年版，38 頁。

供給，汪偽政府在各縣設追租處，協助地主催追地租，壓榨農民。還增加田賦徵收，僅吳縣、崑山、太倉、常熟、無錫、江陰、武進等縣農村 1942 年 1～5 月間徵收的田賦就比上年同期增長 4.7 倍。農村勞動力減少，耕作粗放，產量逐年下降，中華人民共和國建立的 1949 年，江蘇主要農作物的產量僅及 1936 年的一半甚至更低。

日偽的掠奪還造成江蘇自然環境的嚴重破壞，出於軍事需要，日軍在江蘇境內焚燒山林，砍伐木材，修築工事碉堡，使江蘇自然環境急劇惡化，林業破產，溝壑縱橫。往昔江南水鄉、蘇北平原，滿目荒涼景象。

日偽當局通過「中日合辦」、「軍管」等方式，對剩餘的江蘇工礦業進行明目張膽的侵佔和掠奪，使其成為日軍「以戰養戰」、「以華養華」的載體。

據不完全統計，部分被日軍強佔、控制的江蘇企業如下表：

行　業	城　市	企業名稱
棉紡織	蘇州	蘇綸紗廠等
	無錫	榮氏申新三廠、慶豐、振新紗廠等
	常州	大成紗廠一廠等
	南通	大生集團三個紡織廠等
	江陰	利用紗廠等
	太倉	利泰紗廠等
繅絲	無錫	泰豐、鼎盛、鼎昌、福綸、大生、振藝、潤康、宏餘、振元、大成絲廠等
麵粉	無錫	茂新二廠、九豐、廣豐麵粉廠等
	南京	揚子麵粉廠
	鎮江	貽成麵粉廠
	蘇州	太和麵粉廠
	揚州	揚州麵粉廠
	常州	恆豐麵粉廠
	徐州	寶興麵粉一廠
	南通	復興麵粉廠
	連雲港	海州麵粉廠
毛紡染	無錫	協新毛紡織染廠等

發電	南京	首都電廠
	蘇州	蘇州電氣公司
	揚州	振揚電廠
	鎮江	大照電氣公司
	南通	天生港電廠
	徐州	電燈廠、賈汪發電廠
水泥	南京	中國水泥廠
化學	南京	南京永利硫酸錏廠
礦業	徐州	賈汪煤礦、利國鐵礦
	連雲港	錦屏磷礦
	南京	鳳凰山鐵礦、棲霞山錳礦
建築	南京	義合東磚瓦廠、宏業磚瓦廠
其他	浦鎮機廠，常州戚墅堰機車廠等	

　　一批企業被日軍強佔，實行「軍管」，強迫進行生產。南京的永利錏廠、無錫的茂新二廠等都在其列，中國水泥公司被強租給日本三菱洋行磐城水泥株式會社經營。1942 年，日軍侵佔的南京義合東、宏業磚瓦廠改名爲「日東號」、「日幫號」，被強迫恢復生產。該年，日軍將南京永利錏廠生產硝酸的全套設備運回日本，這是一場徹底的強盜行爲。1943 年 12 月 22 日，日軍將江南水泥股份有限公司窯磨主機及其附件強行拆卸運往山東張店。1944 年 11 月 11 日，日軍搜繳公私廢鐵，將工廠完整機器指作廢鐵或被敲碎。3 個月內，僅常州 34 家染織工廠即被收交 360 餘噸，工廠遭嚴重破壞。

　　無錫協新毛紡織染公司，被炮火重創後，至 1943 年才恢復生活，但僅生產低檔粗紡呢絨，生產品種與能力皆較戰前大大下降。1944 年，曾經知名全國的紡織基地無錫，僅慶豐、振新二家紗廠局部開工。其餘麵粉廠、油廠等情況也大致類似。1946 年，常州大成二廠復工。1947 年，無錫麗新紡織印染廠染部復工。復工的企業，深受日僞的控制，如無錫申新三廠，原料、動力、銷售全部爲日僞所控制，企業沒有一點自主權，也無奈淪爲日本戰爭機器的附庸。

　　爲了阻止賈汪煤礦爲日本人控制，早在徐州淪陷前，徵得國民政府當局的同意，礦主劉鴻生即將賈汪新舊煤礦（新礦：夏橋、韓橋，老礦：賈汪）以「明售暗託」的方式委託德國禮和洋行爲保護，以「換旗保產」。但在漢奸

告密下，日軍知悉其內幕，強佔該礦。日僞當局採用「中日合辦」方式，增資開鑿斜井、擴建電廠和賈柳鐵路，進行掠奪式開採。在這樣的野蠻開採下，賈汪煤礦的年產量達到了 45 萬噸的歷史新高。

日本侵略者強行開採江蘇境內的礦產，如徐州利國鐵礦、鳳凰山鐵礦、棲霞山錳礦、錦屏磷礦等。抗戰期間，日本從江蘇掠奪利國鐵礦石 60 萬噸，鳳凰山鐵礦石 95 萬噸，南京棲霞山錳礦 3.5 萬噸，由海路運往日本。1941 年，日商成立「漢洋公司」，在蘇州陽山開採高嶺土運往日本。這些礦山資源在掠奪式開採中都遭受到了嚴重的破壞。

日僞當局還採取所謂的「開發」政策，以合辦方式形成壟斷性企業，侵佔民族資本，謀求行業暴利。這類企業明顯具有爲日本侵華戰爭服務的性質，控制著重要的戰略經濟命脈。如 1938 年日本以和華商合作爲名成立的無錫惠民公司，後改名爲華中蠶業股份有限公司，日本在無錫、蘇州設立惠民、華福公司，歸華中蠶絲公司管理，後無錫有 21 家、蘇州也有部分華資絲廠、絲棧加入。「大批收買鮮繭，大批推銷日貨」〔註 11〕，控制了整個佔領區的養蠶製絲業務，爲日軍的經濟掠奪而服務。

這些經濟上的「成就」，大多是爲日本侵華戰爭服務的。並沒有給廣大江蘇人民帶來福音，相反，江蘇敵佔區的社會經濟出現了嚴重的倒退。

在城市中，日僞實行聯保制度，發放「安民證」（居住證、良民證），實行物資配給制。日僞當局對各類戰略物資實行統制管理，將物資流通限制於軍事管理之下，使江蘇商業幾乎全面停頓。統製品含：絕對禁運類、軍需類、外銷類、民生必須等類，幾乎包括了所有各類物資。如對煤炭的統制，使工廠及市民無煤可燒，「煤荒」日益加劇，煤炭市場全面衰敗。由於關卡重重及日本產品的全面傾銷，江蘇民間手工業遭受致命打擊。吳縣的刺繡業、南通的土布業、蘇南蘇中的棉紡織手工業、鎮江的絲業等都極端蕭條。在商業貿易上，除汪僞政府明文重徵各種稅收外，各地私設關卡，敲榨勒索，比比皆是。日軍侵華期間，省內各僞海關機構徵收的轉口稅成爲日軍施行經濟侵略、掠奪財富，以及「以華制華」的一種手段，稅率呈幾十倍地增長。

在基礎設施、社會教育等諸方面，日僞也有所動作。

〔註 11〕中共江蘇省委黨史工作委員會、江蘇省檔案館編：《蘇南抗日根據地》，中共黨史資料出版社 1987 年版，90 頁。

　　日僞爲了軍事佔領與掠奪物資的需要，進行了一些基礎設施的建設。

　　爲了便利利國鐵礦和鳳凰山鐵礦、棲霞山錳礦運回日本的需要，日軍對連雲港與南京港進行了修復與擴建。日軍在南京浦口先後新建了三井碼頭、華北碼頭和日鐵碼頭。除了港口，日本侵略者還修建了一些公路。如 1941 年，蘇中敵人未掃蕩前僅沿江幾條公路：靖泰公路（靖江至泰幸）、靖南公路（靖江至南通）、如南公路（如皋至南通）。掃蕩結束後，重築了泰海公路（泰縣至海安）、海如公路（海安至如皋）、海東公路（海安至東臺）、海李公路（海安至李堡）、黃泰公路（黃橋至泰興）、靖黃公路（靖江至黃橋）、泰天公路（泰興至天興橋）、泰口公路（泰興至口岸）、如馬公路（如皋至馬塘）、南石公路（南通至石港）、東潘公路（東臺至潘家㵴）、南金公路（南通至金沙）。〔註 12〕

　　淪陷區內還開辦了一些電信城建企業。1941 年，僞華中電氣通信股份有限公司在淪陷區各地接受了原有的電廠，又開辦了各地的電報電話局。各地也建設了一些水廠等設施。如 1941 年 3 月建成的徐州水廠，日產 200 噸水。

　　國立中央大學隨南京國民政府西遷後，汪僞政府成立了僞「中央大學」，任教者中不乏有錢仲聯、龍沐勳、陳嶸、邵德馨、錢仁康、陳善晁等知名教育學者、專家。日僞不遺餘力宣傳「中日提攜」等僞化思想，推行其僞化教育，如取消黨義課，將日語設爲必修課。但師生不爲所動，總體上保持著良好的民族氣節。該校學生流失率達每年 10～15%，教師包括校、院長也頻繁更迭。短短四五年間，醫學院十易其長，校長更迭四任。〔註 13〕日僞還恢復了中小學教育，但中等教育規模較小。師資的流失也非常嚴重，優秀的教師，「除了一部分信仰和運服務於中央（按：僞中央）外，其他自以爲是抗戰的信徒，跑到西南去」〔註 14〕。

　　維新政府創辦了《南京新報》、《蘇州新報》等報紙，日僞合辦的「中華聯合通訊社」在南京成立，常州、無錫、揚州等市縣的「新報」總數達 38 家。汪僞政府成立後，《南京新報》改名《民國日報》，《蘇州新報》改名《江蘇日報》，又創辦《中報》、《京報》、《中央導報》、《南京晚報》、《民報》等。這些報紙都是日僞的喉舌，爲其服務。

〔註12〕中共鹽城市委黨史辦公室編：《新四軍軍部在鹽城》，江蘇人民出版社 1988 年版，178～179 頁。
〔註13〕王德滋主編：《南京大學史》，南京大學出版社 1992 年版，199 頁。
〔註14〕吳家煦：《改進江蘇省地方教育芻言》，《江蘇教育》1947 年第 6 期，3 頁。

儘管日偽費盡心機，但淪陷區內的各項事業離戰前皆有很大差距。這種傀儡現代化建設根本就無法稱為江蘇現代化事業的有益部分，也最終被掃進歷史的垃圾堆。

三

失敗之中蘊涵著發展與進步的因素，抗戰製造了人民力量成長與壯大的契機，抗日根據地的軍民在與日、偽、頑的鬥爭中，不但取得了軍事上的最終勝利，也在經濟社會政治建設上，開啟了新民主主義現代化的全新之路。當日本成為中國現代化發展的最大敵人時，抗日根據地的開闢與建設，成為江蘇現代化發展的必要條件之一。中國共產黨所領導的新四軍與八路軍在江蘇的抗日鬥爭與根據地的建設，本身就是江蘇現代化事業的前提條件，也是江蘇新民主主義現代化發展的必要條件。毛澤東在《中國革命和中國共產黨》一書中，第一次提出了新民主主義革命的概念，「就是在無產階級領導之下的人民大眾的反帝反封建的革命」。經濟上「把帝國主義者和漢奸反動派的大資本大企業收歸國家經營，把地主階級的土地分配給農民所有，同時保存一般的私人資本主義企業，並不廢除富農經濟。」

在中共中央統一領導和部署下，八路軍、新四軍從南北挺進江蘇敵後，執行毛澤東新民主主義革命的路線，開闢了蘇南、蘇北、蘇中、淮南、淮北 5 塊抗日根據地，在軍事上取得了勝利的同時，點燃了新民主主義現代化建設的星星之火。抗日根據地與解放區的新民主主義現代化建設涉及到政權、農業、金融、工業、商業、郵電交通、文教諸方面，它是未來新中國現代化建設的最初形態。

政權建設：

抗日根據地在政權建設上，採取「三三制」原則，政權的基礎是廣泛的，「一切抗日人民，凡年在 18 歲以上的，不分階級、性別、信仰，一律有選舉權與被選舉權，用普選、直接選舉產生各縣民主政權，完成地方民主自治的基礎。」〔註 15〕如淮海區第二屆參議會參議員中：軍隊 25 人；地主士紳 48 人；工商業主 15 人；教師 22 人；青年 16 人；婦女 16 人；工人 16 人；農民

〔註 15〕 中共江蘇省委黨史工作委員會、江蘇省檔案館編：《蘇南抗日根據地》，中共黨史資料出版社 1987 年版，118 頁。

40 人；船戶 2 人；政府聘請 29 人（含地主士紳 13 人）。〔註 16〕有時爲了抗戰
的需要，「不僅要實行三三制，在接敵區還要執行黨的兩面派政策」〔註 17〕鄒
韜奮曾評價江蘇的民主政權建設：「過去十年來從事於民主運動，今天才在實
際中看到了眞正的民主政治。」〔註 18〕這是江蘇新民主主義現代化政權建設
的眞實寫照。

農業：

根據中共中央抗日民主統一戰線的土地政策，隨著政治軍事環境的改
變，江蘇各根據地先後開展了「二五減租」和土地改革。

1940 年至 1943 年，根據地主要實行的是「二五減租、分半減息」，有 100
多萬農民從中受益。抗戰勝利後，在蘇北、蘇中根據地實行了沒收地主土地
分配給農民的土改政策，有 620～930 萬人分得 990～1398 萬畝土地。後由於
軍事戰略轉移的影響，蘇中、蘇北解放區土改曾出現反覆。1947 年又進行了
土改覆查。1949 年初，實現了土地改革，徹底廢除了封建土地所有制。

江蘇各根據地都開展了以發展互助合作爲動力的大生產運動。根據「自
願互利」、「等價交換」的原則，通過宣傳、示範，幫助農民訂立生產計劃，
組織勞動互助組織和手工業、供銷、信貸等合作社。1943 年，中共江都縣委
開展合作化運動，辦得最早規模較大的有高漢、楊灣、石橋、雁蕩四鄉合作
社，社址在楊灣鄉李家橋，理事長陳伯年，股金 1600 多擔大豆，主要經營糧
油等物資。1944 年春耕時，興化縣 350 多戶農民自願入股，辦了廉貽合作社。
東臺縣倉東鄉朱茂才伴工組有十多個伴工隊員。據淮北、淮南東路、鹽阜地
區統計，參加互助組的農民達 66 萬人。蘇南句容縣組織了 603 個互助組、換
工隊。1944 年 10 月，淮北區全區有供銷合作社 368 個，社員 234065 人，股
金 1626 萬元（邊幣）。各地還紛紛興修水利，如皋縣加固了范公堤。阜寧縣
修建的擋海潮大堤使 50 多萬畝土地免遭鹵灌。淮北區開濬了山陰溝、勺沱溝、
古老圩河、山水河、張王、安河等 100 多條大小河溝，擴大耕地 4 萬多畝。
1944 年春季以來，僅鹽阜區興修水利工程，就受益農田 14.5 萬畝。解放戰爭

〔註 16〕中共鹽城市委黨史辦公室編：《新四軍軍部在鹽城》，江蘇人民出版社 1988 年
版，482 頁。

〔註 17〕中共江蘇省委黨史工作委員會、江蘇省檔案館編：《蘇南抗日根據地》，中共
黨史資料出版社 1987 年版，263 頁。

〔註 18〕中共江蘇省委黨史資料徵集研究委員會：《蘇中抗日鬥爭》，江蘇人民出版社
1987 年版，107 頁。

期間，又疏濬了淤塞 40 多年的淮城文渠河，開鑿了 70 華里長的衡河；在啓東、臺北、靖江等縣修築河堤 170 里。各地還積極改造低窪地、廢灶興墾，擴大耕地面積。

抗戰期間的「減租減息」政策，團結了各階層人民，形成了堅固的統一戰線，爲抗日戰爭作出了貢獻。

財政金融：

爲了防止日僞幣在根據地流通，給根據地經濟建設造成危害，保障根據地穩定的貨幣環境，1942 年夏秋，江蘇境內各根據地紛紛建立銀行，發行貨幣。蘇中區成立江淮銀行，發行江淮幣；淮海區成立淮海銀行，發行淮海幣；蘇南區成立惠農銀行，發行惠農幣；鹽阜區成立鹽阜銀行，發行鹽阜幣等。抗戰勝利後，各解放區統一以華中銀行發行的華中幣爲通貨。根據地貨幣的發行和管理，使根據地有了穩定健康的金融基礎，抵制了汪僞貨幣的流通，消除了國民黨惡性通貨膨脹政策的影響。根據地與解放區的各銀行也爲抗日戰爭及根據地、解放區建設的各項事業提供了金融保障與支持。

工業：

在蘇北、蘇中的抗日根據地，現代工業有所發展，這是新中國工業建設的雛形。

根據地工業主要以輕工業爲主，涉及造紙、印刷、捲煙、日用化工、牙刷、皮革等行業。人民政府鼓勵手工業和家庭副業的發展。紡織業成爲根據地軍民最主要的手工業，1945 年，僅泗陽縣就有紡車 2.6 萬架、織布機 1750 架。1946 年，蘇皖邊區五分區有紡車 3 萬多架、布機 8700 多架。新四軍各師還建立了自己的軍需工廠。

解放戰爭時期是抗戰時期根據地工業發展的延續。解放戰爭時期，僅揚、泰地區就創辦了紡織、榨油、碾米、鐵工、化學、日用品等 26 個小型工廠。1946 年，淮安成立了華中軍區電訊實驗工廠，後遷址南京，更名爲解放軍 6902 工廠。還創辦了華中建設化工廠（今淮陰光華化學廠），生產「利生」牌肥皂。到 1949 年，江蘇解放區有了淮南紡織廠、光華化學廠、華新煙廠、新群煙草公司、和豐麵粉廠等規模較大的廠。這些工廠多爲手工或半機械化。

商業：

抗戰期間，日僞封鎖與掃蕩清鄉，交通不暢。但由於根據地地處富庶的

江蘇，物產豐富，商業發展有著良好的基礎。根據地軍民在黨的領導下，努力打破日僞封鎖，積極發展商業經濟，促進貿易流通。

根據地設立貿易統制局與工商管理局，採取「對內自由，反對壟斷；對外管理，反對自由」的政策，成立公營經濟，組織合作經濟，鼓勵私人投資與經營商業。在江蘇境內的蘇中、蘇北、淮南、淮北等根據地內，貿易自由。對坐商發《營業執照》，對行商發《分運證》、《出口許口證》。對糧食、武器、藥品等戰略物資的進出口有嚴格的管制。「廢銅爛鐵（軍用品原料）、米、原麥、小麥、樹料、柴類、耕牛，一律不准輸出。」〔註19〕1946 年 3 月，負責揚泰等地的蘇皖邊區政府一分區成立江海總公司，經營進出口貿易。《新華日報》、《蘇中報》等根據地報刊上還常刊登經濟信息，部分地區實行了商標註冊管理制度。

抗戰中期與解放戰爭時期，人民軍隊先後控制了部分城鎮，由於採取了得當的商業政策，加之根據地人民對人民軍隊的擁戴與信任，這些城市的商業經濟都很快在戰火後恢復並有一定的發展。如南通金沙鎮，抗戰前的 490多家商店，在淪陷後倒閉 153 家，解放後不但全部恢復，而且增加了 30 多家。沭陽縣城解放後，商店由 30 多家發展到 500 多家。根據地政府也自己興辦貿易公司，主導貿易義務。如 1943 年冬蘇北財委在阜東縣東坎開辦的德興公司。

郵電交通：

人民政府在蘇南、蘇中、鹽阜、淮南等根據地建立了完整的交通組織。1942年、1943 年，江蘇抗日根據地分別開始發行無值、有值郵票。1935 年，蘇皖邊區政府交通總局成立，負責根據地的郵政電信業務，長話線路達 1200 公里。1947 年解放區成立華中郵政管理局。這些電信郵政事業，爲江蘇的抗日戰爭與解放戰爭立下了功勳。根據地人民還修建了以清江爲中心，直通南通、如皋、海門、啓東、高郵、寶應、六合、泗陽、宿遷、沭陽等地的公路網。

文教：

1941 年陳毅在蘇北文協代表大會上談到：蘇北的民眾，「他們的文化水準比較高，但這是死的文化，他們在政治上是完全被欺騙的，……成了人家的

〔註19〕中共江蘇省委黨史工作委員會、江蘇省檔案館編：《蘇南抗日根據地》，中共黨史資料出版社 1987 年版，128 頁。

工具。」〔註 20〕要使根據地擁有嶄新的進步的文化力量，就需要大力發展文教事業。

根據地有發展文教事業的良好條件，除該地區傳統教育氛圍濃鬱外，大批進步文化力量的進入也為根據地教育事業的發展添磚加瓦。1942 年底，僅由新四軍上海辦事處護送到蘇北的知識分子和青年學生就達到 2000 人左右，陶行知的學生劉季平也在其中，他們成為江蘇根據地文教事業的生力軍。

根據地的黨政領導高度重視教師的作用。1941 年 11 月 22 日，《關于堅持蘇中長期鬥爭的決定》提出：「必須瞭解到教育是提高民族自尊心，加強人民抗戰能力、培養大批武裝幹部人才，以與敵偽進行長期鬥爭不可能少的武器，教師是開展農村統一戰線工作之主要環節。」〔註 21〕1940 年 11 月，蘇北臨時參政會發布《改善小學教師待遇的決定》。1942 年，將中小學教師工資改為實物工資，標準較黨政幹部略高。

在各方面的努力下，抗日根據地的學校數量得到了迅速的提高。1942 年 7 月，蘇中根據地有中學 48 所，教師 600 餘人，學生 8000 餘人；小學 1031 所，教師 2000 餘人，學生 20 餘萬人。〔註 22〕一年後，中學增加了 7 所，小學增加了 500 所。1943 年 3 月，蘇南根據地學校數量為：「丹陽有 72 所、鎮丹有 14 所、茅東有 62 所、溧陽有 100 所、句容有 25 所、鎮句有 12 所、江寧有 6 所、溧水有 5 所，共有學生 7000 餘人」〔註 23〕各地「恢復了學校，……兩年中恢復 289 所學校，共有學生 7543 人。」〔註 24〕1944 年 8 月，蘇北的鹽阜區有中學 13 所，學生 1878 人，教師 207 人；小學 1186 所，學生 67453 人，教師 2064 人。該年底，淮北區有中學 7 所，學生 1863 人；小學 806 所，學生 58104 人；群眾教育班 1820 處，學員 66383 人。蘇南區有中學 34 所，學生 4452 人；小學 895 所，學生 75611 人；私塾 307 所，學生 5386 人。到 1945

〔註20〕 中共鹽城市委黨史辦公室編：《新四軍軍部在鹽城》，江蘇人民出版社 1988 年版，641 頁。

〔註21〕 中共江蘇省委黨史資料徵集研究委員會：《蘇中抗日鬥爭》，江蘇人民出版社 1987 年版，252 頁。

〔註22〕 中共江蘇省委黨史資料徵集研究委員會：《蘇中抗日鬥爭》，江蘇人民出版社 1987 年版，108 頁。

〔註23〕 中共江蘇省委黨史工作委員會、江蘇省檔案館編：《蘇南抗日根據地》，中共黨史資料出版社 1987 年版，251 頁。

〔註24〕 中共江蘇省委黨史工作委員會、江蘇省檔案館編：《蘇南抗日根據地》，中共黨史資料出版社 1987 年版，256 頁。

年，江蘇南北根據地就基本上實現了鄉有小學，區有完全小學，縣有中學的格局。正規中學還實行免費教育制度。高等教育也從無到有，成為根據地一股新的教育力量。華中建設大學、雪楓軍政大學、蘇皖教育學院、蘇北工專、華中醫科學校、華中醫務職業學校、華中新聞專科學校、華中牧畜醫學校、財經幹部學校等學校先後在蘇北大地紮根。對幹部的培訓教育也開展得很積極：各區黨委、地縣委都有黨校或培訓班。開辦了抗日軍政幹校、蘇中黨校、抗大九分校、蘇中公學、鹽城魯藝等學校，共培養了黨政軍幹部 4000 餘名。雖然由於根據地面積的變動，這類數據不大準確，但是根據地教育事業的發展趨勢是明顯的。

　　學校不但數量提高，質量也隨之跟進。新型的教育——新民主主義教育在根據地蓬勃發展。黨牢固地控制了學校教育的主導權。1943 年，「（去年）二分區小學校只有 126 所，目前已增加到 200 所。……南通 180 個小學，在九個月反『清鄉』過程中，真正偽化的只有 1 所；啓海 280 個小學中，真正偽化的只有 7 所。而這幾所偽化的小學，還大部是在敵偽據點裏面或據點邊上。這是教育界的光榮。」〔註 25〕根據地教育部門對舊的教學內容和教學方法進行了改革，廢除了陳舊的教科書，編寫了適應抗日戰爭形勢和人民大眾需要的新教材。積極對教師進行培訓，「組織小學教師抗敵協會，新教育研究會，起了小學教師間相互推動、觀摩、研究的作用。」〔註 26〕提高其政治思想覺悟和業務水平，使之適應新民主主義教育的要求。一些舊教育的陋習被徹底消滅。1942 年 6 月 1 日，江都麻村區舉行「焚刑大典」，將體罰學生的戒尺、藤條全部燒毀。大批的夜校、民校和識字班在根據地興辦起來，群眾教育如火如荼地發展起來。

　　文化事業也不斷發展，1940 年，蘇北抗日根據地大眾書店成立，並在海安、黃橋、東臺等地設立分店。1941 年，中共華中局宣傳部組織成立江淮出版社。

　　江蘇根據地文教事業的發展，使根據地人民「不斷提高愛國主義思想和文化水平」〔註 27〕，培養了一股新型的力量，為抗戰的勝利作出了貢獻，也

〔註 25〕管文蔚：《管文蔚文集》，中共黨史出版社 1995 年版，182 頁。
〔註 26〕中共鹽城市委黨史辦公室編：《新四軍軍部在鹽城》，江蘇人民出版社 1988 年版，第 247 頁。
〔註 27〕管文蔚：《管文蔚文集》，中共黨史出版社 1995 年版，504 頁。

爲江蘇新民主主義現代化的初步發展奠定了人才基礎。

江蘇各根據地的新民主主義現代化建設，雖才起步並受戰爭影響，但成就頗高。「如淮南、淮北在三四年前，大多爲敵僞匪頑，交互蹂躪，盜賊如毛，生民塗炭之世界，今已變而爲軍民一家，安居樂業，豐衣足食，夜不閉戶之社會了。」〔註28〕爲建國後，江蘇社會主義現代化的展開打下了基礎。

抗戰時期，獨立國家資本主義、傀儡現代化、新民主主義現代化三種現代化道路在江蘇大地相互鬥爭並最終決出勝負。歷史選擇了正確的道路，也爲江蘇現代化歷程打開了新的序幕。

（該文以《抗日戰爭與江蘇現代化道路的選擇與發展》爲題，發表於《抗戰文化研究》輯刊 2009 年）

〔註28〕中共江蘇省委黨史資料徵集研究委員會：《蘇中抗日鬥爭》，江蘇人民出版社 1987 年版，392 頁。